〔漢〕鄭玄等注

十三經古注

七

春秋公羊傳

中華書局

本册目録

［著者小傳］何休，後漢樊人。字邵公。質樸訥口，而雅有心思。精研六經，善曆算，尤好《公羊春秋》。爲太傅陳蕃所辟，蕃敗，坐廢錮，乃作《春秋公羊解詁》，覃思不闚門者十七年，世傳爲何氏學。又有《公羊墨守》、《左氏膏肓》、《穀梁廢疾》等書。黨禁解，拜議郎。光和中卒。

春秋公羊傳

四部備要

經部

上海中華書局據永懷堂本校刊

桐鄉 陸費逵總勘
杭縣 高時顯
吳汝霖輯校
杭縣 丁輔之監造

春秋公羊傳序

漢何　休邵公撰

昔者孔子有云吾志在春秋行在孝經此二學者聖人之極致治世之要務也傳春秋者非一本據亂而作其中多非常異義可怪之論說者疑惑至有倍經任意反傳違戾者其勢雖問不得不廣是以講誦師言至於百萬猶有不解時加釀嘲辭援引他經失其句讀以無爲有甚可閔笑者不可勝記也是以治古學貴文章者謂之俗儒至使賈逵緣隙奮筆以爲公羊可奪左氏可興恨先師觀聽不決多隨二創此世之餘事斯豈非守文持論敗績失據之過哉余竊悲之久矣往者略依胡母生條例多得其正故遂隱括使就繩墨焉

春秋公羊傳目録

春秋公羊傳目錄

春秋公羊傳卷一

漢諫議大夫司空掾任城何　休學

明後學　東吳金　蟠訂

隱公

元年春王正月。

傳元年者何。諸據疑問所不知故曰者何君之始年也。以常錄即位知君之始年君魯侯隱公也年者十二月之總號春秋書十二月稱年是也變一爲元元者氣也無形以起有形以分造起天地天地之始也故上無所繫而使春繫之也不言公言君之始年者王者諸侯皆稱君所以通其義於王者惟王者然後改元立號春秋託新王受命於魯故因以錄即位明王者當繼天奉元養成萬物春者何。獨在王上故執不知問歲之始也。以上繫元年在王正月之上知歲之始也春者天地開闢之端養生之首法象所出四時本名也昏斗指東方曰春指南方曰夏指西方曰秋指北方曰冬歲者總號其成功之稱尚書以閏月定四時成歲是也○辟婢亦反王者孰謂。孰誰也欲言時王則無事欲言先王又無謚故問誰謂謂文王也。以上繫王於春知謂文王也文王周始受命之王天之所命故上繫天端方陳受命制正月故假以爲王法不言謚者法其生不法其死與後王共之人道之始也曷爲先言王而後言正月。據下秋七月天王先言月而後言王王正月也。以上繫於王知王者受命布政施教所制月也王者受命必徙居處改正朔易服色殊徽號變犧牲異器械明受之於天不受之於人夏以斗建寅之月爲正平旦爲朔法物見色尚黑殷以斗建丑之月爲正雞鳴爲朔法物牙色尚白周以斗建子之月爲正夜半爲朔法物萌色尚赤何言乎王正月。據定公有王無正月大一統也。統者始也總繫之辭夫王者始受命改制布政施教於天下自公侯至於庶人自山川至於草木昆蟲莫不一一繫於正月故云政教之始公何以不言即位。據文公言即位也即位者一國之始政莫大於正始故春秋以元之氣正天之端以天之端正王之政以王之政正諸侯之即位以諸侯之即位正竟內之治諸侯不上奉王之政則不得即位故先言正月而後言即位政不由王出則不得爲政故先言王而後言正月也王者不承天以制號令則無法故先言春而後言王天不深正其元則不能成其化故先言元而後言春五者同日並見相須成體乃天人之大本萬物之所繫不可不察也成公意也。以不有正月而去即位知其成公意○而去起呂反下去同何成乎公之意。據刺欲救紀而後不能公將平國而反之桓。平治也時廢桓立隱不平故曰平反還之曷爲反之桓。據已立也桓幼而貴。隱長而卑。長者已冠也禮年二十見正而冠士冠禮曰適子冠於阼以著代也醮於客位加有成也三加彌尊諭其志也冠而字之敬其名也公侯之有冠禮夏之末造也天子之元子猶士也天下無生而貴者○隱長丁丈反莊及下皆同已冠工亂反下同適子丁歷反下同醮子笑反其爲尊卑也微。母俱媵也○媵以證反又繩證反國人莫知。國人謂國中凡人莫知者言惠公不早分別也男子年六十閉房無世子則命貴公子將黨亦如之隱長又賢。此以上皆道立隱所緣諸大夫扳隱而立之。扳引也諸大夫立隱不起者在春秋前明王者受命不追治前事孔子曰不教而殺謂之虐不戒視成謂之暴隱於是焉而辭立。辭讓也言隱欲讓則未知桓之將必得立也。是時公子非一且如桓立。且如則恐諸大夫之不能相幼君也。假設之辭隱見諸大夫背正而立己不正恐其不能相之故凡隱之立爲桓立也。凡者凡上所慮二事皆不可故於是己立欲須桓長大而歸之故曰爲桓立明其本無受國之心故不書即位所以起其讓也○爲于僞反注同。隱長又賢。何以不宜立。据賢繆公與大夫讓且長以得立○繆音穆下讓且俱縛反下子餘反立適以長不以賢。立子以貴不以長。適謂適夫人之子尊無與敵故以齒子謂左右媵及姪娣之子位有貴賤又防其同時而生故以貴也禮適夫人無子立右媵右媵無子立左媵左媵無子立嫡姪娣嫡姪娣無子立右媵姪娣右媵姪娣無子立左媵姪娣質家親親先立娣文家尊尊先立姪嫡子有孫而死質家親親先立弟文家尊尊先立孫其雙生也質家據見立先生文家據本意立後生皆所以防愛爭桓何以貴。据俱公子也母貴也。据桓母右媵母貴則子何以貴。据俱言公子子以母貴。母以子貴。以母秩次立也禮妾子立則母得為夫人夫人成風是也

三月。公及邾婁儀父盟于眛。

○儀父音甫本亦作甫人名字放此眛亡結反穀梁同左氏作蔑

傳 及者何。與也。若曰公與邾婁盟也會及暨皆與也。都解經上會及暨也曷為或言會。或言及。或言暨。會猶最也。最聚也直自若也平時聚會無他深淺意也最之為言聚若今聚民為投最及猶汲汲也。暨猶暨暨也。及。我欲之。暨。不得已也。我者謂魯也內魯故言我舉及暨者明當隨意善惡而原之欲之者善重惡深不得已者善輕惡淺所以原心定罪儀父者何。邾婁之君也。以言公及不諱知為君也何以名。据齊侯以祿父為名字也。以當褒知為字曷為稱字。据諸侯當稱爵褒之也。以宿與微者盟書卒知與公盟當褒之有土嘉之曰褒無土建國曰封稱字所以為褒之者儀父本在春秋前失爵在名例爾曷為褒之。据功不見為其與公盟也。為其始與公盟盟者殺生歃血詛命相誓以盟約束也傳不足言託始者儀父比宿滕薛最在前嫌獨為儀父發始下三國意不見故顧之與公盟者眾矣。曷為獨褒乎此。据戎齊侯莒人皆與公盟傳不足託始故復据眾也因其可褒而褒之。春秋王魯託隱公以為始受命王因儀父先與隱公盟可假以見褒賞之法故云爾○王魯于況反下而王同一音如字後王魯皆放此此其為可褒奈何。漸進也。漸者物事之端先見之辭去惡就善日進譬若隱公受命而王諸侯有倡始先歸之者當進而封之以率其後不言先者亦為所褒者法明當積漸深知聖德灼然之後乃往不可造次陷於不義○造七報反眛者何。地期也。會盟戰皆錄地其所期處重期也凡書盟者惡之也為其約誓大甚朋黨深背之生患禍重胥命於蒲善近正是也君大夫盟例日惡不信也此月者隱推讓以立邾婁慕義而來相親信故為小信辭也大信者時柯之盟是也魯稱公者臣子心所欲尊號其君父公者五等之爵最尊王者探臣子心欲尊其君父使得稱公故春秋以臣子書葬者皆稱公于者於也凡以事定故地者加于例以地定事者不加于例○惡烏路反大甚音泰或勑賀反

夏。五月。鄭伯克段于鄢。

傳 克之者何。加之者問訓詁并問施于之為殺之也。殺之。則曷為謂之克。大鄭伯之惡也。以弗克納大郤缺之善知加克大鄭伯之惡也曷為大鄭伯之惡。据晉侯殺其世子申生不加克以大之母欲立之。己殺之。如勿與而已矣。如即不如齊人語也加克者有嫌也段無弟文稱君甚之不明又殺當國嫌鄭伯殺之無惡故變殺言克明鄭伯為人君當如傳辭不當自己行誅殺使執政大夫當誅之克者詁為殺亦為能惡其能忍戾母而親殺之禮公族有罪有司讞于公公曰宥之及三宥不對走出公又使人赦之以不及反命公素服不舉而為之變如其倫之喪無服親哭之段

者何。鄭伯之弟也。殺母弟故直稱君何以不稱弟。據天王殺其弟年夫稱弟當國也。欲當國爲之君故如其意使如國君氏上鄭所以見段之逆其地。何。據齊人殺無知不地當國也。齊人殺無知。何以不地。據俱欲當國也在內也。在內雖當國不地也。其不當國而見殺者當以殺大夫書無取於地也其當國者殺於國內禍已絶故亦不地不當國雖在外亦不地也。明當國者在外乃地爾爲其將交連鄰國復爲內難故錄其地明當急誅之不當國雖在外禍輕故不地也月者責臣子不以時討與殺州吁同例不從討賊辭者主惡以失親親故書之○難乃旦反

秋。七月。天王使宰咺來歸惠公仲子之賵。○咺況阮反一音況元反賵芳仲反

傳宰者何。官也。以周公加宰知爲官也咺者何。名也。別何之者以有宰周公本嫌宰爲官曷爲以官氏。據石尚宰士也。天子上士以名氏通中士以官錄下士略稱人惠公者何。隱之考也。生稱父死稱考入廟稱禰○禰乃禮反仲子者何。桓之母也。以無諡也仲字子姓婦人以姓配字不忘本也因示不適同姓生稱母死稱姓何以不稱夫人。此難生時之稱也據秦人來歸僖公成風之禭成風稱諡今仲子無諡知生時不稱夫人桓未君也。賵者何。喪事有賵。賵者蓋以馬。以乘馬束帛。此道周制也以馬者謂士不備四也禮既夕曰公賵玄纁束帛兩馬是也乘馬者謂大夫以上備四也禮大夫以上至天子皆乘四馬所以通四方也天子馬曰龍高七尺以上諸侯曰馬高六尺以上卿大夫士曰駒高五尺以上束帛謂玄三纁二玄三法天纁二法地因取足以共事○共音恭車馬曰賵。貨財曰賻。衣被曰禭。此者春秋制也賵猶覆也賻猶助也皆助生送死之禮禭猶遺也遺是助死之禮知生者賵賻知死者贈禭○賻音附禭音遂猶遺唯季反桓未君。則諸侯曷爲來賵之。據非禮隱爲桓立。故以桓母之喪告于諸侯。經言王者賵赴告王者可知故傳但言諸侯然則何言爾。成公意也。尊貴桓母以赴告天子諸侯彰桓當立得事之宜故善而書仲子所以起其意成其賢其言來何。據歸含且賵不言來不及事也。比於去來爲不及事時以葬事畢無所復施故云爾去來所以爲及事者若已在於內者其言惠公仲子何。據歸含且賵不言主名兼之。兼之非禮也。禮不賵妾既善而賵之當各使一使所以異尊卑也言之賵者起兩賵也○一使所吏反何以不言及仲子。據及者別公夫人尊卑文也仲子卑卑稱也○別彼列反仲子微也。比夫人微故不得並及公也月者爲內恩錄之也諸侯不月比於王者輕會葬皆同例言天王者時吳楚上僭稱王王者不能正而上自繫於天也春秋不正者因以廣是非稱使者王尊敬諸侯之意也王者據土與諸侯分職俱南面而治有不純臣之義故異姓謂之伯舅叔舅同姓謂之伯父叔父言歸者與使有之辭也天地所生非一家之有有無當相通所傳聞之世外小惡不書書者來接內也春秋王魯以魯爲天下化首明親來被王化漸漬禮義者在可備責之域故從內小惡舉也主書者從不及事也

九月。及宋人盟于宿。

傳孰及之。內之微者也。內者謂魯也微者謂士也不名者略微也大者正小者治近者說遠者來是以春秋上刺王公下譏卿大夫而逮士庶人宋稱人亦微者也魯不稱人者自內之辭也宿不出主名者主國主名與可知故省文明宿當自首其榮辱也微者盟例時不能專正故責略之此月者隱公賢君雖使微者有可采取故錄也○說音悅

七

冬十有二月。祭伯來。○祭側界反五年注放此

傳祭伯者何。天子之大夫也。以無所繫言來也何以不稱使。據凡伯稱使奔也。奔者走也以不稱使而無事知其奔奔則曷爲不言奔。據齊慶封來言奔王者無外。言奔則有外之辭也。言奔則與外大夫來奔同文故去奔明王者以天下爲家無絕義主書者以罪舉內外皆書者重乖離之禍也當春秋時廢選舉之務置不肖於位輒退絕之以生過失至於君臣忿爭出奔國家之所以昏亂社稷之所以危亡故皆錄之錄所奔者爲受義者明當受賢者不當受惡人也祭者采邑也伯者字也天子上大夫字尊尊之義也月者爲下卒也當案下例當蒙上月日不也奔例時一月二事月當在上十言有二者起十復有二非十中之二

公子益師卒。

傳何以不日。據臧孫辰書日遠也。孔子所不見所見異辭。所聞異辭。所傳聞異辭。所見者謂昭定哀己與父時事也所聞者謂文宣成襄王父時事也所傳聞者謂隱桓莊閔僖高祖曾祖時事也異辭者見恩有厚薄義有深淺時恩衰義缺將以理人倫序人類因制治亂之法故於所見之世恩己與父之臣尤深大夫卒有罪無罪皆日錄之丙申季孫隱如卒是也於所聞之世王父之臣恩少殺大夫卒無罪者日錄有罪者不日略之叔孫得臣卒是也於所傳聞之世高祖曾祖之臣恩淺大夫卒有罪無罪皆不日略之也公子益師無駭卒是也於所傳聞之世見治起於衰亂之中用心尚麤觕故內其國而外諸夏先詳內而後治外錄大略小內小惡書外小惡不書大國有大夫小國略稱人內離會書外離會不書是也於所聞之世見治升平內諸夏而外夷狄書外離會小國有大夫宣十一年秋晉侯會狄於攢函襄二十三年邾婁鼻我來奔是也至所見之世著治大平夷狄進至於爵天下遠近小大若一用心尤深而詳故崇仁義譏二名晉魏曼多仲孫何忌是也所以三世者禮爲父母三年爲祖父母期爲曾祖父母齊衰三月立愛自親始故春秋據哀錄隱上治祖禰所以二百四十二年者取法十二公天數備足著治法式又因周道始壞絕於惠隱之際王所以卒大夫者明君當隱痛之也君敬臣則臣自重君愛臣則臣自盡公子者氏也益師者名也諸侯之子稱公子公子之子稱公孫○殺所介反麤觕才古反又七奴反大平音泰期音基齊衰音咨本亦作齋下七雷反

春秋公羊傳卷一

春秋公羊傳卷二

漢諫議大夫司空掾任城何　休學

明後學　東吳葛　鼒訂

隱公

二年春公會戎于潛。凡書會者惡其虛內務恃外好也古者諸侯非朝時不得踰竟所傳聞之世外離會不書書內離會者春秋王魯明當先自詳正躬自厚而薄責於人故略外也王者不治夷狄錄戎者來者勿拒去者勿追東方曰夷南方曰蠻西方曰戎北方曰狄朝聘會盟例皆時○惡烏路反好呼報反非朝直遙反凡此字不音者皆同踰竟音境今本多即作境字更不音

夏五月莒人入向。

傳入者何。得而不居也。入者以兵入也已得其國而不居故云爾凡書兵者正不得也外內深淺皆舉之者因重兵害衆兵動則怨結禍構更相報償伏尸流血無已時諸侯擅興兵不爲大惡者保伍連帥本有用兵征伐之道魯入杞不諱是也入例時傷害多則月○向舒亮反償時亮反

無駭帥師入極。

傳無駭者何。展無駭也。何以不氏。據公子遂帥師入杞氏公子也貶。貶猶損也曷爲貶。據公子遂俱用兵入杞不貶也疾始滅也。以下終其身不氏知貶疾始滅非但起入爲滅始滅昉於此乎。昉適也齊人語據傳言撥亂世前此矣。前此者在春秋前謂宋滅郜是也○郜古報反前此則曷爲始乎此。託始焉爾。焉爾猶於是也曷爲託始焉爾。據戰伐不言託始春秋之始也。春秋託王者始起所當誅也言疾始滅者諸滅復見不復貶皆從此取法所以省文也。此滅也。其言入何。據齊師滅譚不言入內大惡諱也。明魯臣子當爲君父諱滅例月不復出月者與上同月案下例當蒙上月日不

秋八月庚辰。公及戎盟于唐。後不相犯日者爲後背隱而會桓能自復爲唐之盟○背音佩

九月紀履緰來逆女。○履緰音須左氏爲裂繻

傳紀履緰者何。紀大夫也。以逆女不稱使知爲大夫何以不稱使。據宋公使公孫壽來納幣稱使婚禮不稱主人。爲養廉遠恥也然則曷稱。稱諸父兄師友。宋公使公孫壽來納幣。則其稱主人何。辭窮也。辭窮者何。無母也。禮有母母當命諸父兄師友稱諸父兄師友以行宋公無母莫使命之辭窮故自命之自命之則不得不稱使然則紀有母乎。曰有。以不稱使知有母有則何以不稱母。據非主人何不稱母通使文母不通也。禮婦人無外事但得命諸父兄師友稱諸父兄師友以行耳母命不得達故不得稱母通使文所以遠別也○別彼列反外逆女不書。此何以書。據伯姬歸于宋不書逆人譏。譏猶譴也何譏爾。譏始不親迎也。禮所以必親迎者所以示男先女也於廟者告本也夏后氏逆於庭殷人逆於堂周人逆於戶○迎魚敬反先悉薦反始不親迎昉於此乎。前此矣。以惠公妃匹不正不嫌無前也前此則曷爲始乎此。託始焉爾。焉爾猶於是也曷爲託始焉爾。據納幣不託始春秋之始也。春秋正夫婦之始也夫婦正則父子親父子親

則君臣和，君臣和則天下治，故夫婦者人道之始，王教之端。內逆女常書，外逆女但疾始不常書者，明當先自正，躬自厚而薄責於人，故略外也。女曷為或稱女，或稱婦，或稱夫人？女在其國稱女，未離父母之辭。紀履緰來逆女是也。在塗稱婦，在塗見夫，服從之辭。公子結媵陳人之婦是也。入國稱夫人。入國則尊，尊有臣子之辭。夫人姜氏入是也。紀無大夫，書紀履緰者，重婚禮也。月者，不親迎例月，重錄之；親迎例時。

冬十月，伯姬歸于紀。

【傳】伯姬者何？內女也。以無所繫也。不稱公子者，婦人外成，不得獨繫父母。其言歸何？據去父母國也。婦人謂嫁曰歸。婦人生以父母為家，嫁以夫為家，故謂嫁曰歸，明有二歸之道。書者，父母恩錄之也。禮，男之將取，三日不舉樂，思嗣親也；女之將嫁，三夜不息燭，思相離也。內女歸例月，恩錄之。○取，七住反。

紀子伯、莒子盟于密。

○紀子伯，左氏作子帛。

【傳】紀子伯者何？無聞焉爾。言無聞者，春秋有改周受命之制，孔子畏時遠害，又知秦將燔詩書，其說口授相傳，至漢公羊氏及弟子胡毋生乃始記於竹帛，故有所失也。○毋音無。

十有二月乙卯，夫人子氏薨。

【傳】夫人子氏者何？隱公之母也。以不書葬。何以不書葬？據姒氏書葬。○姒音似。成公意也。何成乎公之意？據已去即位。○去，起呂反。子將不終為君，故母亦不終為夫人也。時隱公卑屈其母，不以夫人禮葬之，以妾禮葬之，以卑下桓母，無終為君之心，得事之宜，故善而不書葬，所以起其意而成其賢。子者，姓也。夫人以姓配號，義與仲子同。書薨者，為隱公恩錄痛之也。日者，恩錄之。公夫人皆同例也。

鄭人伐衞。

書者，與入向同。侵伐圍入例皆時。

三年春王二月。

二月、三月皆有王者，二月，殷之正月也；三月，夏之正月也。王者存二王之後，使統其正朔，服其服色，行其禮樂，所以尊先聖，通三統，師法之義、恭讓之禮，於是可得而觀之。

己巳，日有食之。

【傳】何以書？諸言何以書者，問主書。記異也。異者，非常可怪，先事而至者。是後衞州吁弒其君完，諸侯初僭，魯隱係獲，公子翬進諂謀。○翬，許章反。日食則曷為或日或不日，或言朔或不言朔？曰某月某日朔，日有食之者，食正朔也。桓三年秋七月壬辰朔日有食之是也。此象君行外彊內虛，是故日月之行無遲疾，食不失正朔也。其或日或不日，或失之前，或失之後。失之前者，朔在前也。謂二日食，己巳日有食之是也。此象君行暴急，外見畏，故日行疾，月行遲，過朔乃食，失正朔於前也。失之後者，朔在後也。謂晦日食，莊公十八年三月日有食之是也。此象君行懦弱見陵，故日行遲，月行疾，未至朔而食，失正朔於後也。不言月食之者，其形不可得而覩也，故疑言日有食之。孔子曰：多聞闕疑，慎言其餘，則寡尤。不傳天下異者，從王錄內可知也。

三月庚戌，天王崩。

平王也。

傳何以不書葬据書葬桓王天子記崩不記葬必其時也至尊無所屈也諸侯記卒記葬有天子存存在不得必其時也設有王后崩當越紼而奔喪不得必其時故恩錄之○紼音弗曷爲或言崩或言薨天子曰崩大毀壞之辭諸侯曰薨小毀壞之辭大夫曰卒卒猶終也士曰不祿不祿無祿也皆所以別尊卑也葬不別者從恩殺略也書崩者爲天下恩痛王者也記諸侯卒葬者王者亦當加之以恩禮故爲恩錄○殺所界反

夏四月辛卯尹氏卒○尹氏左氏作君氏

傳尹氏者何天子之大夫也以尹氏立王子朝也其稱尹氏何据宰渠氏官劉卷卒名○卷音權貶曷爲貶据俱卒也譏世卿世卿者父死子繼也貶去名言氏者起其世也若曰世世尹氏也○去起呂反世卿非禮也禮公卿大夫士皆選賢而用之卿大夫任重職大不當世爲其秉政久恩德廣大小人居之必奪君之威權故尹氏世立王子朝齊崔氏世弑其君光君子疾其末則正其本見譏於卒者亦不可造次無故驅逐必因其過卒絕之明君案見勞授賞則衆譽不能進無功案見惡行誅則衆讒不能退無罪○造七報反外大夫不卒此何以卒据原仲不卒天王崩諸侯之主也時天王崩魯隱往奔喪尹氏主儐贊諸侯與隱交接而卒恩隆於王者則加禮錄之故爲隱恩錄痛之日者恩錄之明當有恩禮

秋武氏子來求賻

傳武氏子者何天子之大夫也其稱武氏子何据宰渠氏官仍叔不稱氏尹氏不稱子譏何譏爾父卒子未命也時雖世大夫緣孝子之心不忍便當父位故順古先試一年乃命於宗廟武氏子父新死未命而便爲大夫薄父子之恩故稱氏言子見未命以譏之何以不稱使据南季稱使當喪未君也當喪謂天子也未君者未三年也未可居君位稱使也故絕正其義與毛伯同武氏子來求賻何以書不但言何以書者嫌以主覆問上所以說二事不問求賻譏何譏爾喪事無求求賻非禮也主爲求賻書也禮本爲有財者制有則送之無則致哀而已不當求求則皇皇傷孝子之心蓋通于下云爾者嫌天子財多不當求下財少可求故明皆不當求之

八月庚辰宋公和卒不言薨者春秋王魯死當有王文聖人之爲文辭孫順不可言崩故貶外言卒所以褒內也宋稱公者殷後也王者封二王後地方百里爵稱公客待之而不臣也詩云有客宿宿有客信信是也○孫音遜

冬十有二月齊侯鄭伯盟于石門

癸未葬宋繆公○繆公音穆左氏作穆凡此後倣此

傳葬者曷爲或日或不日不及時而日渴葬也不及時不及五月也禮天子七月而葬同軌畢至諸侯五月而葬同盟至大夫三月而葬同位至士踰月外姻至孔子曰葬於北方北首三代之達禮也之幽之故也渴喻急也乙未葬齊孝公是也不及時而不日慢葬也慢葬不能以禮葬也八月葬蔡宣公是也過時而日隱之也隱痛也痛賢君不得以時葬丁亥葬齊桓公是也過時而不日謂之不能葬也解緩不能以時葬夏四月葬衛桓公是也○解古邂反又古賣反

當時而不日，正也。（六月葬陳惠公是也。）當時而日，危不得葬也。此當時何危爾？宣公謂繆公曰：「以吾愛與夷，則不若愛女；以為社稷宗廟主，則與夷不若女，盍終為君矣。」（與夷者，宣公之子。繆公者，宣公之弟。○與夷如字，又音餘。凡人名字及地名之類，皆做首音，借假字則時復重出。愛女音汝，下及注同。）宣公死，繆公立，繆公逐其二子莊公馮與左師勃，（左師，官；勃，名也。○馮，皮冰反。）曰：「爾為吾子，生毋相見，死毋相哭。」（所以遠絕之。○毋音無。）與夷復曰：（復，報。）「先君之所為不與臣國而納國乎君者，以君可以為社稷宗廟主也。今君逐君之二子，而將致國乎與夷，此非先君之意也。且使子而可逐，則先君其逐臣矣。」繆公曰：「先君之不爾逐可知矣。（爾，女也。可知者，欲使我反國。）吾立乎此，攝也。」（暫攝行君事，不得傳與子也，謙辭。）終致國乎與夷。莊公馮弒與夷。（馮與督共弒殤公，在桓二年。危之於此者，死乃反國，非至賢之君，不能不爭也。）故君子大居正。（明修法守正，最計之要者。）宋之禍，宣公為之也。（言死而讓，開爭原也。繆公亦死而讓，得為功者，反正也。外小惡不書，錄禍隱者，明諸侯卒，王者當加恩意，憂勞其國，所以哀死閔患也。）

四年，春，王二月，莒人伐杞，取牟婁。

傳 牟婁者何？杞之邑也。（以上有伐杞。）外取邑不書，此何以書？（據楚子伐宋取彭城不書。）疾始取邑也。（外小惡不書，以外見疾始，著取邑以自廣大，比於貪利差為重，故先治之也。內取邑常書，外但疾始不常書者，義與上逆女同。不傳託始者，前此有滅，不嫌無取邑，當託始明，故省文也。取邑例時。○差，初賣反。）

戊申，衛州吁弒其君完。

傳 曷為以國氏？（據齊公子商人弒其君舍氏公子。）當國也。（與段同義。日者，從外赴辭，以賊聞例。）

夏，公及宋公遇于清。

傳 遇者何？不期也。一君出，一君要之也。（古者有遇禮，為朝天子，若朝罷朝卒相遇於塗，近者為主，遠者為賓，稱先君以相接，所以崇禮讓，絕慢易也。當春秋時，出入無度，禍亂姦宄多在不虞，無故卒然相要，小人將以生心，故重而書之，所以防禍原也。言及者，起公要之，明非常遇也。地者，重錄之。遇例時。）

宋公、陳侯、蔡人、衛人伐鄭。

秋，翬帥師會宋公、陳侯、蔡人、衛人伐鄭。

傳 翬者何？公子翬也。（以人桓稱公子。）何以不稱公子？貶。曷為貶？（據叔老會鄭伯伐許不貶。）與弒公也。（弒者，殺也，臣弒君之辭。以終隱之篇貶，知與弒公也。與弒音預。）○其與弒公奈何？公子翬諂乎隱公，（諂猶佞也。）謂隱公曰：「百姓安子，諸侯說子，盍終為君矣。」隱公曰：「否。（否，不也。說音悅。）○吾使修塗裘，吾將老焉。」（塗裘者，邑名也。將老焉者，將辟桓居之，以自終也。故南面之君，勢不可復為臣，故云爾。不以成公意者，隱本為桓守國，國邑皆桓之有，不當取以自為也。）公子翬恐若其言聞乎桓，於是謂桓曰：「吾為子口隱矣。」（口猶口語，相發動也。）隱曰：「吾不反也。」桓曰：「然則奈何？」曰：「請作難，（難，兵難也。難，乃旦反。）○弒隱公。」（諡者傳家所加。於鍾巫之祭焉弒隱公也。鍾者，地名也。巫者，事鬼神禱解以治病請福者也。男曰覡，女曰巫。傳道此者，以起淫祀之無福。〇覡，戶狄反。

九月，衛人殺州吁于濮。

傳 其稱人何？据晉殺大夫里克俱弒君賊，不稱人。討賊之辭也。討者，除也。明國中人人得討之，所以廣忠孝之路。書者，善之也。討賊例時，此月者，久之也。

冬十有二月，衛人立晉。

傳 晉者何？公子晉也。以下有衛侯晉卒，又言立。立者何？立者不宜立也。諸侯立不言立，此獨言立，明不宜立之辭。其稱人何？据尹氏立王子朝也。衆立之之辭也。晉得衆，國中人人欲立之。然則孰立之？石碏立之。則其稱人何？据尹氏立王子朝不稱人。〇碏，七略反。衆之所欲立也。衆雖欲立之，其立之非也。凡立君爲衆，衆皆欲立之，嫌得立無惡，故使稱人，見衆言立也。明下無廢上之義，聽衆立之，爲立篡也。不刺嗣子失位者，時未當喪，典王得權重也。月者，大國篡例月，小國時。立、納、入皆爲篡，卒日葬月，達於春秋爲大國例。主書，從受位也。

春秋公羊傳卷二

春秋公羊傳卷三

漢諫議大夫司空掾任城何　休學

明　後　學　東吳金　蟠訂

隱公

五年春公觀魚于棠（○觀魚左氏作矢魚）

【傳】何以書譏何譏爾遠也公曷爲遠而觀魚（據浚洙也○浚思俊反）登來之也（登讀言得來得來之者齊人語也齊人名求得爲得來作登來者其言大而急由口授也○登來依注登音得）百金之魚公張之（解言登來之意也百金猶百萬也古者以金重一斤若今萬錢矣張謂張罔罟障谷之屬也）登來之者何（弟子未解其言大小緩急故復問之）美大之之辭也（其言大而急者美大多得利之辭也實譏張魚而言觀譏遠者恥公去南面之位下與百姓爭利匹夫無異故諱使若以遠觀爲譏也諸諱主書者從實也觀例時從行職略之）棠者何濟上之邑也（濟者四瀆之別名江河淮濟爲四瀆○濟上子禮反）

夏四月葬衛桓公

秋衛師入盛（○入盛音成左氏作郕）

【傳】曷爲或言率師或不言率師將尊師衆稱某率師（將尊者謂大夫也師衆者滿二千五百人以上也二千五百人稱師無駭率師入極是也禮天子六師方伯二師諸侯一師）將尊師少稱將（師少者不滿二千五百人也衛孫良夫伐廧咎如是也○咎音羔）將卑師衆稱師（將卑者謂士也衛師入盛是也）將卑師少稱人（鄭人伐衛是也）君將不言率師書其重者也（分別之者責元率因錄功惡有小大赦餘從王伐鄭是也○率所類反本又作帥）

九月考仲子之宮

【傳】考宮者何考猶入室也始祭仲子也（考成也成仲子之宮廟而祭之所以居其鬼神猶生人入宮室必有飲食之事不就惠公廟者妾母卑故雖爲夫人猶特廟而祭之禮妾廟子死則廢矣不言立者得變禮也加之者宮廟尊卑共名非配號稱之辭故加之以絕也）桓未君則曷爲祭仲子（據無子不廟也）隱爲桓立故爲桓祭其母也然則何言爾成公意也（尊桓之母爲立廟所以彰桓當立得事之宜故善而書之所以起其意成其賢也）

初獻六羽

【傳】初者何始也六羽者何舞也（持羽而舞）初獻六羽何以書譏何譏爾譏始僭諸公也（僭齊也下傚上之辭）六羽之爲僭奈何天子八佾（佾者列也八人爲列八八六十四人法八風○佾音逸）諸公六（六人爲列六六三十六人法六律）諸侯四（四人爲列四四十六人法四時）諸公者何諸侯者何天子三公稱公王者之後稱公其餘大國稱侯（大國謂百里也）小國稱伯子男（小國謂伯七十里子男五十里）天子三公者何天子之相也（相助也○相息亮反）天子之相則何以三（據經但有祭公周公）自陝而東者周公主之自陝而西者召公主之一相處乎內（陝者蓋今弘農陝縣）

是也禮司馬主兵司徒主教司空主士春秋撥亂世以絀陟爲本故舉絀陟以所主者言之○陜失冉反絀勑律反始僭諸公昉於此乎前此矣前此則曷爲始乎此僭諸公猶可言也僭天子不可言也傳云爾者解不託始也前僭八佾於惠公廟大惡不可言也還從僭六羽議本所當託者非但六也故不可得復傳上也加初者以爲常也獻者下奉上之辭不言六佾者言佾則于以舞在其中明婦人無武事獨奏文樂者鴻羽也所以象文德之風化疾也夫樂本起於和順和順積於中然後樂華發於外是故八音者德之華也歌者德之言也舞者德之容也故聽其音可以知其德察其詩可以達其意論其數可以正其容薦之宗廟足以享鬼神用之朝廷足以序羣臣立之學官足以協萬民凡人之從上教也皆始於音音正則行正故聞宮聲則使人温雅而廣大聞商聲則使人方正而好義聞角聲則使人惻隱而好仁聞徵聲則使人整齊而好禮聞羽聲則使人樂養而好施所以感蕩血脈通流精神存寧正性故樂從中出禮從外作也禮樂接於身望其容而民不敢慢觀其色而民不敢爭故禮樂者君子之深教也不可須臾離君子須臾離禮則暴慢襲之須臾離樂則姦邪入之是以古者天子諸侯雅樂鍾磬未曾離於庭卿大夫御琴瑟未曾離於前所以養仁義而除淫辟也魯詩傳曰天子食日舉樂諸侯不釋縣大夫士日琴瑟王者治定制禮功成作樂未制作之時取先王之禮樂宜於今者用之堯曰大章舜曰簫韶夏曰大夏殷曰大護周曰大武各取其時民所樂者名之堯時民樂其道章明也舜時民樂其修紹堯道也夏時民樂大其三聖相承也殷時民樂大其護己也周時民樂其伐討也蓋異號而同意異歌而同歸失禮鬼神例日此不日者嫌獨考宮以非禮書故從未言初可知○施式豉反邪似嗟反淫辟匹亦反縣音玄

邾婁人鄭人伐宋邾婁小國序上者主會也

螟○螟亡丁反

傳何以書記災也災者有害於人物隨事而至者先是隱公張百金之魚設苛令急法以禁民之所致

冬十有二月辛巳公子彄卒日者隱公賢君宜有恩禮於大夫益師始見法無駭有罪据俠又未命也故獨得於此日○彄苦侯反

宋人伐鄭圍長葛

傳邑不言圍此其言圍何据伐於餘丘不言圍彊也至邑雖圍當言伐惡其彊而無義也必欲爲得邑故如其意言圍也所以不知鄭彊者公以楚師伐宋圍緡不言彊也○彊渠羌反

六年春鄭人來輸平○左氏作渝平

傳輸平者何輸平猶墮成也何言乎墮成据翬會諸侯伐鄭後未道平也何道墮成○墮許規反敗其成也翬伐鄭後已相與平但外平不書故云爾曰吾成敗矣吾魯也吾與鄭人末有成也末無也此傳發者解鄭稱人爲共國辭吾與鄭人則曷爲末有成据無戰伐之文狐壤之戰隱公獲焉時與鄭人戰於狐壤爲鄭所獲然則何以不言戰戰者內敗文也据鞍戰君獲言師敗績諱獲也君獲不言師敗績故以輸平諱也與鞍戰辟內敗文異戰例時偏戰日詐戰月不日者鄭詐之不月者正月也見隱終無奉正月之意不

地者，深諱也。使若實輸平，故不地也。稱人，共國辭。者嫌來輸平，獨惡鄭，明鄭擅獲諸侯，魯不能死難，皆當絶之。○難，乃旦反。

夏五月辛酉，公會齊侯盟于艾。

秋七月。

傳此無事，何以書？春秋雖無事，首時過則書。首，始也。時，四時也。過，歷也。春以正月為始，夏以四月為始，秋以七月為始，冬以十月為始。歷一時無事，則書其始月也。首時過則何以書？据無事也。春秋編年，四時具然後為年。明王者當奉順四時之正也。尚書曰：欽若昊天，歷象日月星辰，敬授民時。是也。有事不月者，人道正則天道定矣。

冬，宋人取長葛。

傳外取邑不書，此何以書？久也。古者師出不踰時，今宋更年取邑，久暴師苦衆，居外，故書以疾之。不繫鄭，舉伐者，明因上伐圍取也。○更音庚。暴，步卜反。

七年春王三月，叔姬歸于紀。叔姬者，伯姬之媵也。至是乃歸者，待年父母國也。婦人八歲備數，十五從嫡，二十承事君子。媵賤，書者，後為嫡，終有賢行。紀侯為齊所滅，紀季以酅入於齊，叔姬歸之，能處隱約，全竟婦道，故重錄之。○酅，戶圭反。

滕侯卒。

傳何以不名？据蔡侯考父卒名。微國也。小國，故略不名。微國則其稱侯何？据大國稱侯，小國稱伯子男。不嫌也。滕侯卒不名，下常稱子，不嫌稱侯為大國。春秋貴賤不嫌同號，貴賤不嫌者，通同號稱也。若齊亦稱侯，滕亦稱侯，微者亦稱人，貶亦稱人，皆有起文，貴賤不嫌同號是也。美惡不嫌同辭。若繼體君亦稱即位，繼弒君亦稱即位，皆有起文，美惡不嫌同辭是也。滕微國，所傳聞之世未可卒，所以稱侯而卒者，春秋王魯，託隱公以為始受命王，滕子先朝隱公，春秋褒之以禮，嗣子得以其祿祭，故稱侯見其義。

夏，城中丘。

傳中丘者何？內之邑也。城中丘何以書？上問中丘者何，指問邑也。故因言何以書，嫌但問書中丘，故復言城中丘何以書也。以重書也。以功重，故書也。當稍稍補完之，至令大崩弛壞敗，然後發衆城之，猥苦百姓，空虛國家，故言城，明其功重與始作城無異。城邑閒時。○令，力呈反。

齊侯使其弟年來聘。

傳其稱弟何？据諸侯之子稱公子。母弟稱弟，母兄稱兄。母弟，同母弟。母兄，同母兄。不言同母言母弟者，若謂不如為如矣，齊人語也。分別同母者，春秋變周之文，從殷之質，質家親親，明當親厚，異於羣公子也。聘者，問也。來聘書者，皆喜內見聘事也。古者諸侯朝罷朝聘，為慕賢考禮，一法度，尊天子。不言聘公者，禮，聘受之於大廟，孝子謙，不敢以己當之，歸美於先君。且重賓也。○別，彼列反。大廟，音泰，下同。

秋，公伐邾婁。

冬，天王使凡伯來聘。書者，喜之也。古者諸侯有較德殊風異行，天子聘問之，當北面稱臣，受之於大廟，所以尊王命，歸美於先君，不敢以己當之。

戎伐凡伯于楚丘以歸。

傳凡伯者何。上言聘此言伐嫌其異故執不知問天子之大夫也。此聘也。其言伐之何。据出聘與郊柳異不得言伐也問伐加之者辟問輕重兩舉之執之也。執之則其言伐之何。据執季孫隱如不言伐大之也。尊大王命責當死位故使與國同曷為大之。据王子突繫諸人不與夷狄之執中國也。因地不接京師故以中國正之中國者禮義之國也執者治文也君子不使無禮義制治有禮義故絶不言執正之言伐也執天子大夫而以中國正之者執中國尚不可況執天子之大夫乎所以降夷狄尊天子為順辭其地何。据執季孫隱如不地大之也。順上伐文使若楚丘為國者猶慶父伐於餘丘也不地以衛者天子大夫衛王命至尊顧在所諸侯有出入所在赴其難當與國君等也錄以歸者惡凡伯不死位以辱王命也○難乃旦反惡烏路反

八年。春。宋公衛侯遇于垂。宋公序上者時衛侯要宋公使不虞者為主明當戒慎之無主者遇在其間置上則嫌為事出置下則嫌無天法可以制月嫌文不可施也

三月。鄭伯使宛來歸邴。○邴彼命反又音丙鄭邑左氏作祊

傳宛者何。鄭之微者也。邴者何。鄭湯沐之邑也。天子有事于泰山。諸侯皆從泰山之下。諸侯皆有湯沐之邑焉。有事者巡守祭天告至之禮也當沐浴絜齊以致其敬故謂之湯沐邑也所以尊待諸侯而共其費也禮四井為邑邑方二里東方二州四百二十國凡為邑廣四十里袤四十二里取足舍止共槀穀而已歸邴書者甚惡鄭伯無尊事天子之心專以湯沐邑歸魯背叛當誅也錄使者重尊湯沐邑也王者所以必巡守者天下雖平自不親見猶恐遠方獨有不得其所故三年一使三公絀陟五年親自巡守巡猶循也守猶守也循行守視之辭亦不可國至人見為煩擾故至四嶽足以知四方之政而已尚書曰歲二月東巡守至于岱宗柴望秩于山川遂覲東后協時月正日同律度量衡修五禮五玉三帛二生一死贄如五器卒乃復五月南巡守至于南嶽如岱禮八月西巡守至于西嶽如初十有一月朔巡守至于北嶽如西禮還至嵩如初禮歸格于禰祖用特是也○守手又反本又作狩齊側皆反本多即作齊字後放此而共音恭下同袤音茂禰乃禮反本又作藝

庚寅。我入邴。

傳其言入何。据上書歸取邑已明無事復書入也難也。入者非已至之文難辭也此魯受邴與鄭同罪當誅故書入欲為魯見重難辭○難乃旦反其日何。据取邑不日難也。以歸後乃日也言時重難不可即入至此日乃入其言我何。据吳伐我以吳伐故言我言我者非獨我也。自入邑不得言我有他人在其中乃得言我故能起其非獨我齊亦欲之。時齊與鄭魯比聘會者亦欲得之故以非獨我起齊惡齊惡起則魯蒙欲邑見於惡愈矣

夏。六月。己亥。蔡侯考父卒。

辛亥。宿男卒。宿本小國不當卒所以卒而日之者春秋王魯以隱公為始受命王宿男先與隱公交接故卒褒之也不名不書葬者與微者盟功薄當褒之為小國故從小國例

秋。七月。庚午。宋公齊侯衛侯盟于瓦屋。

八月。葬蔡宣公。

傳卒何以名而葬不名。卒從正。卒當赴告天子君前臣名故從君臣之正義言也而葬從主人。至葬者有常月可知不赴告天子故自從蔡臣子辭稱公

卒何以日而葬不日卒赴（赴天子也。緣天子閔傷，欲其知之。又臣子疾痛，不能不具以告。）而葬不告（不告天子也。發傳於葬者，從正也。）

九月辛卯公及莒人盟于包來（○包來，左氏作浮來。）

傳　公曷為與微者盟（据與齊高傒盟諱之。）稱人則從不疑也（從者，隨從也。實莒子也。言莒子則嫌公行微不肖，諸侯不肯隨從公盟，而公反隨從之，故使稱人，則隨從公不疑矣。隱為桓立，狐壤之戰不能死難，又受湯沐邑，卒無廉恥，令鞏有緣諂為桓所疑，故著其不肖，僅能使微者隨從之耳。蓋痛録隱所以失之。又見獲受邑皆諱不明，因與上相起也。○難，乃旦反。令，力呈反。）

螟（先是有狐壤之戰、中丘之役，又受邴田，煩擾之應。）

冬十有二月無駭卒

傳　此展無駭也何以不氏（据公子彄卒氏公子。）疾始滅也故終其身不氏（嫌上貶主起入為滅，不為疾始，故復為疾始滅終身貶之，足見上貶為疾始滅。）

九年春天王使南季來聘

三月癸酉大雨震電

傳　何以書記異也何異爾不時也（震雷電者，陽氣也。有聲名曰雷，無聲名曰電。周之三月，夏之正月，雨當水雪雜下，雷當聞於地中，其雉雊，電未可見，而大雨震電，此陽氣大失其節，猶隱公久居位不反於桓，失其宜也。日者，一日之中也。凡災異，一日者日，歷日者月，歷月者時，歷時者加自文為異。發於九年者，陽數可以極而不還國於桓之所致。○雊，古豆反。）

庚辰大雨雪（○雨，于付反。）

傳　何以書記異也何異爾俶甚也（俶，始怒也。始怒甚，猶大甚也。蓋師說以為平地七尺雪者，盛陰之氣也。八日之間，先示隱公以不宜久居位，而繼以盛陰之氣大怒，此桓將怒而弒隱公之象。○俶，尺叔反。大甚，音泰。）

俠卒

傳　俠者何吾大夫之未命者也（以無氏而卒之也。未命所以卒之者，賞疑從重。無氏者，少略也。）

夏城郎

秋七月

冬公會齊侯于邴（○于邴，左氏作防。）

十年春王二月公會齊侯鄭伯于中丘（月者，隱前為鄭所獲，今始與相見，故危録內，明君子當犯而不校也。）

夏翬帥師會齊人鄭人伐宋

傳　此公子翬也何以不稱公子（据楚公子嬰齊貶後復稱公子。）貶　曷為貶隱之罪人也故終隱之篇貶也（嫌上一貶可移於他事者，故終隱之篇貶之，明為隱貶，所以起隱之罪人也。）

六月壬戌公敗宋師于菅辛未取郜辛巳取防

○菅古顏反鄫古報反

傳取邑不日此何以日據取闞不日也○闞苦暫反一月而再取也欲起一月而再取故日何言乎一月而再取據取鄆東田及沂西田亦一月再取兩邑不日○鄆一火號反又音郭甚之也甚魯因戰見利生事利心數動○數所角反內大惡諱此其言甚之何春秋錄內而略外於外大惡書小惡不書於內大惡諱小惡書明取邑爲小惡一月再取小惡中甚者耳故書也於內大惡諱於外大惡書者明王者起當先自正內無大惡然後乃可治諸夏大惡因見臣子之義當先爲君父諱大惡也內小惡書外小惡不書者內有小惡適可治諸夏大惡未可治諸夏小惡明當先自正然後正人小惡不諱者罪薄恥輕敗宋師日者見結日偏戰也不言戰者託王於魯故不以敵辭言之所以彊王義也

秋宋人衛人入鄭

宋人蔡人衛人伐載鄭伯伐取之

傳其言伐取之何據國言滅邑言取又徐人取舒不言伐易也其易奈何因其力也因誰之力因宋人蔡人衛人之力也載屬爲上三國所伐鄭伯無仁心因其困而滅之易若取邑故言取欲起其易因上伐力故同其文言伐就上載言取之也不月者移惡上三國○易以豉反屬音燭

冬十月壬午齊人鄭人入盛日者盛魯同姓於隱篇再見入者明當憂錄之○入盛左氏作郕後皆倣此

十有一年春滕侯薛侯來朝

傳其言朝何據內言如諸侯來曰朝大夫來曰聘傳言來者解內外也春秋王魯王者無朝諸侯之義故內適外言如外適內言朝聘所以別外尊內也不言朝公者禮朝受之於大廟與聘同義○別彼列反其兼言之何據鄧穀來朝不兼言朝微國也略小國也稱侯者春秋託隱公以爲始受命王滕薛先朝隱公故褒之已於儀父見法復出滕薛者儀父盟功淺滕薛朝功大宿與微者盟功尤小起行之當各有差也滕序上者春秋變周之文從殷之質質家親親先封同姓

夏五月公會鄭伯于祁黎○祁黎左氏作時來

秋七月壬午公及齊侯鄭伯入許日者危錄隱公也爲弟守國不尚推讓數行不義皇天降災諂臣進謀終不覺悟又復構怨入許危亡之釁外內並生故危錄之○數所角反

冬十有一月壬辰公薨

傳何以不書葬據莊公書葬隱之也何隱爾弒也爲桓公所弒弒則何以不書葬據桓公書葬春秋君弒賊不討不書葬以爲無臣子也道春秋通例與文武異子沈子曰君弒臣不討賊非臣也子不復讎非子也葬生者之事也春秋君弒賊不討不書葬以爲不繫乎臣子也子沈子後師明說此意者明臣子不討賊當絕君喪無所繫也沈子稱子冠氏上者著其爲師也不但言子曰者辟孔子也其不冠子者他師也○冠古亂反公薨何以不地據莊公薨于路寢不忍言也不忍言其僵尸之處○僵居良反隱何以無正月據六年輸平不月隱將讓乎桓故不有其正月也嫌上諸成

公意適可見始讓，不能見終，故復爲終篇去正月，明隱終無有國之心，但桓疑而弑之。公薨主書者，爲臣子恩痛之。他國自從王者恩例録也。○去，起呂反

春秋公羊傳卷三

春秋公羊傳卷四

漢諫議大夫司空掾任城何　休學
明後學　東吳葛　鼒訂

桓公

元年，春，王正月，公即位。

【傳】繼弒君不言即位，此其言即位何？據莊公不言即位。如其意也。弒君欲即位，故如其意，以著其惡。直而不顯，諱而不盈。桓本貴，當立，所以為篡者，隱權立，桓北面君事隱也。即者，就也。先謁宗廟，明繼祖也。還之朝，正君臣之位也。事畢而反凶服焉。

三月，公會鄭伯于垂。桓公會皆月者，危之也。桓弒賢君，篡慈兄，專易朝宿之邑，無王而行，無仁義之心，與人交接則有危也。故為臣子憂之。不致之者，為下去王，適足以起無王，未足以見無王罪之深淺，故復奪臣子辭，成誅文也。

鄭伯以璧假許田。

【傳】其言以璧假之何？據實假不當持璧也。易之也。易之則其言假之何？為恭也。為恭孫之辭，使若暫假借之辭。○孫音遜。曷為為恭？據取邑不為恭敬辭。有天子存，則諸侯不得專地也。許田者何？地皆不得專，而此獨為恭，辭疑非凡邑，故更問之。魯朝宿之邑也。諸侯時朝乎天子，天子之郊，諸侯皆有朝宿之邑焉。時朝者，順四時而朝也。緣臣子之心，莫不欲朝朝莫夕，主者與諸侯別治，勢不得自專朝，故即位比年使大夫小聘，三年使上卿大聘，四年又使大夫小聘，五年一朝，王者亦貴得天下之歡心，以事其先王，因助祭以述其職，故分四方諸侯為五部，部有四輩，輩主一時。孝經曰：「四海之內，各以其職來助祭。」尚書曰：「羣后四朝，敷奏以言，明試以功，車服以庸。」是也。宿者，先誠之辭。古者天子邦畿千里，遠郊五百里，諸侯至遠郊，不敢便入，必先告至，由如他國至竟而假塗也，皆所以防未然，謹事上之敬也。王者以諸侯遠來朝，亦加殷勤之禮以接之，為告至之須，當有所住止，故賜邑於遠郊，其實天子地，諸侯不得專也。桓公無尊事天子之心，專以朝宿之邑與鄭，背叛當誅，故深諱，使若暫假借之者。不舉假為重，復舉上會者，方諱言許田，不舉會無以起從魯假之也。○上朝朝，上如字，下直遙反。莫音暮。此魯朝宿之邑也，則曷為謂之許田？諱取周田也。諱取周田，則曷為謂之許田？繫之許也。曷為繫之許？近許也。此邑也，其稱田何？田多邑少稱田，邑多田少稱邑。分別之者，古有分土無分民，明當察民多少，課功德。

夏，四月，丁未，公及鄭伯盟于越。

秋，大水。

【傳】何以書？記災也。災傷二穀以上書災也。經曰：「秋大水，無麥苗。」傳曰：「待無麥然後書無苗。」是也。先是桓篡隱，百姓痛傷悲哀之心既蓄積，而復專易朝宿之邑，陰逆而與怨氣并之所致。○以上時掌反，凡言以上皆放此。

冬，十月。

二年，春，王正月，戊申，宋督弒其君與夷及其大夫孔父。賢者不名，故孔父稱字。督未命之大夫，故國氏之。

【傳】及者何？以公夫人言及仲子，微不得及君，上下大夫言及，知君尊亦不得及臣，故問之。

累也累累從君而死齊人語也弒君多矣舍此無累者乎曰有

仇牧荀息皆累也舍仇牧荀息無累者乎曰有叔仲惠伯是也有則此何以書賢也何賢乎孔父據叔仲惠伯不賢

孔父可謂義形於色矣以稱字見先君死其義形於色奈何督將弒殤公孔父生而存則殤公不可得而弒

也故於是先攻孔父之家大夫稱家父者字也禮臣死君字之以君得字之知先攻孔父之家殤公知孔父死己必死趨而救之皆死

焉趨走也傳道此者明殤公知孔父賢而不能用故致此禍設使殤公不知孔父賢焉知孔父死己必死設使魯莊公不知季子賢焉知以病召之皆患安存之時則輕慶之急然後恩之故常用不免孔父正色而立於朝則人莫敢過而致難於其

君者孔父可謂義形於色矣內有其義而外形見於顏色孔子曰君子正其衣冠尊其瞻視儼然人望而畏之是也重道義形於色者君子樂道人之善言及長者使上及其君若附大國以名通明當封為附庸不絕其祀所以重社稷之臣也督不氏者起馮當國不舉馮弒為重者繆公廢子而反國得正故為之諱也不得為讓者死乃反之非所以全其讓意也○難乃旦反

滕子來朝

三月公會齊侯陳侯鄭伯于稷以成宋亂

傳內大惡諱此其目言之何目見也斥見其惡言成宋亂遠也

所見異辭所聞異辭所傳聞異辭所以復發傳者益師以臣見恩此以君見恩嫌義異也所見之世臣子恩其君父尤厚故多微辭是也所聞之世恩王父少殺故立煬宮不日武宮日是也所傳聞之世恩高祖曾祖又少殺故子赤卒不日子般卒日是也○少殺所介反下同

隱亦遠矣曷為為隱諱據觀魚諱隱賢而桓賤也宋公馮與督共弒君而立諸侯會於稷欲共誅之受賂便還令宋亂遂成桓公本亦弒隱而立君子疾同類相養小人同惡相長故賤不為諱古者諸侯五國為屬屬有長二屬為連連有帥三連為卒卒有正七卒為州州有伯也州中有為無道者則長帥卒正伯當征之不征則與同惡當春秋時天下散亂保伍壞敗雖不誅不為成亂今責其成亂者疾其受賂也加以者辟直成亂也

夏四月取郜大鼎于宋

傳此取之宋其謂之郜鼎何據莒人伐杞取牟婁後莒牟夷以牟婁來奔不繫杞也器從名從本主名名之地從主人從後所屬主人器何以從名地何以從主人據錯器之與人非有即爾即就也若曰取彼器與此人異國物凡人取異國物非就有取之者皆持以歸為有為後不可分明故正其本名宋始以不義取之故謂之郜鼎宋始以不義取之不應得故正之謂之郜鼎如以義應得當言取宋大鼎郜本所以有大鼎者周家以世孝天瑞之鼎以助享祭諸侯有世孝者天子亦作鼎以賜之禮祭天子九鼎諸侯七卿大夫五元士三也至乎地之與人則不然凡取地皆就有之與器異也俄而可以為其有矣俄者謂須臾之間制得之頃也諸侯土地各有封疆里數今日取之然後王者起興滅國繼絕世反取邑不嫌不明故卒可使以為其有不復追錄繫本主然則為取可以為其有乎為取恣意辭也弟子未解故云爾曰否何者何者將設事類之辭若楚王之妻媦無時焉可也媦妹也引此為喻者明其終不可名有也經不正者從可知省文也○媦音胃

戊申。納于大廟。○大廟音泰，下及注同。

傳 何以書。譏。何譏爾。遂亂受賂，納于大廟，非禮也。納者，入辭也。周公稱大廟。所以必有廟者，緣生時有宮室也。孝子三年喪畢，思念其親，故爲之立宗廟，以鬼享之。廟之爲言貌也，思想儀貌而事之。故曰齋之日，思其居處，思其笑語，思其志意，思其所樂，思其所嗜。祭之日，入室，僾然必有見乎其位；周旋出入，肅然必有聞乎其容聲；出戶而聽，愾然必有聞乎其歎息之聲。孝子之至也。質家右宗廟，上親親；文家右社稷，尚尊尊。○僾音愛，又烏改反。

秋，七月。紀侯來朝。稱侯者，天子將娶於紀，與之奉宗廟，傳之無窮，重莫大焉，故封之百里。月者，明當尊而不臣，所以廣孝敬。蓋以爲天子得娶庶人女，以其得專封也。

蔡侯、鄭伯會于鄧。

傳 離不言會。此其言會何。據齊侯、鄭伯如紀。二國會曰離。二人議，各是其所是，非其所非，道不同，不能決事，定是非，立善惡，不足采取，故謂之離會。蓋鄧與會爾。時因鄧都，得與鄧會。自三國以上言會者，重其少從多也。能決事，定是非，立善惡。尚書曰：三人議則從二人之言。蓋取諸此。○與會音預。

九月。入杞。

公及戎盟于唐。不日者，戎怨隱不反國，善桓能自復，翕然相親信。

冬。公至自唐。致者，君子疾賢者失其所，不肖者反以相親，榮故與隱相違也。明前隱與戎盟，雖不信，猶可安也。今桓與戎盟，雖信，猶可危也。所以深抑小人也。凡致者，臣子喜其君父脫危而至。

三年。春，正月。公會齊侯于嬴。無王者，以是桓公無王而行也。二年有王者，見始也。十年有王者，數之終也。十八年有王者，桓公之終也。明終始有王，桓公無之爾。不就元年見始者，未無王也。二月非周之正月，所以復去之者，明春秋之道亦通於三王，非主假周以爲漢制而已。

夏。齊侯、衛侯胥命于蒲。

傳 胥命者何。相命也。胥，相也。時盟不歃血，但以命相誓。何言乎相命。據盟亦相命，不道也。近正也。以不言盟也。此其爲近正奈何。古者不盟，結言而退。善其近正，似於古而不相背，故書以撥亂也。

六月。公會紀侯于盛。○盛音成。

秋，七月，壬辰，朔。日有食之。既。

傳 既者何。盡也。光明滅盡也。是後楚滅鄧、穀，上僭稱王，故尤甚也。楚滅鄧、穀不書者，後治夷狄。

公子翬如齊逆女。

九月。齊侯送姜氏于讙。

傳 何以書。譏。何譏爾。諸侯越竟送女，非禮也。以言姜氏也。禮送女，父母不下堂，姑姊妹不出門。此入國矣，何以不稱夫人。據讙，魯地。自我言齊。恕己以及人也。父母之於子，雖爲鄰國夫人，猶曰吾姜氏。所以崇父子之親，從父母辭，不言孟姜，言姜氏者，從魯辭，起魯地。

公會齊侯于讙夫人姜氏至自齊
傳翬何以不致據遂以夫人婦姜至自齊致得見乎公矣本所以致
夫人者公不親迎有危也翬當并致者翬親迎重在翬也上會讙時夫人以得見公得禮失禮在公
不復在翬故不復致不就讙上致者婦人危重故據都城乃致也月者為夫人至國危重之
冬齊侯使其弟年來聘
有年
傳有年何以書方分別問大有年故不但言何以書以喜書也大有
年何以書亦以喜書也此其曰有年何僅有年也
僅猶劣也謂五穀多少皆有不能大成熟彼其曰大有年何問宣十六年也大
豐年也謂五穀皆大成熟僅有年亦足以當喜乎恃有年
也恃賴也若桓公之行諸侯所當誅百姓所當叛而又元年大水二年耗減民人將去國喪無日
賴五穀皆有使百姓安土樂業故喜而書之所以見不肖之君為國尤危又明為國家者不可不有
年
四年春正月公狩于郎
傳狩者何田狩也田者蒐狩之總名也古者肉食衣皮服捕禽獸故謂之田取獸
于田故曰狩易曰結繩罔以田魚春曰苗苗毛也明當見物取未懷任者秋曰蒐
蒐簡擇也簡擇幼穉取其大者冬曰狩狩猶獸也冬時禽獸長大遭獸可取也不以夏田者春
秋制也以為飛鳥未去於巢走獸未離於穴恐傷害於幼穉故於苑圃中取之常事不書
此何以書譏何譏爾遠也以其地遠禮諸侯田狩不過郊諸侯曷
為必田狩據有圃也一曰乾豆一者第一之殺也自左膘射之達於右髃中心

死疾鮮絜故乾而豆之中薦於宗廟豆祭器名狀如鐙天子二十有六諸公十有六諸侯十有二卿
上大夫八下大夫六士二○膘毗小反又扶了反髃本又作腢魚俱反又五苟反鐙都鄧反音登
二曰賓客二者第二之殺也自左膘射之達於右脾遠心死難故以為賓客三曰
充君之庖充備也庖廚也三者第三之殺也自左膘射之達于右髃中腸胃污泡死遲故
以充君之庖廚已有三牲必田狩者孝子之意以為己之所養不如天地自然之牲逸豫肥美禽獸
多則傷五穀因習兵事又不空設故因以捕禽獸所以共承宗廟示不忘武備又因以為田除害狩
閔時此月者譏不時也周之正月夏之十一月陽氣始施鳥獸懷任草木萌牙非所以養微○脾方
爾反又步啓反髃羊紹反字林子小反一本作肬音賢共音恭
夏天王使宰渠伯糾來聘
傳宰渠伯糾者何天子之大夫也其稱宰渠伯糾
何據劉卷卒氏采不名且字下大夫也天子下大夫繫官氏名且字繫官者卑不得事
官事也稱伯者上敬老也上敬老則民益孝上尊齒則民益弟是以王者以父事三老兄事五更食
之於辟雝天子親袒而割牲執醬而饋執爵而酳冕而摠干率民之至也先王之所以治天下者有
五貴有德為其近於道也貴臣為其近於君也貴老為其近於父也敬長為其近於兄也慈幼為其
近於子弟也禮君於臣而不名者有五諸父兄不名經曰王札子是也詩曰王謂叔父是也上大夫
不名祭伯是也盛德之士不名叔肸是也老臣不名宰渠伯糾是也下去二時者桓公無王而行天
子不能誅反下聘之故為貶見其罪明不宜○食音嗣辟必亦反酳以刃反又士刃反肸許乙反
五年春正月甲戌己丑陳侯鮑卒
傳曷為以二日卒之怴也怴者狂也齊人語○怴呼述反甲戌之
日亡己丑之日死而得君子疑焉故以二日卒之

也 君子謂孔子也以二時卒之者闕疑

夏齊侯鄭伯如紀

傳 外相如不書此何以書 據蔡侯東國卒于楚不言如也 離不言會也 時紀不與會故略言如也春秋始錄內小惡書內離會略外小惡不書外離會至所聞之世著治升平內諸夏而詳錄之乃書外離會嫌外離會常書故變文見意以別嫌明疑

天王使仍叔之子來聘

傳 仍叔之子者何天子之大夫也其稱仍叔之子何 據宰渠氏官武氏子不稱字又不加之尹氏不稱子 譏何譏爾譏父老子代從政也 禮七十縣車致仕不言氏者起父在也加之者起子辟一人○縣日玄反

葬陳桓公 不月者責臣子也知君父有疾當營衛不謹而失之也傳曰葬生者之事

城祝丘

秋蔡人衛人陳人從王伐鄭

傳 其言從王伐鄭何 據河陽舉王狩別出朝文文不連王王師不道所加 從王正也 美其得正義也故以從王征伐錄之蓋起時天子微弱諸侯背叛莫肯從王者征伐以善三國之君獨能尊天子死節稱人者刺王者也天下之君海內之主當秉綱撮要而親自用兵故見其微弱僅能從微者不能從諸侯猶莒稱人則從不疑也不使王者首兵者本不為王舉也知實諸侯者以美得正○不為于偽反下所為與為六年同

大雩

傳 大雩者何旱祭也 雩旱請雨祭名不解大者祭言大雩大旱可知也君親之南郊以六事謝過自責曰政不一與民失職與宮室榮與婦謁盛與苞苴行與讒夫倡與使童男女各八人舞而呼雩故謂之雩不地者常地也 則何以不言旱 據日食鼓用牲于社 言雩則旱見言旱則雩不見 從可知故省文也日食獨不省文者與大水同禮若但言鼓用牲則不知其所為必見雩者善其能戒懼天災應變求雨憂民之急也 何以書記災也 旱者政教不施之應先是桓公無王行比為天子所聘得志益驕去國遠狩大城祝丘故致此旱

螽

○螽音終

傳 何以書記災也 螽者煩擾之所生與上旱同說

冬州公如曹

傳 外相如不書此何以書過我也 為六年化我張本也傳不言化我者張本非再化也稱公者申其尊起其慢責無禮○過古禾反又古臥反

六年春正月寔來

傳 寔來者何猶曰是人來也 猶曰是人來不錄何等人之辭 孰謂謂州公也 以上如曹書 曷為謂之寔來慢之也曷為慢之 據葵丘之盟日 化我也 行過無禮謂之化齊人語也諸侯相過至竟必假塗入都必朝所以崇禮讓絕慢易戒不虞也今州公過魯都不朝魯是慢之為惡故書寔來見其義也月者危錄之無禮之人不可備責之

夏四月公會紀侯于成

秋八月壬午大閱

傳大閱者何簡車徒也大簡閱兵車使可任用而習之何以書蓋以罕書也罕希也孔子曰以不教民戰是謂棄之故比年簡徒謂之蒐三年簡車謂之大閱五年大簡車徒謂之大蒐存不忘亡安不忘危不地者常地也蒐例時此日者桓既無文德又忿忘武備故尤危錄

蔡人殺陳佗○佗大阿反

傳陳佗者何陳君也以躍卒不書葬也陳君則曷爲謂之陳佗据弒蔡侯般不言蔡般絶也絶者國當絶曷爲絶之据戕鄫子不絶○戕在良反鄫才陵反賤也其賤奈何外淫也惡乎淫惡乎猶於何也○惡音烏淫乎蔡蔡人殺之蔡稱人者與使得討之故從討賊辭也賤而去其爵者起其見卑賤猶律文立子姦母見乃得殺之也不日不書葬者從賤文○去起呂反

九月丁卯子同生

傳子同生者孰謂謂莊公也以夫人言同非吾子何言乎子同生据君存稱世子子般不言生喜有正也喜國有正嗣未有言喜有正者此其言喜有正何久無正也子公羊子曰其諸以病桓與其諸辭也本所以書莊公生者感隱桓之禍生於無正故喜有正而不以世子正稱書者明欲以正見無正疾惡桓公日者喜錄之禮生與來日死與往日各取其所見日也禮世子生三日卜士負之寢門外以桑弧蓬矢射天地四方明當有天地四方之事三月君名之大夫負朝于廟以名徧告之

冬紀侯來朝朝聘例時

春秋公羊傳卷四

春秋公羊傳卷五

漢諫議大夫司空掾任城何　休學

明　後　學　東吴金　蟠訂

桓公

七年，春，二月，己亥，焚咸丘。

傳 焚之者何？樵之也。樵，薪也。以樵燒之，故因謂之樵之。樵之，齊人語。樵之者何？以火攻也。何言乎以火攻？據戰伐不道所用兵。疾始以火攻也。征伐之道不過用兵，服則可以退，不服則可以進。火之盛炎，水之盛衝，雖欲服罪，不可復禁，故疾其暴而不仁也。傳不託始者，前此未有，無所託也。咸丘者何？邾婁之邑也。曷爲不繫乎邾婁？據郱鄑郚繫紀。○郱步丁反，鄑子斯反，一音晉，郚音吾。國之也。欲使如國，故無所繫。加之者，辟寔國也。曷爲國之？據郱鄑郚不國。君存焉爾。所以起邾婁君在咸丘邑，明臣子當赴其難，與在國等也。日者，重錄以火攻也。

夏，穀伯綏來朝，鄧侯吾離來朝。

傳 皆何以名？據滕薛不名也。失地之君也。其稱侯朝何？據以賤也。貴者無後，待之以初也。穀鄧本與魯同貴，爲諸侯，今失爵亡土，來朝託寄也。義不可卑，故明當待之如初，所謂故舊不遺，則民不偷。無後者，施於所奔國也，獨妻得配夫，託衣食於公家，子孫當受田而耕，故云爾。下去二時者，桓公以火攻人君，故賤，明大惡。不月者，失地君朝惡人，輕也。名者，見不世也。

八年，春，正月，己卯，烝。

傳 烝者何？冬祭也。春曰祠，薦尚韭卵。祠猶食也，猶繼嗣也。春物始生，孝子思親，繼嗣而食之，故曰祠，因以別死生。○卵力管反，猶食音飼，下同，別彼列反。夏曰礿，薦尚麥魚，麥始熟可礿，故曰礿。礿音予若反，本又作禴，同。○秋曰嘗，薦尚黍肫。嘗者，先辭也。秋穀成者非一，黍先熟，可得薦，故曰嘗。冬曰烝。薦尚稻鴈。烝，衆也，氣盛貌。冬萬物畢成，所薦衆多，芬芳備具，故曰烝。無牲而祭謂之薦。天子四祭四薦，諸侯三祭三薦，大夫士再祭再薦。祭於室，求之於幽；祭於堂，求之於明；祭於祊，求之於遠，皆孝子博求之意也。大夫求諸明，士求諸幽，尊卑之差也。殷人先求諸明，周人先求諸幽，質文之義也。禮，天子諸侯卿大夫牛羊豕凡三牲曰大牢，天子元士諸侯之卿大夫羊豕凡二牲曰少牢，諸侯之士特豕。天子之牲角握，諸侯角尺，卿大夫索牛。○祊必庚反，少詩照反。常事不書，此何以書？譏。何譏爾？譏亟也。亟，數也。屬十二月已烝，今復烝也。不異烝祭名而言烝者，取冬祭所薦衆多，可以包四時之物。○亟去冀反。亟則黷，黷則不敬。黷渫黷也。君子之祭也，敬而不黷。君子生則敬養，死則敬享，故將祭，宮室既修，牆屋既繕，百物既備，其禮樂具，其百官散齊七日，致齊三日，夫婦齊戒沐浴盛服，君牽牲，夫人奠酒，君親獻尸，夫人薦豆，卿大夫相君，命婦相夫人。洞洞乎，屬屬乎，如弗勝，如將失之，濟濟乎，致其敬也。愉愉乎，盡其忠也。勿勿乎，其欲饗之也。文王之祭，事死如事生，孝子之至也。疏則怠，怠則忘。怠，解。士不及茲四者，則冬不裘，夏不葛。禮本下爲士制。茲，此也。四者，四時祭也。疏數之節，靡所折中，是故君子合諸天道，感四時物而思親也。祭必於夏之孟月者，取其見新物之月也。裘葛者，御寒暑之美服。士有公事，不得及此四時祭者，則不敢美其衣服，蓋思念親之至也。故孔子曰：「吾不與祭，如不祭。」

天王使家父來聘。家，采地。父，字也。天子中大夫氏采，故稱字，不稱伯仲也。

夏五月丁丑烝

傳 何以書譏亟也（與上祀同爲亟也）

秋伐邾婁

冬十月雨雪

傳 何以書記異也何異爾不時也（周之十月夏之八月未當雨雪此陰氣大盛兵象也是後有郎師龍門之戰㳅血尤深○㳅古流字）

祭公來遂逆王后于紀

傳 祭公者何天子之三公也（天子置三公九卿二十七大夫八十一元士凡百二十官下應十二子祭者采也天子三公氏采稱爵○祭側介反後祭仲祭叔放此）何以不稱使（據宰周公稱使）婚禮不稱主人（時王者有母也）遂者何生事也（生猶造也專事之辭）大夫無遂事此其言遂何（據待君命然後卒大夫也）成使乎我也（以上來無事知遂成使于我○使所吏反）其成使乎我奈何使我爲媒可則因用是往逆矣（婚禮成於五先納采問名納吉納徵請期然後親迎時王者遣祭公來使魯爲媒可則因用魯往迎之不復成禮疾王者不重妃匹逆天下之母若逆婢妾將謂海內何哉故譏之不言如紀者辟有外文）女在其國稱女此其稱王后何王者無外其辭成矣

九年春紀季姜歸于京師

傳 其辭成矣則其稱紀季姜何自我言紀父母之於子雖爲天王后猶曰吾季姜（明子尊不加於父母）京師者何天子之居也（以季姜言歸）京者何大也師者何衆也天子之居必以衆大之辭言之（地方千里周城千雉宮室官府制度廣大四方各以其職來貢莫不備具所以必自有地者給自近始故據土與諸侯分職而聽其政焉即春秋所謂內給其國也書季姜歸者明魯爲媒當有送迎之禮）

夏四月

秋七月

冬曹伯使其世子射姑來朝

傳 諸侯來曰朝此世子也其言朝何（據臣子一例當言聘○射音亦）春秋有譏父老子代從政者則未知其在齊與曹與（在齊者世子光也時曹伯年老有疾使世子行聘禮恐卑故使自代朝雖非禮有尊厚魯之心傳見下卒葬詳錄故序經意依違之也小國無大夫所以書者重惡世子之不孝甚）

十年春王正月庚申曹伯終生卒

夏五月葬曹桓公（小國始卒當卒月葬時而卒日葬月者曹伯年老使世子來朝春秋敬老重恩故爲魯恩錄之尤深）

秋公會衛侯于桃丘弗遇

傳 會者何期辭也其言弗遇何公不見要也（時實桓公欲要見衛侯衛侯不肯見公以非禮動見拒有恥故諱使若會而不相遇言弗遇者起公要之也弗者不之深也起公見拒深傳言公不見要者順經諱文）

冬十有二月丙午齊侯衛侯鄭伯來戰于郎

傳 郎者何吾近邑也（以言來也）吾近邑則其言來戰于郎何（據齊師宋師次于郎不言來公敗宋師不言戰龍門之戰不舉地也）近也惡乎

近。近乎圍也。地而言來者明近都城幾與圍無異不解戰者從下說可知○惡音烏

此偏戰也。何以不言師敗績。據十三年師敗績偏一面也結日定地各居一面鳴鼓而戰不相詐內不言戰。言戰乃敗矣。春秋託王於魯戰者敵文也王者兵不與諸侯敵戰乃其已敗之文故不復言師敗績魯不復出主名者兵近都城明舉國無大小當戮力拒之

十有一年。春。正月。齊人。衛人。鄭人盟于惡曹。月者桓公行惡諸侯所當誅屬上三國來戰于郎今復使微者盟故為魯懼危錄之

夏。五月。癸未。鄭伯寤生卒。

秋。七月。葬鄭莊公。莊公殺段所以書葬者段當國本當從討賊辭不得與殺大夫同例

九月。宋人執鄭祭仲。

【傳】祭仲者何。鄭相也。不言大夫者欲見持國重何以不名。賢也。何賢乎祭仲。據身執君出不能防難以為知權也。權者稱也所以別輕重喻祭仲知國重君輕君子以存國除逐君之罪雖不能防其難罪不足而功有餘故得為賢也不引度量者取其平實以無私其為知權奈何。古者鄭國處于留。先鄭伯有善于鄶公者。通乎夫人。以取其國而遷鄭焉。遷鄭都於鄶也而野留。野鄙也傳本上事者解宋所以得執祭仲因以為戒莊公死已葬。祭仲將往省于留。塗出于宋。宋人執之。宋人宋莊公也謂之曰。為我出忽而立突。突宋外甥祭仲不從其言。則君必死。國必亡。祭仲死而忽旋為突所驅逐而出奔經不書忽奔見微弱甚是時宋強而鄭弱祭仲探宋莊公本弑君而立非能為突將以為賂動守死不聽令自入見國無拒難者必乘便將滅鄭故深慮其大者也從其言。則君可以生易死。國可以存易亡。少遼緩之。宋當從突求賂鄭守正不與則突外乖於宋內不行於臣下遼假緩之則突可故出。而忽可故反。是不可得則病。使突有賢才是計不可得行則已病逐君之罪然後有鄭國。已雖病逐君之罪討出突然後能保有鄭國猶愈於國之亡古人之有權者。祭仲之權是也。古人謂伊尹也湯孫太甲驕蹇亂德諸侯有叛志伊尹放之桐宮令自思過三年而復成湯之道前雖有逐君之負後有安天下之功猶祭仲逐君存鄭之權是也權者何。權者反於經。然後有善者也。權之所設。舍死亡無所設。設施也舍置也如置死亡之事不得施行權有道。自貶損以行權。身蒙逐君之惡以存鄭是也不害人以行權。已納突不害忽是也殺人以自生。亡人以自存。君子不為也。祭仲死則忽死忽死則鄭亡生者乃所以生忽存鄭非苟殺忽以自生亡鄭以自存反覆道此者皆所以解上死亡不施於己宋不稱公者脅鄭立篡首惡當誅非伯執也祭仲不稱行人者時不銜君命出使但往省留耳執例時此月者為突歸鄭奪正鄭伯出奔

突歸于鄭。

【傳】突何以名。據忽復歸于鄭俱祭仲所納繫國稱世子不但名也挈乎祭仲也。挈猶提挈也突當國本當言鄭突欲明祭仲從宋人命提挈而納之故上繫於祭仲不繫國者使與外納同也時祭仲勢可殺突以除忽害而立之者忽內未能懷保其民外未能結款諸侯如殺之則宋軍強乘其弱滅鄭不可救故少遼緩之其言歸何。據小白言入順祭仲

也。順其計策與使行權故使無惡

鄭忽出奔衛。

傳 忽何以名。据宋子既葬稱子。春秋伯子男一也。辭無所貶。春秋改周之文從殷之質合伯子男為一一辭無所貶皆從子夷狄進爵稱子是也忽稱子則與諸侯改伯從子辭同於成君無所貶損故名也名者緣君薨有降既葬名義也此非罪貶也君子不奪人之親故使不離子行也王者起所以必改質文者為承衰亂救人之失也天道本下親親而質省地道敬上尊尊而文煩故王者始起先本天道以治天下質而親親及其衰敝其失也親親而不尊故後王起法地道以治天下文而尊尊及其衰敝其失也尊尊而不親故復反之於質也質家爵三等者法天之有三光也文家爵五等者法地之有五行也合三從子者制由中也

柔會宋公陳侯蔡叔盟于折。

傳 柔者何。吾大夫之未命者也。以俠卒也輒發傳者無氏嫌貶也所以不卒柔者深薄桓公不與有恩禮於大夫也盟不日者未命大夫盟會用兵上不及大夫下重於士罰從輕故責之略蔡侯稱叔者不能防正其姑姊妹使淫於陳佗故貶在字例

公會宋公于夫童。

○夫童音扶下音鍾又如字左氏作夫鍾

冬十有二月公會宋公于闞。

○闞口暫反

十有二年春正月。

夏六月壬寅公會紀侯莒子盟于毆蛇。

○毆蛇丘于反又音曲侯反蛇音移又音池左氏作曲池

秋七月丁亥公會宋公燕人盟于穀丘。

○燕音烟

八月壬辰陳侯躍卒。

不書葬者佗子也佗不稱侯者嫌貶在名例當絕故復去躍葬也

公會宋公于郯。

○郯音談二傳作虛

冬十有一月公會宋公于龜。

丙戌公會鄭伯盟于武父。

○父音甫

丙戌衛侯晉卒。

不蒙上日者春秋獨晉書立記卒耳當蒙上日與不嫌異於篡例故復出日明同

十有二月及鄭師伐宋丁未戰于宋。

傳 戰不言伐此其言伐何。辟嫌也。惡乎嫌。嫌與鄭人戰也。時宋主名不出不言伐則嫌內微者與鄭人戰于宋地故舉伐以明之宋不出主名者兵攻都城與郎同義此偏戰也何以不言師敗績內不言戰言戰乃敗矣。

十有三年春二月公會紀侯鄭伯己巳及齊侯宋公衛侯燕人戰齊師宋師衛師燕師敗績

傳 曷為後日。据鞌之戰先書日○鞌音安恃外也。其恃外奈何。得紀侯鄭伯然後能為日也。得紀侯鄭伯之助然後乃能結戰日以勝

人君子不掩人之功不蔽人之善故後日以明之內不言戰此其言戰何。据公敗宋師于菅○菅古顏反

從外也。從外諸侯相與戰例曷爲從外。据戰于宋不從外言敗績

恃外故從外也。明當歸功于紀鄭故從紀鄭言戰何以不地。据在下句

近也。惡乎近。近乎圍。郎亦近矣。郎何以地。郎

猶可以地也。郎雖近猶尚可言其處今親戰龍門兵攻城池尤危故恥之績功也非義

不戰故以功言之不言功者取其績聚師衆有尊卑上下次第行伍必出萬死而不奔北故以自敗

爲文明當坐也燕戰稱人敗績稱師者重敗也戰少而敗多言及者明見我者爲主故得汲汲敗勝

之文○行戶郎反

三月，葬衛宣公。背殯用兵而月不危之者衞弱於齊宋不從亦有危故量力不責也○背殯音佩後背殯皆放此

夏，大水。爲龍門之戰死傷者衆民悲哀之所致

秋，七月。

冬，十月。

十有四年，春，正月，公會鄭伯于曹。

無冰。

【傳】何以書。記異也。周之正月夏之十一月法當堅冰無冰者温也此夫人淫泆陰

而陽行之所致○行下孟反

夏，五。鄭伯使其弟語來盟。

【傳】夏五者何。無聞焉爾。來盟者聘而盟也不言聘者舉重也內不出主名者

主國也莅盟可知莅盟來盟例皆時時者從內爲王義明王者當以至信先天下

秋，八月，壬申，御廩災。

【傳】御廩者何。粢盛委之所藏也。黍稷曰粢在器曰盛委積也御者謂

御用于宗廟廩者釋治穀名禮天子親耕東田千畝諸侯百畝后夫人親西郊采桑以共粢盛祭服

躬行孝道以先天下○共音恭御廩災何以書。記災也。火自出燒

之曰災先是龍門之戰死傷者衆桓無惻痛於民之心不重宗廟之尊逆天危先祖鬼神不饗故天

應以災御廩

乙亥，嘗。

【傳】常事不書，此何以書。譏。何譏爾。譏嘗也。譏新有御廩災

而嘗之曰：猶嘗乎。難曰四時之祭不可廢無猶嘗乎○難乃旦反則御廩災

不如勿嘗而已矣。當廢一時祭自責以奉天災也知不以不時者書本不當嘗也

冬，十有二月，丁巳，齊侯祿父卒。

宋人以齊人、衞人、蔡人、陳人伐鄭。

【傳】以者何。行其意也。以己從人曰行言四國行宋意也宋前納突求賂突背恩

伐宋故宋結四國伐之四國本不起兵當分別之故加以也宋特四國乃伐鄭四國不當與宋同罪非

爲四國見輕重

十有五年，春，二月，天王使家父來求車。

【傳】何以書。譏。何譏爾。王者無求，求車非禮也。王者千里

畿內租稅足以共費四方各以其職來貢足以尊榮當以至廉無爲率先天下不當求求則諸侯貪

大夫鄙士庶盜竊求例時此月者桓行惡不能誅反從求之故獨月○共費音恭下芳味反

三月乙未，天王崩。桓王也。

夏四月己巳，葬齊僖公。當時而日者，背殯伐鄭，危之。

五月，鄭伯突出奔蔡。

傳突何以名？据衛侯出奔楚不名。不連爵問之者，弁問上已名，今復名，故不使文相顧。奪正也。明祭仲得出之，故復於此名，著其奪正，不以失衆錄也。月者，大國奔例月，重乖離之禍。小國例時。

鄭世子忽復歸于鄭。

傳其稱世子何？据上出奔不稱世子。復正也。欲言鄭忽，則嫌其出奔還入與當國同文，反更成上鄭忽爲當國，故一稱世子，明復正，以效祭仲之權，亦所以解上非當國也。曷爲或言歸，或言復歸？復歸者，出惡，歸無惡；復入者，出無惡，入有惡；入者，出入惡；歸者，出入無惡。皆於還入，乃別之者，入國犯命，禍重也。忽未成君，出奔不應絶。出惡者，不如死之榮也。入無惡者，出不應絶，則應還入，不應盜國。○別，彼列反。

許叔入于許。稱叔者，春秋前失爵在字例也。入者，出入惡，明當誅也。不書出時者，略小國。

公會齊侯于鄗。○鄗，戶老反，又火各反。左傳作艾，穀梁作蒿。

邾婁人、牟人、葛人來朝。

傳皆何以稱人？据言朝也。夷狄之也。桓公行惡，而三人俱朝事之，三人爲衆，衆足責，故夷狄之。

秋九月，鄭伯突入于櫟。○櫟，立狄反。

傳櫟者何？鄭之邑。曷爲不言入于鄭？据齊陽生立陳乞家，言入於齊。末言爾。末者，淺也。解不言入國意。曷爲末言爾？据俱篡也。祭仲亡矣。亡，死亡也。祭仲亡，則鄭國易得，故明入邑，則忽危矣，不須乃入國也。所以效君必死，國必亡矣。然則曷爲不言忽之出奔？据上言出奔也。言忽爲君之微也，祭仲存則存矣，祭仲亡則亡矣。言忽微弱，甚於鴻毛，僅若匹夫之出耳，故不復錄，皆所以終祭仲之言，解不虛設危險之嫌。

冬十有一月，公會齊侯、宋公、衛侯、陳侯于侈伐鄭。月者，善諸侯征突，善錄義兵也。不舉伐爲重者，用兵重於會，嫌月爲桓伐有危，舉不爲義兵錄，故復錄會。○侈，昌氏反。二傳作袲。

十有六年春正月，公會宋公、蔡侯、衛侯于曹。

夏四月，公會宋公、衛侯、陳侯、蔡侯伐鄭。

秋七月，公至自伐鄭。致者，善桓公能疾惡同類，比與諸侯行義兵伐鄭。致例時，此月者，善其比與善行義，故以致復加月也。

冬，城向。○向，式亮反。

十有一月衛侯朔出奔齊

傳衛侯朔何以名據衛侯出奔楚不名絕曷為絕之據俱奔也得

罪于天子也其得罪于天子奈何見使守衛朔朔十

二月朔政事也月所以朝廟告朔是也而不能使衛小衆時天子使發小衆不

能使行越在岱陰齊越猶走也岱岱宗泰山也山北曰陰先言岱陰後言齊者明名

山大澤不以封諸侯以為天地自然之利非人力所能加故當與百姓共之傳著朔在岱陰者明天

子當及是時未能交連五國之兵早誅之屬負茲舍不即罪爾屬託也天子有

疾稱不豫諸侯稱負茲大夫稱犬馬士稱負薪舍止也託疾止不就罪

十有七年春正月丙辰公會齊侯紀侯盟于黃

二月丙午公及邾婁儀父盟于趡

本失爵在名例中朝桓公稱人今此不名者蓋以為儀父最先與隱公盟明元功之臣有誅而無絕

○趡翠癸反

五月丙午及齊師戰于奚

夏者陽也月者陰也去夏者明夫人不繫於公也此戰蓋由桓公曰同非吾子云爾○去起呂反下

同

六月丁丑蔡侯封人卒

秋八月蔡季自陳歸于蔡

稱字者蔡侯封人無子季次當立封人欲立獻舞而疾害季季辟之陳無封人死歸反奔喪思慕三年

卒無怨心故賢而字之出奔不書者方以起季喪歸故使若非出奔歸不稱弟者見季不受父兄

之尊起宜為天子大夫天子大夫不得與諸侯親通故魯季子紀季皆去其氏唯卒以恩錄親季友

叔肸卒是也

癸巳葬蔡桓侯

稱侯者亦奪臣子辭也有賢弟而不能任用反疾害之而立獻舞國幾并於蠻荊故賢季抑桓稱侯

所以起其事

及宋人衛人伐邾婁

冬十月朔日有食之

是後夫人譖公為齊侯所誘殺去日者著桓行惡故深為內懼其將見殺無日

十有八年春王正月公會齊侯于濼

○濼郎沃反又音洛

公夫人姜氏遂如齊

傳公何以不言及夫人據公及夫人會齊侯于陽穀夫人外也

若言夫人已為公所絕外也夫人外者何內辭也內為公諱辭其實

夫人外公也時夫人淫於齊侯而譖公故云爾言遂者起夫人本與公出會齊侯于濼

故得并言遂如齊不書夫人會以書夫人遂者明遂在夫人齊侯誘公使遂如齊以夫人譖公故

夏四月丙子公薨于齊

不書齊誘殺公者深諱恥也地者在外為大國所殺於國尤危國重故不暇隱也

丁酉公之喪至自齊

凡公薨外致日者危痛之外多窮厄之伐喪內多乘便而起不可不戒慎加之者喪者死之通辭也本

以別死生不以明貴賤非配公之稱故加之以絕

秋七月

冬十有二月己丑葬我君桓公。

傳 賊未討何以書葬。據隱公也。讎在外也。讎在外則何以書葬。據俱讎也。君子辭也。時齊強魯弱，不可立得報，故君子量力，且假使書葬。於可復讎而不復，乃責之，諱與齊狩是也。桓者，諡。禮：生有爵，死有諡，所以勸善懲惡也。禮：諸侯薨，天子諡之，卿大夫受諡於君。唯天子稱天以誅之，蓋以爲祖祭乃諡。丁酉，公之喪至自齊。丁巳，葬我君定公，雨不克葬，戊午日下昃乃克葬是也。以公配諡者，終有臣子之辭。上葬日者，起生者之事也。且明王者當遣使者與諸侯共會之。加我君者，錄內也。猶君薨地也。

春秋公羊傳卷五

春秋公羊傳卷六

漢諫議大夫司空掾任城何　休學

明　後學　東吳葛　鼒訂

莊公

元年春王正月

傳 公何以不言即位 春秋君弒子不言即位 君弒則子何以不言即位 據繼君不絕也 隱之也 孰隱 隱子也 隱痛是子之禍不忍言即位

三月夫人孫于齊 ○孫音遜

傳 孫者何 孫猶孫也 孫猶遁也 內諱奔謂之孫 言于齊者盈諱文 夫人固在齊矣 其言孫于齊何 據公夫人遂如齊未有來文 念母也 固在齊而書孫者所以起念母也 正月以存君 念母以首事 禮練祭取法存君夫人當首祭事時莊公練祭念母而迎之當書迎反書孫者明不宜也 夫人何以不稱姜氏 據夫人姜氏孫于邾婁 貶 曷為貶 據俱以孫為文 與弒公也 其與弒公奈何 夫人譖公於齊侯 如其事曰訴加誣曰譖 公曰 同非吾子 齊侯之子也 以淫於齊侯所生 齊侯怒 與之飲酒 欲醉而殺之禮飲酒不過三爵 於其出焉 使公子彭生送之 於其乘焉 於其將上車時 搚幹而殺之 搚折聲也扶上車以手搚折其幹○拹幹路合反本又作搚亦作拉皆同幹音古旦反 念母者所善也 則曷為於其念母焉貶 據貶必於其重 不與念母也 念母則忘父背本之道也故絕文姜不為不孝距蒯聵不為不順脇靈社不為不敬蓋重本尊統使尊行於卑上行於下貶者見王法所當誅至此乃貶者并不與念母也又欲以孫為內見義明但當推逐去之亦不可加誅誅不加上之義非實孫月者起練祭左右

夏單伯逆王姬 ○單伯音善後放此

傳 單伯者何 吾大夫之命乎天子者也 以稱字也禮諸侯三年一貢士於天子天子命與諸大夫輔助為政所以通賢共治示不獨專重民之至大國舉三人次國舉二人小國舉一人 何以不稱使 據公子遂如京師言如者內稱使之文 天子召而使之也 逆之者何 使我主之也 逆者魯自往之文方使魯為父母主嫁之故與魯使自逆之不言于京師者使魯主之故使若自魯女無使受之 曷為使我主之 據諸侯非一 天子嫁女乎諸侯 必使諸侯同姓者主之 諸侯與天子同姓者 諸侯嫁女于大夫 必使大夫同姓者主之 大夫與諸侯同姓者不自為主者尊卑不敵其行婚姻之禮則傷君臣之義有君臣之禮則廢婚姻之好故必使同姓有血脈之屬宜為父道與所適敵體者主之禮尊者嫁女于卑者必待風旨為卑者不敢先求亦不可斥與之者申陽倡陰和之道天子嫁女於諸侯備姪娣如諸侯之禮義不可以天子之尊絕人繼嗣之路我主書者惡天子也禮齊衰不接弁冕讎不交婚姻○齊衰音咨下七雷反

秋築王姬之館于外

傳 何以書 譏 何譏爾 築之禮也 于外非禮也 以言外知

有築內之道也于外非禮也禮同姓本有主嫁女之道必闕地于夫人之下羣公子之上也時魯以女將嫁女于讎國故築于外于外何以非禮也据非內女築于外非禮也于遠辟也為營衛不固不以將嫁于讎國除譏者魯本自得以讎為解無為受命而外之故曰非禮其築之何以禮据禮當豫設主王姬者必為之改築主王姬者則曷為必為之改築据諸侯宮非一於路寢則不可小寢則嫌皆所以遠別也羣公子之舍謂女公子也則以卑矣以為太卑其道必為之改築者也以上傳言爾知當築夫人之下羣公子之上築例時

冬十月乙亥陳侯林卒

王使榮叔來錫桓公命

傳錫者何賜也上與下之辭命者何加我服也增加其衣服令有異於諸侯禮有九錫一曰車馬二曰衣服三曰樂則四曰朱戶五曰納陛六曰虎賁七曰弓矢八曰鈇鉞九曰秬鬯皆所以勸善扶不能言命不言服者重命不重其財物禮百里不過九命七十里不過七命五十里不過五命○令力呈反賁音奔秬音巨其言桓公何据錫文公命不言諡追命也舉諡明知追命死者禮生有善行死當加善諡不當復加錫不言天王者桓行實惡而乃追錫之尤悖天道故云爾

王姬歸于齊

傳何以書我主之也魯主女為父母道故恩錄而書之內女歸例月外女不月者聖人探人情以制恩實不如魯女

齊師遷紀郱鄑郚○郱步丁反鄑子斯反又音晉郚音吾

傳遷之者何取之也以稱師知取之取之則曷為不言取之也据莒人伐杞取牟婁為襄公諱也襄公將復讎於紀故先孤弱取其邑本不為利舉故為諱不舉伐順諱文也外取邑不書此何以書大之也何大爾自是始滅也將大滅紀從此始故重而書之

二年春王二月葬陳莊公

夏公子慶父帥師伐於餘丘

傳於餘丘者何邾婁之邑也曷為不繫乎邾婁國之也曷為國之君存焉爾慶父幼少將兵不譏者從不言弟意亦起之

秋七月齊王姬卒

傳外夫人不卒此何以卒錄焉爾曷為錄焉爾据王后崩猶不錄我主之也魯主女為父母道故卒錄之明當有恩禮內女卒例日外女卒不日者實不如魯女也

冬十有二月夫人姜氏會齊侯于郜書者婦人無外事外則近淫不致者本無出道有出道乃致奔喪致是也○郜古報反二傳作禚

乙酉宋公馮卒

三年春王正月溺會齊師伐衛

傳溺者何吾大夫之未命者也所伐大夫不卒者莊公薄於臣子之恩故不卒大夫與桓同義月者衛朔背叛出奔天子新立衛公子留齊魯無憚天子之心而伐之故明惡重於伐故月也

夏四月葬宋莊公莊公馮篡不見書葬者篡以計除非以起他事不見也

五月葬桓王

傳此未有言崩者何以書葬蓋改葬也改更也改葬服輕不當月月者時無非常之變榮奢改葬爾故惡録之書者諸侯當有恩禮

秋紀季以酅入于齊○酅户圭反

傳紀季者何紀侯之弟也何以不名賢也何賢乎紀季据叛也服罪也其服罪奈何魯子曰請後五廟以存姑姊妹紀與齊爲讎不直齊大紀小季知必亡故以酅首服先祖有罪於齊請爲五廟後以酅共祭祀存姑姊妹稱字賢之者以存先祖之功則除出奔之罪明其知權言入者難辭賢季有難去兄入齊之心故見之男謂女先生爲姊後生爲妹父之姊妹爲姑○共音恭難辭乃旦反下皆同

冬公次于郎次者兵舍止之名

傳其言次于郎何國內兵不當書公斂處父帥師而至雖有事而猶不書是也刺欲救紀而後不能也惡公既救人辟難道還故書其止次以起之諸侯本有相救之道所以抑強消亂也次例時○惡烏路反

四年春王二月夫人姜氏饗齊侯于祝丘書者與會郜同義牛酒曰犒加飯羹曰饗月者再出重也三出不月者省文從可知例

三月紀伯姬卒禮天子諸侯絶期大夫絶緦天子唯女之適二王後者諸侯唯女之爲諸侯夫人者恩得申故卒之○期音基

夏齊侯陳侯鄭伯遇于垂

紀侯大去其國

傳大去者何滅也孰滅之齊滅之曷爲不言齊滅之爲襄公諱也春秋爲賢者諱何賢乎襄公据楚莊王亦賢滅蕭不爲諱復讎也何讎爾遠祖也哀公亨乎周亨煑而殺之○亨普庚反注同紀侯譖之以襄公之爲於此焉者事祖禰之心盡矣盡者何襄公將復讎乎紀卜之曰師喪分焉龜曰卜著曰筮分半也師喪亡其半寡人死之襄公答卜者之辭不爲不吉也遠祖者幾世乎九世矣九世猶可以復讎乎雖百世可也百世大言之爾猶詩云嵩高維嶽峻極于天君子萬年家亦可乎家謂大夫家曰不可国何以可据家不可國君一體也先君之恥猶今君之恥也今君之恥猶先君之恥也先君謂哀公今君謂襄公言其恥同也國君何以爲一體据非一世國君以國爲體諸侯世故國君爲一體也雖百世號猶稱齊侯今紀無罪今紀侯也此非怒與怒遷怒齊人語也此非遷怒其先祖遷之于子孫與曰非也古者有明天子則紀侯必誅必無紀者紀侯之不誅至今有紀者猶無明天子也古

者諸侯必有會聚之事相朝聘之道號辭必稱先君以相接然則齊紀無說焉不可以竝立乎天下無說無悅懌也故將去紀侯者不得不去紀也有明天子則襄公得爲若行乎若如也猶曰得爲如此行乎○去起呂反曰不得也不得則襄公曷爲爲之上無天子下無方伯有而無益於治曰無猶易曰闃其無人○治直吏反闃苦鶪反緣恩疾者可也疾痛也賢襄公爲諱者以復讎之義除滅人之惡言大去者爲襄公明義但當遷徙去之不當取而有明亂義也不爲文實者方諱不得貶

六月乙丑齊侯葬紀伯姬

傳外夫人不書葬此何以書据鄫季姬也隱之也何隱爾其國亡矣徒葬於齊爾徒者無臣子辭也國滅無臣子徒爲齊侯所殺故痛而書之明魯宜當閔傷臨之卒不日葬日者魯本宜葬之故移恩錄文於葬此復讎也曷爲葬之据恩怨不兩行滅其可滅葬其可葬此其爲可葬奈何復讎者非將殺之逐之也以爲雖遇紀侯之殯亦將葬之也以爲者設事辭而言之以大斂而徙棺曰殯夏后氏殯於阼階之上若存殷人殯於兩楹之間賓主夾之周人殯於西階之上賓之也稱齊侯者善葬伯姬得其宜也

秋七月

冬公及齊人狩于郜

傳公曷爲與微者狩据與高傒盟諱此競逐恥同齊侯也以不沒公知爲齊侯也齊侯則其稱人何諱與讎狩也禮父母之讎不同戴天兄弟之讎不同國九族之讎不同鄉黨朋友之讎不同市朝稱人者使若微者不沒公言齊人者公可以見齊微者至於魯人皆當復讎義不可以見齊侯也前此者有事矣溺會齊師伐衞是也後此者有事矣師及齊師圍盛是也則曷爲獨於此焉譏於讎者將壹譏而已故擇其重者而譏焉莫重乎其與讎狩也狩者上所以共承宗廟下所以教習兵行義於讎者則曷爲將壹譏而已讎者無時焉可與通通則爲大譏不可勝譏故將壹譏而已其餘從同同其餘輕者從義與重者同不復譏都與無讎同文論之所以省文達其異義矣凡二同故言同同

五年春王正月

夏夫人姜氏如齊師

秋倪黎來來朝○倪五兮反二傳皆作郳

傳倪者何小邾婁也小邾婁國○二傳亦無婁字小邾婁則曷爲謂之倪未能以其名通也倪者小邾婁之都邑時未能爲附庸不足以小邾婁名通故略謂之倪黎來者何名也其名何据僖七年稱子微國也此最微得見者其後附從齊桓爲僖七年張本文

冬公會齊人宋人陳人蔡人伐衞

傳此伐衞何納朔也曷爲不言納衞侯朔据納頓子于頓言納下朔入公入致伐齊人來歸衞寶知爲納朔伐之辟王也辟王者兵也王人子突是

也使若伐而去不留納朔者所以正其義因爲內諱

六年春王三月王人子突救衛

傳王人者何微者也子突者何別何之者稱人序上又僖八年王人不稱字嫌二人貴也貴子之稱貴則其稱人何据王子瑕不稱人本當言王子突示諸侯親親以責之也繫諸人也曷爲繫諸人据不以微及大王人耳刺王者朔在岱陰齊時一使可致一夫可誅而緩令交連五國之兵伐天子所立還以自納王遣貴子突卒不能救遂爲天下笑故爲王者諱使若遣微者弱愈因爲內殺惡救衛時此月者嫌實微者故加錄之以起實貴子突○使所吏反令力陳反

夏六月衛侯朔入于衛

傳衛侯朔何以名据衛侯入于陳儀不名絕曷爲絕之据俱入也犯命也犯天子命尤重其言入何据頓子不復書入篡辭也上辟王不得言納故從篡辭書入也不直言篡者事各有本也殺而立者不以當國之辭言之非殺而立者以當國之辭言之國人立之曰立他國立之曰納從外曰入諸侯有屬托力加自文也不書公子留出奔者天子本當絕衛不當復立公子留因爲天子諱微弱○殺而申志反下皆同屬音燭

秋公至自伐衛

傳曷爲或言致會或言致伐侍意致會所伐國服兵解國安不得意致伐故不復錄兵所從來獨重其本會之時所伐國不服兵將復用國家有危故重錄所從來此謂公與二國以上也公與一國及獨出用兵得意不致不得意致伐公與二國以上出會盟得意致會不得意不致公與一國出會盟得意致地不得意不致皆例時衛侯朔入于衛何以致伐据得意不敢勝天子也與上辟王同義久不月者不與伐天子也故不爲危錄之

螟先是伐衛納朔兵歷四時乃反民煩擾之所生○螟亡丁反

冬齊人來歸衛寶○衛寶左氏經作衛俘

傳此衛寶也則齊人曷爲來歸之衛人歸之也以稱人共國辭衛人歸之則其稱齊人何讓乎我也其讓乎我奈何齊侯曰此非寡人之力魯侯之力也時朔得國後遣人賂齊齊侯推功歸魯使衛人持寶來雖本非義賂齊當以讓除惡故魯善起其事主書者極惡魯犯命復貪利也不爲大惡者納朔本不以賂行事畢而見謝爾寶者玉物之凡名○惡烏路反

七年春夫人姜氏會齊侯于防

夏四月辛卯夜恆星不見夜中星霣如雨○一本無夜字穀梁作昔

傳恆星者何列星也恆常也常以時列見列星不見何以知夜之中星反也反者星復其位如雨者何如雨者非雨也非雨則曷爲謂之如雨不修春秋曰雨星不及地尺而復不修春秋謂史記也古者謂史記爲春秋君子修之曰星霣如雨明其狀似雨爾不當言雨星不言尺者實則爲異不以尺寸錄之何以書記異也列星者天之常宿分守度諸侯之象周之四月夏之二月昏參伐狼注之宿當見參伐主斬艾立義狼注主持衡平也皆滅者法度廢絕威信陵遲之象時天子微弱不能誅衛侯朔是後遂失其

正。諸侯背叛，王室日卑，星實未墜，而夜中星反者，房心見其虛危斗。房心，天子明堂布政之宮也。虛危，齊分。其後齊桓行霸，陽穀之會，有王事。○宿音秀，下同。狠，生張反，又反。與味同，下音之。佳反，艾，魚廢反

秋，大水。

無麥苗。

傳 無苗，則曷爲先言無麥而後言無苗？苗者，禾也。生曰苗，秀曰禾。据是時苗微麥彊，俱遇水災，苗當先亡。一災不書，待無麥然後書無苗。明君子不以一過責人。水旱螟螽皆以傷二穀乃書。然不書一穀名，至麥苗獨書者，民食最重。○螟，螽音終。何以書？記災也。先是莊公伐衛納朔，用兵踰年，夫人數出淫泆，民怨之所生。

冬，夫人姜氏會齊侯于穀。

春秋公羊傳卷六

春秋公羊傳卷七

漢諫議大夫司空掾任城何　休學

明　後　學　東吳金　蟠訂

莊公

八年春王正月師次于郎以俟陳人蔡人

傳次不言俟此其言俟何（据次于陘俟屈完不書俟）託不得已也（師出本爲下滅盛與陳蔡屬與魯伐衞同心又國遠故因假以諱滅同姓託待二國爲留辭主所以辟下言及也加以者辟實俟陳蔡稱人者略以外國辭稱人微之○屬與音燭）

甲午祠兵

傳祠兵者何出曰祠兵（禮兵不徒使故將出兵必祠於近郊陳兵習戰殺牲饗士卒）入曰振旅（五百人曰旅）其禮一也皆習戰也（言與祠兵禮如一將出不嫌下習故以祠兵言之將入嫌於廢之故以振訊士衆言之互相見也祠兵壯者在前難在前振旅壯者在後復長幼且衞後也）何言乎祠兵（据不書）爲久也（爲久稽留之辭）曷爲爲久（据取長葛久之）吾將以甲午之日然後祠兵於是（諱爲久留辭使若無欲滅同姓之意因見出竟明盛非內邑也）

夏師及齊師圍成成降于齊師（○成如字二傳作郕）

傳成者何盛也（以上有祠兵下有盛伯來奔）盛則曷爲謂之成諱滅同姓也（因魯有成邑同聲相似故云爾）曷爲不言降吾師（据戰于宋不言歸鄭）辟之也（辟滅同姓言圍者使若魯圍之而去成自從後降於齊師也降者自伏之文所以醇歸於齊言及者起魯實欲滅之不月者順諱文不書盛伯出奔深諱之）

秋師還

傳還者何善辭也此滅同姓何善爾病之也（慰勞其罷病○勞力報反下同罷音皮）曰師病矣曷爲病之（据師出皆罷病曷爲獨勞此病也）非師之罪也（明君之使重在君因解非師自汲汲）

冬十有一月癸未齊無知弒其君諸兒（諸兒襄公也無知公子夷仲年之子襄公從弟）

九年春齊人殺無知

公及齊大夫盟于暨（○暨其器反左氏作蔇）

傳公曷爲與大夫盟（据與高傒盟諱不言公）齊無君也然則何以不名（据高傒名）爲其諱與大夫盟也使若衆然（鄰國之臣猶吾臣也君之於臣當告從命行而反歃血約誓故諱使若悉得齊諸大夫約束之者愈也不月者是時齊以無知之難小白犇莒子糾犇魯齊迎子糾欲立之魯不與而與之盟齊爲是更迎小白然後乃伐齊欲納子糾不能納故深諱使若信者也不致者魯地也子糾出犇不書者本未命爲嗣賤故不錄之）

夏公伐齊納糾（○納糾左氏經亦作納子糾）

傳納者何入辭也其言伐之何（据晉人納捷菑于邾婁不言伐）伐而言納者猶不能納也（伐者非入國辭故云爾）糾者何公子

糾也何以不稱公子據下言子糾知非當國本當去國見挈言公子糾君前臣名也春秋別嫌明疑嫌當爲齊君在魯君前不爲臣禮公子無去國道臣異國義故去公子見臣於魯也納不致者言伐得意不得意可知猶遇弗遇例也不月者非納篡辭

齊小白入于齊

傳曷爲以國氏據宋公子地自陳入于蕭氏公子也當國也當國故先氏國也不月者移惡于魯也其言入何篡辭也

秋七月丁酉葬齊襄公

八月庚申及齊師戰于乾時我師敗績

傳內不言敗此其言敗何據郎之戰伐敗也自誇大其伐而取敗曷爲伐敗據內不言敗績曷爲自誇大其伐而取敗復讎也復讎以死敗爲公故錄之高齊襄賢仇牧是也此復讎乎大國曷爲使微者據納子糾公猶自行卿大夫當有名氏公也如上據知爲公公則曷爲不言公不與公復讎也曷爲不與公復讎據諱與讎狩復讎者在下也時實爲不能納子糾伐齊諸大夫以爲不如以復讎伐之於是以復讎伐之非誠心至意故不與也書敗者起託義戰不致者有敗文得意不得意可知例

九月齊人取子糾殺之

傳其取之何據楚人殺陳夏徵舒不言取執齊慶封殺之言執也內辭也脅我使我殺之也以下浚洙知其脅魯也以稱人共國辭知使魯殺之時小白得國與絕叔牙圖國政故鮑叔薦管仲召忽曰使彼國得賢己國之患也乃脅魯使殺子糾求管仲召忽魯惶恐殺子糾讎管仲召忽死之故深諱使若齊自取殺之其稱子糾何據不立也貴也其貴奈何宜爲君者也故以君薨稱子某言之者著其宜爲君明魯爲齊殺之皆當坐弑君因解上納言糾皆不爲篡所以理嫌疑也月者從未踰年君例主糾書者從齊取也

冬浚洙

傳洙者何水也以言浚也浚之者何深之也曷爲深之據本非人功所爲畏齊也洙在魯北齊所由來曷爲畏齊也據伐敗也辭殺子糾也時魯新見脅畏齊浚之微弱恥甚故諱使若辭不肯殺子糾也齊自取殺之畏齊怒爲備亦所以起上脅也

十年春王正月公敗齊師于長勺○勺時灼反

二月公侵宋

傳曷爲或言侵或言伐觕者曰侵觕麤也將兵至竟以過侵責之精者曰伐精猶精密也侵責之不服則引兵而去用意尚麤○觕者七奴反又才古反推兵入竟伐擊之益深用意稍精密戰不言伐舉戰爲重黎戰是也合兵血刃曰戰圍不言戰舉圍爲重楚子圍鄭是也以兵守城曰圍入不言圍舉入爲重晉侯入曹執曹伯是也得而不居曰入滅不言入舉滅爲重齊滅萊是也取其國曰滅書其重者也明當以重者罪之猶律一人有數罪以重者論之月者屬北敗讙齊之兵南侵宋南北有難復連禍於大國故危之

三月宋人遷宿

傳遷之者何不通也以其不道所遷之地以地還之也還繞也解

（上不通也不通反爲還者宋本欲還宿君取其國不知宿之不肯邪宋逆詐邪先繞取其地使不得通四方宿窮從宋求還故得言還）子沈子曰：不通者，蓋因而臣之也。（以宋稱人也宿不得通四方宿君還宋因臣有之不復以兵攻取故從國辭稱人也月者還取王封當與滅人同罪書者宋當坐滅人宿不能死社稷當絕也主書者從宋也）

夏，六月，齊師、宋師次于郎。公敗宋師于乘丘。（〇乘繩證反）

傳 其言次于郎何？（據齊國書伐我不言次敗不言乘丘）伐也。（時伐魯故書次）伐則其言次何？（郎魯地）（據齊國書伐我不言次）齊與伐而不與戰，故言伐也。（此道本所以當言伐意也齊與伐而不與戰伐兵得成故當言伐也〇與音預）我能敗之，故言次也。（此解本所以不言伐言次意也二國纔止次未成於伐魯卽能敗宋師齊師罷去故不言伐言次也明國君當彊折衝當遠魯微弱深見犯至於近邑賴能速勝之故云爾所以彊內且明臣子當將順其美匡救其惡）

秋，九月，荆敗蔡師于莘，以蔡侯獻舞歸。

傳 荆者何？州名也。（州謂九州冀兗青徐揚荆豫梁雍）州不若國，國不若氏，氏不若人，人不若名，名不若字，（皆取精詳錄也）字不若子。（爵最尊春秋假行事以見王法聖人爲文辭孫順善善惡惡不可正言其罪因周本有奪爵稱國氏人名字之科故加州文備七等以進退之若自記事者書人姓名主人習其讀而問其傳則未知己之有罪焉爾猶此類也）蔡侯獻舞何以名？（據獲晉侯不名）絕。曷爲絕之？（據晉侯不名絕）獲也。（獲得也戰而爲敵所得獻舞不言獲故名以起之）曷爲不言其獲？（據晉侯言獲也）不與夷狄之獲中國也。（與凡伯同義夷狄謂楚不言楚言荆者楚彊而近中國卒暴責之則恐爲害深故進之以漸從此七等之極始也）

冬，十月，齊師滅譚，譚子奔莒。

傳 何以不言出？（據衛侯出奔也）國已滅矣，無所出也。（別於有國出奔者孔子曰君子於其言無所苟而已矣月者惡不死位也）

十有一年，春，王正月。

夏，五月，戊寅，公敗宋師于鄑。（〇鄑子斯反）

秋，宋大水。

傳 何以書？記災也。外災不書，此何以書？（據漸移不書〇漸火號反又音鄭）及我也。（時魯亦有水災書魯則宋災不見雨寧則傾文不省故詭例書外以見內也先是二國比與兵相敗百姓同怨而俱災故明天人相與報應之際甚可畏之）

冬，王姬歸于齊。

傳 何以書？過我也。（時王者嫁女於齊塗過魯明當有送迎之禮在塗不稱婦者王者無外故從在國辭〇過古禾反）

十有二年，春，王三月，紀叔姬歸于酅。

傳 其言歸于酅何？（據國滅來歸不書酅非紀國而言歸）隱之也。何隱爾？其國亡矣，徒歸于叔爾也。（叔者紀季也婦人謂夫之弟爲叔來歸不書書歸酅者痛其國滅無所歸也酅不繫齊者時齊聽後五廟故國之起有五廟存也月者恩錄之）

夏，四月。

秋，八月，甲午，宋萬弒其君接及其大夫仇牧。

傳 及者何？累也。弒君多矣，舍此無累者乎？孔父、荀息皆累也。舍孔父、荀息無累者乎？曰：有。復，反覆發。傳者樂道人之善也。孔子曰：益者三樂，損者三樂。樂節禮樂，樂道人之善，樂多賢友，益矣；樂驕樂，樂佚遊，樂宴樂，損矣。有則此何以書？賢也。何賢乎仇牧？据與孔父同也。仇牧可謂不畏彊禦矣。以下錄萬出奔月也。禦，禁也。言力彊不可禁也。其不畏彊禦奈何？萬嘗與莊公戰，莊公卽魯莊公。戰者，乘邱時。獲乎莊公。莊公歸，散舍諸宮中，散，放也。舍，止也。獲不書者，士也。數月然後歸之。歸反爲大夫於宋。與閔公博，傳本道此者，極其禍生於博戲相慢易也。○易，以豉反。婦人皆在側。萬曰：甚矣，魯侯之淑，淑，善。魯侯之美也！美，好。天下諸侯宜爲君者，唯魯侯爾！萬見婦人皆在側，故訐閔公以此言，言閔公不如魯侯美好。閔公矜此婦人，色自美大於此婦人。妬其言，顧曰：此虜也。顧謂側婦人曰此萬也。虜，執虜也。爾虜焉故，爾，女也，謂萬也。更向萬曰：女嘗執虜於魯侯，故稱譽爾。○女音汝，下同。魯侯之美惡乎至？惡乎至，猶何所至。○惡音烏。萬怒，搏閔公，絕其脰。脰，頸也。齊人語。○脰音豆。仇牧聞君弒，趨而至，遇之于門，手劍而叱之。手劍，持拔劍。叱，罵之。○叱，昌實反。萬臂摋仇牧，碎其首，側手曰摋。首，頭。○摋，素葛反，又素結反。齒著乎門闔。闔，扇。○著，直略反。仇牧可謂不畏彊禦矣。猶乳犬攫虎，伏雞搏貍，精誠之至也。爭搏弒君而以當國言精之者，重錄彊禦之賊，禍不可測，明當防其重者，急誅之。

冬，十月，宋萬出奔陳。萬弒君所以復見者，重錄彊禦之賊，明當急誅之也。月者，使與大國君奔同例，明彊禦也。

十有三年，春，齊侯、宋人、陳人、蔡人、邾婁人會于北杏。齊桓行霸，約束諸侯，尊天子，故爲此會也。桓公時未爲諸侯所信鄉，故使微者會也。桓公不辭微者，欲以卑下諸侯，遂成霸功也。○鄉，許亮反。

夏，六月，齊人滅遂。不會北杏故也。不諱者，桓公行霸，不在文德而尚武力，又功未足以除惡。

秋，七月。

冬，公會齊侯盟于柯。

傳 何以不日？据唐之盟日。易也。易，猶佼易也，相親信無後患之辭。其易奈何？桓之盟不日，其會不致，信之也。其不日何以始乎此？莊公將會乎桓，曹子進曰：君之意何如？進，前也。曹子見莊將會有慙色，故問之。莊公曰：寡人之生則不若死矣。自傷與齊爲讎，不能復也。伐齊納糾不能納，反復爲齊所脅而殺之。曹子曰：然則君請當其君，臣請當其臣。當，猶敵也。將劫之辭。莊公曰：諾。於是會乎桓。莊公升壇，土基三尺，土堦三等，曰壇。會必有壇者，爲升降揖讓，稱先君以相接，所以長其敬。○長，丁丈反。曹子手劍而從之。從，隨也。隨莊公上壇，造桓公前而脅之。曹子本謀當其臣，更當其君者，見莊有不能之色。管子進曰：君何求乎？管子，管仲也。君，謂莊公也。桓公卒愕，不能應，故管子進爲此言。○卒，七忽反。曹子曰：莊公亦造次不知所言，故任曹子。城壞壓竟，齊數侵魯取邑，以喻侵深也。君不圖

與 君謂齊桓公圖計也猶曰君不當計侵魯太甚 管子曰然則君將何求 所侵邑非一欲求何者 曹子曰願請汶陽之田 欲復魯竟 管子顧曰君許諾 諸侯死國不死邑故可許諾 桓公曰諾曹子請盟桓公下與之盟 下壇與曹子定約盟誓莊公也必下壇者為殺牲不潔又盟本非禮故不於壇上也 已盟曹子摽劍而去之 摽辟也時曹子端劍守桓公已盟乃摽劍置地與桓公相去離故云爾 要盟可犯 臣約束君曰要彊見要脅而盟爾故云可犯○要一遙反 而桓公不欺曹子可讎 以臣劫君罪可讎 而桓公不怨桓公之信著乎天下自柯之盟始焉 諸侯猶是翕然信鄉服從再會于鄄同盟于幽遂成霸功故云爾劫桓公取汶陽田不書者諱行詐劫人也

十有四年春齊人陳人曹人伐宋

夏單伯會伐宋

傳 其言會伐宋何 據伐國不殊會曹伯襄言會諸侯 後會也 本期而後故但舉會書者刺其不信因以分別功惡有深淺也從義兵而後者功薄從不義兵而後者惡淺

秋七月荊入蔡

冬單伯會齊侯宋公衛侯鄭伯于鄄 ○鄄本亦作甄規因反

十有五年春齊侯宋公陳侯衛侯鄭伯會于鄄

夏夫人姜氏如齊

秋宋人齊人邾婁人伐兒 ○兒音郳

鄭人侵宋

冬十月

十有六年春王正月

夏宋人齊人衛人伐鄭

秋荊伐鄭

冬十有二月公會齊侯宋公陳侯衛侯鄭伯許男曹伯滑伯滕子同盟于幽

傳 同盟者何同欲也 同心欲盟也同心為善善必成同心為惡惡必成故重而言同心也

邾婁子克卒 小國未嘗卒而卒者為慕霸者有尊天子之心行進也不日始與霸者未如瑣瑣卒在二十八年

十有七年春齊人執鄭瞻

傳 鄭瞻者何鄭之微者也 以無氏也 此鄭之微者何言乎齊人執之 據獲宋萬不書者不坐獲微者今書齊稱人坐執文○鄭瞻二傳作詹 書甚佞也 為甚佞故書惡之所以輕坐執人也然不得為伯討者事未得行罪未成也孔子曰放鄭聲遠佞人罪未成者但當遠之而已

夏齊人殲于遂 ○殲子廉反二傳作殲

傳 殲者何殲積也眾殺戍者也 殲者死文殲之為死積死非一之辭故曰殲積眾多也以兵守之曰戍齊人滅遂遂民不安欲去齊強戍之遂人共以藥投其所飲食水

中多殺之古者有分土無分民齊戍之非也遂不當坐也故使齊爲自積死文也稱人者衆辭也不書戍將帥者封內之兵故不書○强其文反

秋。鄭瞻自齊逃來。

傳何以書。書甚佞也。曰佞人來矣。佞人來矣。重言來者。道經主書者若傳云爾蓋痛魯知而受之信其計策以取齊淫女丹楹刻桷卒爲後敗也加逃者抑之也所以抑之者上執稱人嫌惡未明繫鄭者明行之當本於鄉里也子貢問曰鄉人皆好之何如子曰未可鄉人皆惡之何如子曰未可不若鄉人之善者善之鄉人之惡者惡之

冬。多麋。

傳何以書。記異也。麋之爲言猶迷也象魯爲鄭瞻所迷惑也言多者以多爲異也

春秋公羊傳卷七

春秋公羊傳卷八

漢諫議大夫司空掾任城何休學

明後學東吴葛鼒訂

莊公

十有八年春王正月日有食之是後戎犯中國魯蔽鄭瞻夫人如莒淫泆不制所致

夏公追戎于濟西以兵逐之曰追

傳此未有言伐者其言追何據公追齊師至酅舉齊侵也大其爲中國追也以其不限所至知爲中國追也此未有伐中國者則其言爲中國追何大其未至而豫禦之也其言于濟西何據公追齊師至酅弗及不言于也大之也大公除害恩及濟西也言大者當有功賞也追例時

秋有蜮○蜮音或

傳何以書記異也蜮之猶言惑也其毒害傷人形體不可見象魯爲鄭瞻所惑其毒害傷人將以大亂而不能見也言有者以有爲異也

冬十月

十有九年春王正月

夏四月

秋公子結媵陳人之婦于鄄遂及齊侯宋公盟

傳媵者何諸侯娶一國則二國往媵之以姪娣從言往媵之者禮君不求媵二國自往媵夫人所以一夫人之尊姪者何兄之子也娣者何弟也諸侯壹聘九女諸侯不再娶必以姪娣從之者欲使一人有子二人喜也所以防嫉妬令重繼嗣也因以備尊尊親親也九者極陽數也不再娶者所以節人情開媵路媵不書此何以書據伯姬歸于紀不書媵也爲其有遂事書爲下有遂事善也故書所以不當書以起將有所詳錄猶伯姬書媵也不媵則當取得書者張本文言公子結如陳遂及齊侯宋公盟于鄄大夫無遂事此其言遂何聘禮大夫受命不受辭以外事不數制不豫設故云爾出竟有可以安社稷利國家者則專之可也先是鄄幽之會公比不至公子結出竟遭齊宋欲深謀伐魯故專矯君命而與之盟除國家之難全百姓之命故善而詳錄之先書地後書盟者明出竟乃得專之也盟不地者方使上爲出竟地即更出地嫌上地自爲媵出地也陳稱人者爲內書故略以外國辭言之此陳侯夫人言婦者在塗也加之者禮未成辭也冬齊人宋人陳人伐我西鄙而盟不日者起國家後背結之約非結不信也

夫人姜氏如莒

冬齊人宋人陳人伐我西鄙鄙者邊垂之辭欒見遠也

二十年春王二月夫人姜氏如莒月者再出也不從四年已月者異國

夏齊大災

傳大災者何。大瘠也。瘠，病也。齊人語也。以加大，知非火災也。大瘠者何。痾也。痾者，民疾疫也。痾，力二反。疫音役。○何以書。記災也。外災不書，此何以書。及我也。與宋大水同義。痾者，邪亂之氣所生。是時魯任鄭瞻，夫人如莒淫泆，齊侯亦淫諸姑姊妹，不嫁者七人。

秋七月。

冬，齊人伐戎。

二十有一年春王正月。

夏五月辛酉，鄭伯突卒。

秋七月戊戌，夫人姜氏薨。

冬十有二月，葬鄭厲公。春秋篡明者書葬。

二十有二年春王正月，肆大省。省，所景反。○二傳作眚。

傳肆者何。跌也。跌，過度。跌，大結反。○大省者何。災省也。謂子卯日也。夏以卯日亡，殷以子日亡，先王常以此日省吉事，不忍舉，又大自省敕，得無獨有此行乎。常若聞災自省，故日災省也。肆大省何以書。譏。何譏爾。譏始忌省也。時魯有夫人喪，忌省日不哭，省日本以忌吉事，不以忌凶事，故禮哭不辟子卯日，所以專孝子之思也。不與念母而譏忌省者，本不事母，則己不當忌省。猶為商人責不討賊。○思，息嗣反。為，于僞反。

癸丑，葬我小君文姜。

傳文姜者何。莊公之母也。輒發傳者，起仇母，錄子恩。凡母在子年，無適庶皆繫子也。不在子年，適母繫夫，庶母繫子。言小君者，比於君為小，俱臣子辭也。文者，謚也。夫人以姓配謚，欲使終不忘本也。

陳人殺其公子禦寇。書者，殺君之子，重也。

夏五月。以五月首時者，譏莊公取仇國女，不可以事先祖，奉四時祭祀，猶五月不宜以首時。

秋七月丙申，及齊高傒盟于防。防，魯地。○傒音兮。

傳齊高傒者何。貴大夫也。曷為就吾微者而盟。據暨與公盟也。公也。以其日，微者不得日，大夫盟當出名氏。公則曷為不言公。諱與大夫盟也。

冬，公如齊納幣。納幣，即納徵。納徵禮曰：主人受幣，士受儷皮，是也。禮言納徵，春秋言納幣者，春秋質也。凡婚禮皆用雁，取其知時候，唯納徵用玄纁束帛儷皮，玄纁取其順天地也，儷皮者，鹿皮，所以重古也。

傳納幣不書。此何以書。據桓三年公子翬如齊逆女，不書納幣。譏。何譏爾。親納幣非禮也。時莊公實以淫泆，大惡不可言，故因其有事於納幣，以無廉恥為譏，不譏喪娶者，舉淫為重也。凡公之齊，所以起淫者，皆以危致也。

二十有三年春，公至自齊。

傳桓之盟不日，其會不致，信之也。據柯之盟不日，柯之會不致。此之桓國何以致。危之也。何危爾。公一陳佗也。公如

齊淫與陳佗相似如一也

祭叔來聘

不稱使者，公一陳佗，故絕使若我無君，以起其當絕，因不與天子下聘小人。○祭，側界反

夏公如齊觀社

傳 何以書？譏。何譏爾？諸侯越竟觀社，非禮也。觀社者，觀祭社。諱淫言觀社者，與親納幣同義。社者，土地之主，祭者，報德也。生萬物，居人民，德至厚，功至大，故感春秋而祭之，天子用三牲，諸侯用羊豕。

公至自齊

荊人來聘

傳 荊何以稱人？据上稱州。始能聘也。春秋王魯，因其始來聘，明夷狄能慕王化，修聘禮，受正朔者，當進之，故使稱人也。稱人當繫國，而繫荊者，許夷狄者不一而足。

公及齊侯遇于穀

蕭叔朝公

傳 其言朝公何？据公在內不言朝，公在外言會。公在外也。時公受朝於外，故言朝公，惡公不受於廟。

秋丹桓宮楹

○楹音盈

傳 何以書？譏。何譏爾？丹桓宮楹，非禮也。楹，柱也。丹之者，為將娶齊女，欲以誇大示之。傳言丹桓宮者，欲道天子諸侯各有制也。禮，天子斲而礱之，加密石焉；諸侯斲而礱之，不加密石；大夫斲之；士首本。失禮宗廟例時。

冬十有一月曹伯射姑卒

曹達春秋，常卒月葬時也。始卒日葬月，嫌與大國同，後卒而不日，入所聞世，可日，不復日。○射音亦

復，扶又反

十有二月甲寅公會齊侯盟于扈

○扈音戶

傳 桓之盟不日，此何以日？危之也。何危爾？我貳也。莊公有淫泆汙貳之行。魯子曰：我貳者，非彼然，我然也。嫌上以說齊惡我貳，相疑而盟，故日也。解言非齊惡我也，我行汙貳，動作有危，故日之也。

二十有四年春王三月刻桓宮桷

○桷音角

傳 何以書？譏。何譏爾？刻桓宮桷，非禮也。與丹楹同義。月者，功重於丹楹。

葬曹莊公

夏公如齊逆女

傳 何以書？親迎，禮也。諱淫，故使若以得禮書也。禮，諸侯既娶，三月然後夫人見宗廟，見宗廟然後成婦禮。○迎，魚命反

秋公至自齊。八月丁丑，夫人姜氏入。

傳 其言入何？据夫人姜氏言至，不言入。難也。其言日何？据夫人姜氏至不日。○難也，乃旦反，下及注同。難也。其難奈何？夫人不僂，不可使入，與公有所約，然後入。僂，疾也，齊人語。約，遠媵妾也。夫人稽留，不肯疾順

公不可使入公至後與公約定八月丁丑乃入故為難辭也夫人要公不為大惡者妻事夫有四義雞鳴縰笄而朝君臣之禮也三年惻隱父子之恩也圖安危可否兄弟之義也樞機之內寢席之上朋友之道不可純以君臣之義責之○僂力主反要一遙反縰所買反又所綺反

戊寅。大夫宗婦覿。用幣。

傳宗婦者何。大夫之妻也。覿者何。見也。用者何。用者不宜用也。不宜用幣為贄也見用幣。非禮也。以文在覿下不使齊見知非禮也然則曷用。棗栗云乎。腶脩云乎。腶脩者脯也禮婦人見舅姑以棗栗為贄見女姑以腶脩為贄見夫人至尊兼而用之云乎辭也棗栗取其早自謹敬腶脩取其斷斷自脩正執此者若其辭云爾所以敘情配志也凡贄天子用鬯諸侯用玉卿用羔大夫用雁士用雉雉取其耿介雁取其在人上有先後行列羔取其執之不鳴殺之不號乳必跪而受之類死義知禮者也玉取其至清而不自蔽其惡潔白而不受汙內堅剛而外溫潤有似乎備德之君子鬯取其芬芳在上臭達於天而醇粹無擇有似乎聖人故視其所執而知其所任矣日者禮夫人至大夫皆郊迎明日大夫宗婦皆見故著其明日也大夫妻言宗婦者大夫為宗子者也族所以有宗者為調族理親疏令昭穆親疏各得其序也故始統世世繼重者為大宗旁統者為小宗小宗無子則絕大宗無子則不絕重本也天子諸侯世以三牲養禮有代宗之義大夫不世不得專宗著言宗婦者重教化自本始也○斷脩丁亂反注同本又作腶音同行戶郎反號戶刀反

大水。夫人不制遂淫二叔陰氣盛故明年復水也○復扶又反

冬。戎侵曹。曹羈出奔陳。

傳曹羈者何。曹大夫也。以小國知無氏為大夫曹無大夫。此何以書。據羈無氏賢也。何賢乎曹羈。據國見侵出奔以辟難戎將侵曹。曹羈諫曰。戎眾以無義。戎師多又常以無義為事君請勿自敵也。禮兵敵則戰不敵則守君師少不如守且使臣下往曹伯曰。不可。臣下不可獨往三諫不從。遂去之。故君子以為得君臣之義也。孔子曰所謂大臣者以道事君不可則止此之謂也諫必三者取月生三日而成魄臣道就也不從得去者仕為行道道不行義不可以素餐所以申賢者之志孤惡君也諫有五一曰諷諫孔子曰家不藏甲邑無百雉之城季氏自墮之是也二曰順諫曹羈是也三曰直諫子家駒是也四曰爭諫子反請歸是也五曰贛諫百里子蹇叔子是也○墮許規反贛諫陟降反又呼弄反又丑用反

赤歸于曹郭公。

傳赤者何。曹無赤者。蓋郭公也。以郭公在赤下郭公者何。失地之君也。失地者出奔也名言歸倒郭公置赤下者欲起曹伯為戎所殺故使若曹伯死諡之為郭公而赤微者自歸曹也不言赤奔者從微者例不得錄出奔

二十有五年。春。陳侯使女叔來聘。稱字者敬老也禮七十雖庶人主孝而禮之孝經曰昔者明王之以孝治天下也不敢遺小國之臣是也○女音汝

夏。五月。癸丑。衛侯朔卒。春秋篡明者當書葬朔不書葬嫌與篡同例身絕國不絕故去葬明犯天子命重不得書葬與盜國同○去起呂反

六月。辛未。朔。日有食之。鼓。用牲于社。

傳日食則曷為鼓用牲于社。據日食在天求乎陰之道

也（求責求也）以朱絲營社，或曰脅之，或曰爲闇，恐人犯之，故營之。（或曰者或人辭其義各異也或曰脅之與責求同義社者土地之主也月者土地之精也上繫乎天而犯日故鳴鼓而攻之脅其本也朱絲營之助陽抑陰也或曰爲闇者社者土地之主尊也爲日光盡天闇冥恐人犯歷之故營之然此說非也記或傳者示不欲絕異說爾先言鼓後言用牲者明先以尊命責之後以臣子禮接之所以爲順也不言鼓于社用牲者與禘于大廟用致夫人同嫌起用牲爲非禮書者善內感懼天災應變得禮也是後夫人遂不制通於二叔殺二嗣子也○大廟音泰）

伯姬歸于杞。

秋，大水，鼓用牲于社、于門。

傳　其言于社、于門何？（據用牲一耳）于社，禮也；于門，非禮也。（于門非禮故略不復舉鼓用牲不舉非禮爲重者如去于社嫌于門禮也大水與日食同禮者水亦土地所爲雲實出于地而施于上乃雨歸功于天猶臣歸美於君）

冬，公子友如陳。（如陳者聘也內朝聘言如者尊內也書者錄內所交接也朝京師大國會有加錄文如楚有危文聘無月者此於朝輕也）

二十有六年春，公伐戎。

夏，公至自伐戎。

曹殺其大夫。

傳　何以不名？（據莒小於曹公子意恢名）衆也。曷爲衆殺之？（據殺三郤名）不死于曹君者也。（曹諸大夫與君俱敵戎戰曹伯爲戎所殺諸大夫不伏節死義獨退求生後嗣子立而誅之春秋以爲得其罪故衆略之不名凡書君殺大夫大夫有罪以專殺書他皆以罪舉）君死乎位曰滅，曷爲不言其滅？（據胡子髡滅）爲曹羈諱也。此蓋戰也，何以不言戰？（如上語知爲戰）爲曹羈諱也。（諱者上出奔嫌辟難欲起其賢又所諱者戰也故爲去戰滅之文所以致其意也曹無大夫書殺大夫者起當誅也○難乃旦反爲去于僞反下起呂反）

秋，公會宋人、齊人伐徐。

冬十有二月癸亥朔，日有食之。（異與上日食略同）

二十有七年春，公會杞伯姬于洮。（書者惡公教內女以非禮也洮內地凡公出在外致在內不致其與婦人會不別得意雖在外猶不致伯姬不卒者蓋不與卒于無服女會來例皆時○洮他刀反惡烏路反下惡莊同別彼列反）

夏六月，公會齊侯、宋公、陳侯、鄭伯同盟于幽。

秋，公子友如陳，葬原仲。

傳　原仲者何？陳大夫也。大夫不書葬，此何以書？（據益師等皆不書葬稱字者葬從主人也）通乎季子之私行也。（不以公事行曰私行）（私行不言葬原仲于陳若告糴者告糴上有無麥禾知以國事起此上下無起文而不言如陳嫌不辟國事實私行也不嫌使乎大夫者有國文也）何通乎季子之私行？（據大夫私行不書）辟內難也。（欲起其辟內難）君子辟內難而不辟外難。（禮記曰門內之治恩揜義門外之治義揜恩）內難者何？公子慶父、公子牙、公子友，皆莊公之母弟也。公子慶父、公子牙通乎夫人。通者，淫通。以脅公。語在三十二年。季子起而治之，則不得與于國政。坐而視之，則親親。親，至親也。○與音預。因不忍見也。因緣己心不忍見親親之亂。故於是復請至于陳而葬原仲也。書者，惡莊公不能任用，使辟難而出。

冬，杞伯姬來。

傳其言來何？據有來歸。直來曰來，直來，無事而來也。諸侯夫人尊重，既嫁，非有大故不得反，唯自大夫妻雖無事，歲一歸宗。大歸曰來歸。大歸者，廢棄來歸也。婦人有七棄、五不娶、三不去。嘗更三年喪不去，不忘恩也；賤取貴不去，不背德也；有所受無所歸不去，不窮窮也。喪婦長女不娶，無教戒也；世有惡疾不娶，棄於天也；世有刑人不娶，棄於人也；亂家女不娶，類不正也；逆家女不娶，廢人倫也。無子棄，絕世也；淫泆棄，亂類也；不事舅姑棄，悖德也；口舌棄，離親也；盜竊棄，反義也；嫉妒棄，亂家也；惡疾棄，不可奉宗廟也。○喪婦，息浪反。長女，丁丈反。

莒慶來逆叔姬。

傳莒慶者何？莒大夫也。莒無大夫，此何以書？譏。何譏爾？大夫越竟逆女，非禮也。禮，大夫任重，為越竟逆女，於政事有所損曠，故竟內乃得親迎，所以屈私赴公也。言叔姬者，婦人以字通，言叔姬賤，故略與歸同文，重乖離也。

杞伯來朝。杞，夏後，不稱公者，春秋黜杞，新周而故宋，以春秋當新王。黜而不稱侯者，方以子貶，起伯為黜。說在僖二十三年。

公會齊侯于城濮。

春秋公羊傳卷八

春秋公羊傳卷九

漢諫議大夫司空掾任城何休學
明後學東吳金蟠訂

莊公

二十有八年春王三月甲寅齊人伐衛衛人及齊人戰衛人敗績

【傳】伐不日此何以日（據鄭人伐衛不日）至之日也（用兵之道當先至竟侵責之不服乃伐之今日至便以今日伐之故日以起其暴也）戰不言伐此其言伐何至之日也（至日便伐明暴故舉伐）春秋伐者為客（伐人者為客讀伐長言之齊人語也）伐者為主（見伐者為主讀伐短言之齊人語也）故使衛主之也（戰序上言反者為主）曷為使衛主之（據宋襄公伐齊宋主齊）衛未有罪爾（蓋為幽之會服父喪未終而不至故○為于僞反）敗者稱師衛何以不稱師（據桓十三年己巳燕人戰敗績稱師也）未得乎師也（未得成列為師也詐戰不言戰言戰者衛未有罪方欲使衛主齊見直文也不地者因都主國也）

夏四月丁未邾婁子瑣卒（日者附從霸者朝天子行進）

秋荊伐鄭公會齊人宋人邾婁人救鄭（書者善中國能相救）

冬築微（○微左氏作麋）

大無麥禾

【傳】冬既見無麥禾矣曷為先言築微而後言無麥禾諱以凶年造邑也（諱使若造邑而後無麥禾者惡愈也此蓋秋水所傷就築微下俱舉水則嫌冬水惟秋無麥禾使若冬水所傷者但言無麥禾則嫌秋自不成不能起秋水因疾莊公行類同故加大明有秋水也此夫人淫泆之所致）

臧孫辰告糴于齊

【傳】告糴者何請糴也（買穀曰糴）何以不稱使（據上大無麥禾知以國事行當言如也）以為臧孫辰之私行也曷為以臧孫辰之私行（據國事也）君子之為國也必有三年之委一年不熟告糴譏也（古者三年耕必餘一年之儲九年耕必有三年之積雖遇凶災民不饑乏莊公享國二十八年而無一年之畜危亡切近故諱使若國家不匱大夫自私行糴也）

二十有九年春新延廄（○廄九又反）

【傳】新延廄者何修舊也（舊故也繕故曰新有所增益曰作始造曰築）修舊不書此何以書（據新宮災後修不書）譏何譏爾凶年不修（不諱者繕故功費差輕於造邑延廄馬廄也）

夏鄭人侵許

秋有蜚（○蜚扶味反）

【傳】何以書記異也（蜚者臭惡之虫也象夫人有臭惡之行言有者南越盛暑所生）

（非中國之所有。○行下孟反）

冬十有二月紀叔姬卒（國滅卒者，從夫人行，待之以初也。）

城諸及防（諸，君邑。防，臣邑。言及，别君臣之義。君臣之義正，則天下定矣。）

三十年春王正月

夏師次于成

秋七月齊人降鄣（○鄣音章）

傳 鄣者何紀之遺邑也降之者何取之也取之則曷爲不言取之爲桓公諱也（時霸功足以除惡，故爲諱，言降者，能以德見歸，自來服者，可也。）外取邑不書此何以書盡也（襄公服紀，以過而復盡取其邑，惡其不仁之甚也。月者，重於取邑。）

八月癸亥葬紀叔姬

傳 外夫人不書葬此何以書隱之也何隱爾其國亡矣徒葬乎叔爾

九月庚午朔日有食之鼓用牲于社（是後魯比弑二君，狄滅邢、衛。）

冬公及齊侯遇于魯濟

齊人伐山戎

傳 此齊侯也其稱人何（據下言齊侯來獻戎捷。）貶曷爲貶（據齊侯伐北戎不貶。）子司馬子曰蓋以操之爲已蹙矣（操，迫也。已，甚也。蹙，痛也。迫殺之甚痛。）此蓋戰也何以不言戰（據得捷也。）春秋敵者言戰桓公之與戎狄驅之爾（時桓公力但可驅逐之而已，戎亦天地之所生，而乃迫殺之甚痛，故去戰貶見其事，惡不仁也。山戎者，戎中之别名，行進，故錄之。）

三十有一年春築臺于郎

傳 何以書譏何譏爾臨民之所漱浣也（無垢加功曰漱，去垢曰浣，齊人語也。譏者，爲瀆下也。禮，天子外屏，諸侯內屏，大夫帷，士簾，所以防泄慢之漸也。禮，天子有靈臺以候天地，諸侯有時臺以候四時，登高遠望，人情所樂，動而無益於民者，雖樂不爲也。四方而高曰臺。）

夏四月薛伯卒（卒者，薛與滕俱朝隱公，桓弑隱而立，滕朝桓公，薛獨不朝，知去就也。）

築臺于薛

傳 何以書譏何譏爾遠也（禮，諸侯之觀不過郊。○觀工喚反）

六月齊侯來獻戎捷（戰所獲物曰捷。）

傳 齊大國也曷爲親來獻戎捷（據齊未嘗朝魯。）威我也（以威恐怖魯也。如上難知，爲威魯書之。）其威我奈何旗獲而過我也（旗，軍幟名，各有色，與金鼓俱舉，使士卒望而爲陳者。旗獲，建旗縣所獲，得以過魯也。不書威魯者，恥不能爲齊所忌難，見輕侮也。言獻捷繫戎者，春秋王魯，因見王義，古者方伯征伐不道，諸侯交格而戰者，誅絶其國，獻捷於王者。楚獻捷時，此月者，刺齊桓驕慢恃盈，非所以就霸功也。

秋，築臺于秦。

傳 何以書？譏。何譏爾？臨國也。言國者，社稷、宗廟、朝廷皆爲國，明皆不當臨也。臨社稷宗廟則不敬，臨朝廷則泄慢也。

冬，不雨。

傳 何以書？記異也。京房易傳曰：旱異者，旱久而不害物也。斯祿去公室，福由下作。故陽雖不施，而陰道獨行，以成萬物也。先是比築三臺，慶牙專政之應。

三十有二年，春，城小穀。

夏，宋公、齊侯遇于梁丘。

秋，七月，癸巳，公子牙卒。

傳 何以不稱弟？据公弟叔肸卒。殺也。殺則曷爲不言刺之？据公子買有罪殺之，言刺不言卒。爲季子諱殺也。曷爲爲季子諱殺？据叔孫得臣卒不日者，惡不發揚公子遂弒也。季子之遏惡也，遏，止。不以爲國獄，不就獄致其刑，故言卒。緣季子之心而爲之諱。季子過在親親，疑於非正，故爲之諱，所以別嫌明疑。季子之遏惡奈何？莊公病將死，以病召季子。召之於陳。季子至而授之以國政。至不書者，內大夫出與歸不兩書。曰：寡人卽不起此病，吾將焉致乎魯國？致，與也。季子曰：般也存，君何憂焉？公曰：庸得若是乎？庸猶傭傭，無節目之辭。牙謂我曰：魯一生一及，君已知之矣。父死子繼曰生，兄死弟繼曰及。言隱公生桓公，及今君生慶父，亦當及，是魯國之常也。慶父也存。時莊公以爲牙欲立慶父。季子曰：夫何敢？是將爲亂乎？夫何敢？再言夫何敢者，反覆思惟，且欲以安病人也。孔子曰：君子有九思：視思明，聽思聰，色思溫，貌思恭，言思忠，事思敬，疑思問，忿思難，見得思義。俄而牙弒械成。是時牙實欲自弒君，兵械已成，但事未行爾。有攻守之器曰械。季子和藥而飲之。藥者，酖毒也。傳曰酖之是也。時季子亦有械，故能飲之。傳不道者，從可知。曰：公子從吾言而飲此，則必可以無爲天下戮笑，必有後乎魯國。時世大夫誅，不宜揚，子當繼體如故。不從吾言而不飲此，則必爲天下戮笑，必無後乎魯國。於是從其言而飲之，飲之無傫氏，至乎王堤而死。公子牙今將爾，今將欲殺。○無傫，無本又作巫。傫音力委反，又作力追反。辭曷爲與親弒者同？辭，傳序經辭。親，躬親也。君親無將，將而誅焉。親謂父母。然則善之與？曰：然。殺世子母弟直稱君者，甚之也。季子殺母兄，何善爾？誅不得辟兄，君臣之義也。以臣事君之義也，唯人君然後得申親親之恩。然則曷爲不直誅而酖之？行誅乎兄，隱而逃之，使託若以疾死然，親親之道也。明當以親親原而與之，於治亂當賞疑從重，於平世當罰疑從輕。莊不卒大夫而卒牙者，本以當國將弒君。書日者，錄季子遏惡也。行誅親親，雖酖之，猶有恩也。

八月，癸亥，公薨于路寢。

傳 路寢者何？正寢也。公之正居也。天子諸侯皆有三寢：一曰高寢，二曰路寢，三曰小寢。父居高寢，子居路寢，孫從王父，母妻從夫寢，夫人居小寢。在寢地者，加錄內也。夫人不地者

（外夫人不卒內書薨已錄之矣故出乃地）

冬十月乙未子般卒

傳子卒云子卒此其稱子般卒何（据子赤不言子赤卒）君存稱世子（明當世父位爲君）君薨稱子某（緣民臣之心不可一日無君故稱子某明繼父也名者尸柩尚存猶以君前臣名也）既葬稱子（不名者無所屈也緣終始之義一年不二君故稱子也）踰年稱公（不可曠年無君）子般卒何以不書葬（据定如俱稱卒書葬）未踰年之君也有子則廟（則立廟也）廟則書葬（錄子恩也）無子不廟不廟則不書葬（未踰年之君禮臣下無服故無子不廟不廟則不書葬示一年不二君也稱卒不地者降成君也日者爲臣子恩錄之也殺不去日見隱者降子赤也○去起呂反）

公子慶父如齊（如齊者奔也是時季子新酖牙慶父雖歸獄鄧扈樂猶不自信於季子故出也不言奔者起季子不探其情不暴其罪○樂音洛暴步卜反）

狄伐邢

閔公

元年春王正月

傳公何以不言即位繼弒君不言即位（復發傳者嫌繼未踰年君義異故也明當隱之如一）孰繼（据子般弒不見）繼子般也孰弒子般慶父也殺公子牙今將爾季子不免慶父弒君何以不誅將而不免遏惡也既而不可及因獄有所歸不探其情而誅焉親親之道也（論季子當從議親之辟猶律親親得相首匿當與叔孫得臣有差）惡乎歸獄歸獄僕人鄧扈樂曷爲歸獄僕人鄧扈樂（据衛還也○惡音烏扈樂音洛或如字）莊公存之時樂曾淫于宮中子般執而鞭之莊公死慶父謂樂曰般之辱爾國人莫不知盍弒之矣使弒子般然後誅鄧扈樂而歸獄焉（殺鄧扈樂不書者微也○曾才能反）季子至而不變也（至者聞君弒從家至朝季子知樂勢不能獨弒而不變正其真僞）

齊人救邢

夏六月辛酉葬我君莊公

秋八月公及齊侯盟于洛姑（時慶父內則素得權重外則出奔彊齊恐爲國家禍亂故季子如齊閔之奉閔公託齊桓爲此盟下書歸者使與君致同主書者起託君也）

季子來歸

傳其稱季子何（据如陳名不稱季卒不稱子）賢也（嫌季子不探誅慶父有甚惡故復於託君安國賢之所以輕歸獄顯所當任違其功不稱季友者明齊繼魯本感洛姑之託故令與高子俱稱子起其事○令力呈反）其言來歸何（据召歸不書隱如言至）喜之也（季子來則國安故喜之而變至加錄云爾蓋與賢相起言歸者主爲喜出言來者起從齊自外來盟不日公不致者桓之盟不日其會不致信之也○主爲于僞反）

冬齊仲孫來

傳齊仲孫者何公子慶父也公子慶父則曷爲謂

之齊仲孫繫之齊也曷爲繫之齊（據欒盈出奔楚還不繫楚）外之也曷爲外之（據俱出奔還也）春秋爲尊者諱（爲閔公諱受賊人也）爲親者諱（爲季子親親而受之故諱也）爲賢者諱（以季子有遏牙不殺慶父之賢故爲諱之）子女子曰以春秋爲春秋（以史記氏族爲春秋言古謂史記爲春秋）齊無仲孫其諸吾仲孫與（齊有高國崔魯有仲孫氏亦足以知魯仲孫言仲孫者以後所氏起其事明主書者賊不宜來因以起上如齊實殺君出奔○子女子音汝）

二年春王正月齊人遷陽（不爲桓公諱者功未足以覆比滅人之惡也）

夏五月乙酉吉禘于莊公

傳其言吉何（據禘于大廟不言吉○大廟音泰下同）言吉者未可以吉也（都未可以吉祭經舉重不書禘于大廟嫌獨莊公不當禘于大廟可禘者故加吉明大廟皆不當）曷爲未可以吉（據三年也）未三年也（禮禘祫從先君數朝聘從今君數三年喪畢遭禘則禘遭祫則祫○祫音洽）三年矣曷爲謂之未三年三年之喪實以二十五月（時莊公薨至是適二十二月所以必二十五月者取期再期恩倍漸三年也孔子曰子生三年然後免于父母之懷夫三年之喪天下之通喪禮士虞記曰期而小祥曰薦此常事又期而大祥曰薦此常事中月而禫是月也吉祭猶未配是月者二十七月也傳言二十五月者在二十五月外可不譏○期音基下同禫大感反）其言于莊公何（據禘于大廟不言周公祫僖公不言僖宮）未可以稱宮廟也（時閔公以莊公在三年之中未可入大廟禘之于新宮故不稱宮廟明皆非也）曷爲未可以稱宮廟（據言禘也）在三年之中矣（當思慕悲哀未可以鬼神事之）吉禘于莊公何以書譏何譏爾譏始不三年也（與託始同義）

秋八月辛丑公薨

傳公薨何以不地隱之也何隱爾弒也孰弒之慶父也殺公子牙今將爾季子不免慶父弒二君何以不誅將而不免遏惡也既而不可及緩追逸賊親親之道也（與不探其情同義不書葬者賊未討）

九月夫人姜氏孫于邾婁（爲淫二叔殺二嗣子出奔不如文姜于出奔貶之者爲內臣子明其義不得以子絕母凡公夫人奔例日此月者有罪）

公子慶父出奔莒（慶父弒二君不當復見所以復見者起季子緩追逸賊也不日者內大夫奔例無罪者日有罪者月外大夫奔例皆時）

冬齊高子來盟

傳高子者何齊大夫也（以有高傒也）何以不稱使（據鄭伯使其弟語來盟）我無君也（時閔公弒僖公未立故正其義明君臣無相適之道也春秋謹於別尊卑理嫌疑故絕去使文以起事張例則所謂君不使乎大夫也○去起呂反下欲去同）然則何以不名（據國佐盟名）喜之也何喜爾正我也其正我奈何莊公死子般弒閔公弒此三君死曠年無君（與曠年無君無異）設以齊取魯曾不興師徒以言而已

矣。設時勢然。桓公使高子將南陽之甲。南陽，齊下邑。甲華皆鎧胄也。立僖公而城魯。或曰自鹿門至于爭門者是也。或曰自爭門至于吏門者是也。魯人至今以爲美談曰猶望高子也。久闊思相見者，引此爲喻，美談至今不絕也。立僖公城魯不書者，諱微弱。喜而加高子者，美大齊桓繼絕于魯，故尊其使，起其功，明得子續父之道。

十有二月，狄入衛。

鄭棄其師。

傳 鄭棄其師者何。連國者，弁問稱國。惡其將也。以言鄭棄師。鄭伯惡高克使之將逐而不納棄師之道也。鄭伯素惡高克，欲去之無由，使將師救衛，隨後逐之，因將師而去，其本雖逐高克，實棄師之道，故不書逐高克，舉棄師爲重，猶趙盾加弑也。不解國者，重衆，從國體，錄可知。繫閔公篇於莊公下者，子未三年，無改於父之道。傳曰：則曷爲於其封內三年稱子，緣孝子之心，則三年不忍當也。

春秋公羊傳卷九

春秋公羊傳卷十

漢諫議大夫司空掾任城何　休學

明後學　東吳葛　鼒訂

僖公

元年。春。王正月。

傳 公何以不言卽位。據文公言卽位。繼弒君子不言卽位。此非子也。其稱子何。僖公者閔公庶兄。據閔公繼子般傳不言子。臣子一例也。僖公繼成君。閔公繼未踰年君。禮。諸侯臣諸父兄弟。以臣之繼君。猶子之繼父也。其服皆斬衰。故傳稱臣子一例。○衰七雷反

齊師。宋師。曹師。次于聶北。救邢。

傳 救不言次。此其言次何。據夏師救齊不言次。不及事也。不及事者何。邢已亡矣。刺其救急舒緩。使至於亡。故錄之止次以起之。孰亡之。蓋狄滅之。以上有狄伐邢。曷爲不言狄滅之。據狄滅溫言滅。爲桓公諱也。曷爲爲桓公諱。據徐人取舒。晉滅夏陽。楚滅黃。皆不諱。上無天子。下無方伯。天下諸侯有相滅亡者。桓公不能救。則桓公恥之。故以爲諱。所以醇其能。以治世自任而厚責之。曷爲先言次而後言救。據叔孫豹先言救。君也。叔孫豹臣也。當先通君命。故先言救。今此先言次。知實諸侯。君則其稱師何。不與諸侯專封也。故沒君文。但舉師而已。曷爲不與。據狄滅之。爲桓公諱。實與。不書所封歸是也。而文不與。文曷爲不與。據實與也。諸侯之義不得專封也。此道大平制。○大音泰。諸侯之義不得專封。則其曰實與之何。上無天子。下無方伯。天下諸侯有相滅亡者。力能救之。則救之可也。主書者。起文從實也。

夏。六月。邢遷于陳儀。○陳儀左氏作夷儀。

傳 遷者何。其意也。其意自欲遷。時邢創畏狄兵。更欲依險阻。遷之者何。非其意也。謂宋人遷宿也。書者譏之也。王者封諸侯。必居土中。所以教化者平。貢賦者均。在德不在險。其後爲衛所滅是也。遷例大國月。重煩勞也。小國時。此小國月者。霸者所助城。故與大國同。

齊師。宋師。曹師。城邢。

傳 此一事也。曷爲復言齊師宋師曹師。據首戴前目而後凡。不復言師。則無以知其爲一事也。言諸師則嫌與首戴同。嫌實師。言諸侯則嫌與緣陵同。嫌歸聞其遷。更與諸侯來城之。未必反故入也。故順上文。則知桓公宿留城之爲一事也。

秋。七月。戊辰。夫人姜氏薨于夷。齊人以歸。

傳 夷者何。齊地也。齊地則其言齊人以歸何。據從國中歸不當書。邾婁人執鄫子不書以歸是也。○鄫似陵反。夫人薨于夷。則齊人以歸。夫人所以薨于夷者。齊人以歸至夷。夫人薨于夷。則齊人曷爲以歸。據上說夫人薨于夷者。齊人以歸至夷也。齊人曷爲故以歸至于夷。桓公召而縊殺之。先言薨。後言以歸。而不言喪者。起桓公召夫人于邾婁。歸殺之于夷。因爲內諱恥。使

若夫人自薨于夷，然後齊人以歸者也。主書者，從內不絕錄，因見桓公行霸正誅不阿親親，疾夫人淫泆二叔，殺二嗣子，而殺之。○謚，一賜反。泆音逸。

楚人伐鄭。楚稱人者，爲僖公諱與夷狄交婚，故進使若中國。又明嫁娶當慕賢者。

八月，公會齊侯、宋公、鄭伯、曹伯、邾婁人于柽。月者，危公會霸者而與邾婁有辨也。不從有夫人喪出會惡之者，不如危重也。○柽，敕貞反，又他丁反。左氏作檉。惡之，烏路反，下同。

九月，公敗邾婁師于纓。有夫人喪，不惡親用兵者，時怨邾婁人以夫人與齊，於喪事無薄故也。○纓，左氏作偃。

冬，十月，壬午，公子友帥師敗莒師于犂，獲莒挐。

傳 莒挐者何？莒大夫也。莒無大夫，此何以書？大季子之獲也。何大乎季子之獲？據獲人當坐。○挐，女居反，又女加反。季子治內難以正，謂拒慶父。禦外難以正。其禦外難以正奈何？公子慶父弒閔公，走而之莒，莒人逐之，將由乎齊，齊人不納，卻反，舍于汶水之上，使公子奚斯入請。季子曰：公子不可以入，入則殺矣。義不可見賊而不殺。奚斯不忍反命于慶父，自南涘，涘，水涯。○涘音俟。北面而哭。時慶父自汶水之北。慶父聞之曰：嘻！嘻，發痛語首之聲。此奚斯之聲也。諾已。諾已，皆自畢語。曰：吾不得入矣。於是抗輈經而死。輈，小車轅，冀州以北名之云爾。○輈音竹由反。莒人聞之曰：吾已得子之賊矣。以求賂乎魯。魯時雖緩追，猶外購求之。○購，古豆反。魯人不與，爲是興師而伐魯。故與季子獲之。季子待之以偏戰。傳云爾者，魯季子忿不加暴，得君子之道。

十有二月，丁巳，夫人氏之喪至自齊。

傳 夫人何以不稱姜氏？據薨于夷稱姜氏，經有氏，不但問不稱姜，并言氏者，嫌據夫人婦姜，欲使去氏。貶。曷爲貶？據薨于夷不貶。與弒公也。與慶父共弒閔公。然則曷爲不於弒焉貶？據酖牙卒時貶。於貶必於重者，莫重乎其以喪至也。刑人于市，與衆棄之，故必於臣子集迎之時貶之，所以明誅得其罪，因正王法所加，臣子不得以夫人禮治其喪也。貶置氏者，殺子差輕於殺夫，別逆順也。致者，從書薨以常文錄之。言自齊者，順上以歸文。

二年，春，王正月，城楚丘。

傳 孰城？據內城不月，故問之。城衛也。曷爲不言城衛？據無遷文以言城，故當言城衛。滅也。孰滅之？蓋狄滅之。以上有狄入衛。曷爲不言狄滅之？爲桓公諱也。曷爲爲桓公諱？上無天子，下無方伯，天下諸侯有相滅亡者，桓公不能救，則桓公恥之也。然則孰城之？據不出主名，見桓公德優，不待之，又不獨書齊，實諸侯也。桓公城之。曷爲不言桓公城之？不與諸侯專封也。曷爲不與？實與而文不與。文曷爲不與？諸侯之義不得專封也。諸侯之義不得專封，則其曰實與之何？上無天子，下無方伯，天下諸侯有相滅亡者，力

能救之則救之可也 復發傳者君子樂道人之善也不繫衞者明去衞而國楚邱起其遷也不書遷與救文者深爲桓公諱使若始時尚倉卒有所救其後晏然無干戈之患所以重其任而厚責之主書者起文從實也○復扶又反卒寸忽反

夏五月辛巳葬我小君哀姜

傳 哀姜者何莊公之夫人也 誅當絕不當以夫人禮書葬書葬者正齊桓討賊辟責內讎齊

虞師晉師滅夏陽

○夏陽左氏作下陽

傳 虞微國也曷爲序乎大國之上 據稱師有加文知不主會 使虞首惡也曷爲使虞首惡 據楚人巴人滅庸不使巴首惡 虞受賂假滅國者道以取亡焉其受賂奈何獻公朝諸大夫而問焉曰寡人夜者寢而不寐其意也何諸大夫有進對者曰寢不安與其諸侍御有不在側者與獻公不應荀息進曰虞郭見與 猶曰虞郭豈見於君之心乎荀息素知獻公欲伐此二國故云爾 獻公揖而進之 以手通指曰揖 遂與之入而謀曰吾欲攻郭則虞救之攻虞則郭救之如之何願與子慮之荀息對曰君若用臣之謀則今日取郭而明日取虞爾君何憂焉獻公曰然則奈何荀息曰請以屈產之乘 屈產出名馬之地乘備駟也 與垂棘之白璧 垂棘出美玉之地玉以尚白爲美 往必不可也則寶出之內藏藏之外府 如虞可得猶外府藏也○內藏才浪反 馬出之內廄繫之外廄爾君何喪焉獻公曰諾雖然宮之奇存焉如之何荀息曰宮之奇知則知矣 君若言其知實知也○知則音智下及注同 雖然虞公貪而好寶見寶必不從其言請終以往於是終以往虞公見寶許諾宮之奇果諫記曰脣亡則齒寒 記史記也 虞郭之相救非相爲賜 賜猶惠也 則晉今日取郭而明日虞從而亡爾君請勿許也虞公不從其言終假之道以取郭 明郭非虞不滅虞當坐滅人 還四年反取虞 還復往故言反 虞公抱寶牽馬而至荀息見曰臣之謀何如獻公曰子之謀則已行矣寶則吾寶也雖然吾馬之齒亦已長矣蓋戲之也 以馬齒長戲之喻荀息之年老傳極道此者以終荀息宮之奇言且以爲戒又惡獻公不仁以滅人爲戲諱也晉至此乃見者著晉楚俱大國後治同姓也以滅人見義者比楚先治大惡親疏之別○已長丁丈反謔許略反別彼列反 夏陽者何郭之邑也曷爲不繫于郭國之也曷爲國之君存焉爾

秋九月齊侯宋公江人黃人盟于貫澤

○二傳無澤字

傳 江人黃人者何遠國之辭也 桓公德盛不嫌使微者知以遠國辭稱人 遠國至矣則中國曷爲獨言齊宋至爾大國言齊宋遠國言江黃則以其餘爲莫敢不至也 晉大于宋

不序晉而序宋者時實晉楚之君不至君子成人之美故褒益以爲偏至之辭所以獎大霸功而勉盛德也江黃附從霸者當進不進者方爲偏至之辭

冬十月不雨。

傳何以書記異也。說與前同。

楚人侵鄭。

三年春王正月不雨。

夏四月不雨。

傳何以書記異也。太平一月不雨卽書春秋亂世一月不雨未害物未足爲異當滿一時乃書一月書者時僖公得立欣喜不恤庶衆比致三旱卽能退辟正殿飭過求己循省百官放佞臣郭都等理寃獄四百餘人精誠感天不雩而得澍雨故一月卽書善其應變改政旱不從上發傳者著人事之備積於是

徐人取舒。

傳其言取之何。據國言滅。易也。易者猶無守禦之備不爲桓諱者刺其不救也○易以豉反

六月雨。

傳其言六月雨何。據上得雨不書。上雨而不甚也。所以詳錄賢君精誠之應也僖公飭過求己六月澍雨宣公復古行中其年穀大豐明天人相與報應之際不可不察其意

秋齊侯宋公江人黃人會于陽穀。

傳此大會也曷爲末言爾。末者淺耳但言會不言盟據貫澤言盟桓

公曰無障谷。無障斷川谷專水利也水注川曰溪注溪曰谷無貯粟。有無當相通無易樹子。樹立本正辭無易本正當立之子無以妾爲妻。此四者皆時人所患時桓公功德隆盛諸侯咸曰無言不從曷爲用盟哉故告誓而已

冬公子友如齊莅盟。

傳莅盟者何往盟乎彼也。猶曰往盟於齊莅臨也時因齊都盟主國主名不出者春秋王魯故言莅以見王義使若王者遣使臨諸侯盟飭以法度其言來盟者何來盟于我也。此亦因魯都以見王義使若來之京師盟白事于王不加莅者來就魯魯已尊矣

楚人伐鄭。

四年春王正月公會齊侯宋公陳侯衛侯鄭伯許男曹伯侵蔡蔡潰。

傳潰者何下叛上也國曰潰邑曰叛。不與諸侯潰之爲文重出蔡者侵爲加蔡舉潰爲惡蔡錄義各異也月者善義兵也潰例月叛例時

遂伐楚次于陘。

傳其言次于陘何。據召陵侵楚不言次來盟不言陘○陘音刑有侯也。孰侯侯屈完也。時楚強大卒暴征之則多傷士衆桓公先犯其與國臨蔡蔡潰兵精威行乃推以伐楚楚懼然後使屈完來受盟修臣子之職不頓兵血刃以文德優柔服之故詳錄其止次待之善其重愛民命生事有漸故斂則有功

夏許男新臣卒。不言卒於師者桓公師無危不月者爲下盟去月方見大信

楚屈完來盟于師盟于召陵

【傳】屈完者何 楚大夫也 何以不稱使 據陳侯使袁僑如會 尊屈完也 曷爲尊屈完 據陳侯使袁僑如會不尊之 以當桓公也 增倍使若得其君以醇霸德成王事也 其言盟于師盟于召陵何 據戊寅叔孫豹及諸侯之大夫及陳袁僑盟不舉會與地 師在召陵也 時喜得屈完來服於陘即退次召陵與之盟故言盟于師盟于召陵 師在召陵則曷爲再言盟 據齊侯使國佐如師己酉及國佐盟于袁婁俱從地不再言盟 喜服楚也 孔子曰書之重辭之復嗚呼不可不察其中必有美者焉 何言乎喜服楚 據服蔡無喜文 楚有王者則後服 桓公行霸至是乃服楚 無王者則先叛 桓公不修其師先叛盟是也 夷狄也而亟病中國 數侵滅中國○亟去冀反數音朔 南夷與北狄交 南夷謂楚滅鄧穀伐蔡鄭北狄謂狄滅邢衛至于溫交亂中國 中國不絕若綫 綫縫帛縷以喻微也○綫思賤反 桓公救中國 存邢衛是也 而攘夷狄 攘卻也北伐山戎是也 卒怗荊 卒盡也怗服也荊楚也 以此爲王者之事也 言桓公先治其國以及諸夏治諸夏以及夷狄如王者爲之故云爾 其言來何 據陳袁僑如會不言來 與桓爲主也 以從內文知與桓公爲天下霸主 前此者有事矣 謂城邢衛是也 後此者有事矣 謂城緣陵是也 則曷爲獨於此焉與桓公爲主 序績也 序次也績功也 累次桓公之功德莫大於服楚明德及强夷最爲盛

齊人執陳袁濤塗

【傳】濤塗之罪何 辟軍之道也 其辟軍之道奈何 濤塗謂桓公曰 君既服南夷矣 何不還師濱海而東 服東夷且歸 濱涯也順海涯而東也東夷吳也從召陵東歸不經陳而趨近海道多廣澤水草軍所便也辟匹亦反又音避 ○桓公曰諾 於是還師濱海而東 大陷于沛澤之中 草棘曰沛漸洳曰澤○漸子廉反洳人庶反 顧而執濤塗 時濤塗與桓公俱行 執者曷爲或稱侯 或稱人 稱侯而執者 伯討也 言有罪方伯所宜討 稱人而執者 非伯討也 此執有罪 何以不得爲伯討 古者周公東征則西國怨 西征則東國怨 此道黜陟之時也詩云周公東征四國是皇 桓公假塗于陳而伐楚 則陳人不欲其反由己者 師不正故也 故令濤塗有此言 不修其師而執濤塗 古人之討則不然也 以己所招而反執人古人所不爲也凡書執者惡其專執

秋及江人黄人伐陳

八月公至自伐楚

【傳】楚已服矣 何以致伐楚 叛盟也 爲桓公不修其師而執濤塗故也月者凡公出滿三時月危公之久

葬許繆公

得卒葬於所傳聞世者許大小次曹故卒少在曹後

冬十有二月公孫慈帥師會齊人宋人衛人鄭人許人曹人侵陳

月者刺桓公不修其師因見患詰不內自責乃復加人以罪○慈左氏作茲

五年，春，晉侯殺其世子申生。

傳 曷爲直稱晉侯以殺？據鄭殺其大夫申侯稱國也。續問以殺者，問殺所稱例爾，非謂晉侯不當稱國辟也。殺世子母弟直稱君者，甚之也。甚之者，甚惡殺親親也。春秋公子貫於先君，唯世子與母弟以今君錄，親親也。今舍國體直稱君，知以親親責之。

杞伯姬來朝其子。

傳 其言來朝其子何？據微者不當書朝，連來者內辭也。與其子來者，問爲直來乎，爲下朝出。內辭也，與其子俱來朝也。因其與子俱來。禮，外孫初冠有朝外祖之道，故使若來朝其子，以殺直來之恥，所以辟教戒之不明也。微無君命，言朝者，明非實。○冠，古亂反。

夏，公孫慈如牟。

及齊侯、宋公、陳侯、衛侯、鄭伯、許男、曹伯會王世子于首戴。

傳 曷爲殊會王世子？據宰周公不殊別也。世子貴也。世子猶世世子也。解據意也。言當世父位，儲君副主，不可以諸侯會之爲文，故殊之，使若諸侯爲世子所會也。自王者言之，以屈遠，世子在三公下，禮喪服斬衰曰公士大夫之衆臣是也。自諸侯言之，世子尊於三公。此禮之威儀，各有所施。言及者，因其文可得見汲汲也。世子所以會者，時桓公德衰，諸侯背叛，故上假王世子，示以公義。

秋，八月，諸侯盟于首戴。

傳 諸侯何以不序？據上會序。一事而再見者，前目而後凡也。省文，從可知。閔無事不省諸侯會盟一事不舉重者，時世子不與盟。

鄭伯逃歸不盟。

傳 其言逃歸不盟者何？據上言諸侯，鄭伯在其中，弟子疑，故執不知問。不可使盟也。時鄭伯內欲與楚，外依古不盟，爲解安居會上，不肯從桓公盟，故後言不盟。不可使盟，則其言逃歸何？據後言不盟，居會上辭。魯子曰：「蓋不以寡犯衆也。」諸侯以義相約，而鄭伯懷二心，依古不肯盟，故言逃歸，所以抑一人之惡，申衆人之善，故云爾。

楚人滅弦，弦子奔黃。

九月，戊申，朔，日有食之。此象齊桓德衰，是後楚遂背叛，狄伐晉，滅溫，晉里克比弑其二君。

冬，晉人執虞公。

傳 虞已滅矣，其言執之何？據滅言以歸。上傳云四年反取虞，知去滅變以歸言執。不與滅也。曷爲不與滅？滅者亡國之善辭也。言滅者，王者起當存之，故爲善辭。滅者上下之同力者也。言滅者，臣子與君戮力一心，共死之辭也。不但去滅，復去以歸言執者，明虞公滅人以自亡，當絕，不得責不死位也。晉稱人者，本滅而執之，不以王法執治之，故從執無罪辭也。虞稱公者，奪正爵，起從滅也。不從滅例月者，略之。

六年，春，王正月。

夏，公會齊侯、宋公、陳侯、衛侯、曹伯伐鄭，圍新城。

傳 邑不言圍，此其言圍何？彊也。惡桓公行霸彊而無義也。鄭背叛本由桓公過陳，不以道理，當先修文德以來之，而便伐之，彊非所以附疏。

秋，楚人圍許，諸侯遂救許。

冬，公至自伐鄭。事還於救許，以伐鄭致者，舉不得意。

七年，春，齊人伐鄭。

夏，小邾婁子來朝。至是所以進稱爵者，時附從霸者朝天子，旁朝罷行，進齊桓公，白天子進之，固因其得禮，著其能以爵通。

鄭殺其大夫申侯。

傳其稱國以殺何？據晉侯殺其世子申生稱侯。稱國以殺者，君殺大夫之辭也。諸侯國體，以大夫為股肱，士民為肌膚，故以國體錄。

秋，七月，公會齊侯、宋公、陳世子款、鄭世子華盟于甯母。

曹伯般卒。

公子友如齊。

冬，葬曹昭公。

春秋公羊傳卷十

春秋公羊傳卷十一

漢諫議大夫司空掾任城何休學
明後學東吳金蟠訂

僖公

八年春王正月公會王人齊侯宋公衛侯許男曹伯陳世子款鄭世子華盟于洮

傳 王人者何微者也曷爲序乎諸侯之上先王命也衛王命會諸侯諸侯當北面受之故尊序於上時桓公德衰甯母之盟常會者不至而陳鄭又遣世子故上假王人之重以自助

鄭伯乞盟

傳 乞盟者何處其所而請與也以不序也共處其所而請與奈何蓋酌之也酌挹也時鄭伯欲與楚不肯自來盟處其國遣使挹取其血而請與之約束無汲汲慕中國之心故抑之使若叩頭乞盟者也不錄使者方抑鄭伯使若自來也不盟不爲大惡者古者不盟也

夏狄伐晉

秋七月禘于大廟用致夫人

傳 用者何用者不宜用也致者何致者不宜致也禘用致夫人非禮也以致文在廟下不使入廟知非禮也禮夫人始見廟當特祭而因禘諸公廟見欲以省煩勞不謹敬故譏之不日者下用失禮明○大音泰夫人何以不稱姜氏貶曷爲貶据夫人姜氏人不貶譏以妾爲妻也以逆不書入廟當稱婦姜而稱夫人者夫人當坐篡嫡也妾之事嫡猶臣之事君同其言以妾爲妻奈何蓋脅于齊媵女之先至者也以不致楚女及夫人至皆不書也僖公本聘楚女爲嫡齊女爲媵齊先致其女脅僖公使用爲嫡故從父母辭言致不書夫人及楚女至者起齊先致其女然後脅魯立也楚女未至而豫廢故皆不得以夫人至書也

冬十有二月丁未天王崩惠王也

九年春王三月丁丑宋公禦說卒○說音悅

傳 何以不書葬爲襄公諱也襄公背殯出會宰周公有不子之惡後有征齊憂中國尊周室之心功足以除惡故諱不書葬使若非背殯也

夏公會宰周公齊侯宋子衛侯鄭伯許男曹伯于葵丘

傳 宰周公者何天子之爲政者也宰猶治也三公之職號尊名也以加宰知其職大尊重當與天子參聽萬機而下爲諸侯所會惡不勝其任也宋未葬不稱子某者出會諸侯非尸柩之前故不名

秋七月乙酉伯姬卒

傳 此未適人何以卒据杞叔姬不卒許嫁矣婦人許嫁字而笄之字者尊而不泄所以遠別也笄者簪也所以繫持髮象男子飾也服此者明繫屬於人所以養貞一也婚禮曰女子許嫁笄而醴之稱字○笄古兮反泄息列反死則以成人之喪治之不以殤禮降也許嫁卒者當爲諸侯夫人有即貴之漸猶侯卒也日者恩

尤重於未命大夫，故從諸侯夫人例。

九月戊辰，諸侯盟于葵丘。

傳 桓之盟不日，此何以日？危之也。何危爾？貫澤之會，桓公有憂中國之心，不召而至者，江人、黄人也。葵丘之會，桓公震而矜之，叛者九國。下伐厲，善義兵是也。會不書者，叛也。叛不書者，為天子親遣三公會之而見叛，故上為天子、下為桓公諱也。會盟一事，不舉重者，時宰周公不與盟。震之者何？猶曰振振然。亢陽之貌。矜之者何？猶曰莫若我也。色自美大之貌。

甲戌，晉侯詭諸卒。不書葬者，殺世子也。

冬，晉里克弒其君之子奚齊。

傳 此未踰年之君，其言弒其君之子奚齊何？据弒其君。舍不連先君，連名者，上不書葬，子某弒君名未明也。殺未踰年君之號也。欲言弒其子奚齊，嫌無君文，與殺大夫同；欲言弒其君，又嫌與弒成君同，故引先君冠子之上，則弒未踰年君之號定，而坐之輕重見矣。加之者，起先君之子。不解名者，解言殺從弒名可知也。弒未踰年君例當月，不月者，不正遇禍，終始惡明，故略之。○冠，古亂反。

十年，春，王正月，公如齊。書如者，錄內所與外交接也。故如京師善，則月榮之；如齊晉善，則月安之；如楚，則月危之。明當尊賢慕大，無友不如己者。月者，僖公本齊所立，桓公德衰見叛，獨能念恩朝事之，故善錄之。

狄滅温。温子奔衛。

晉里克弒其君卓子及其大夫荀息。

傳 及者何？累也。弒君多矣，舍此無累者乎？曰：有孔父、仇牧，皆累也。舍孔父、仇牧，無累者乎？曰：有，有則此何以書？賢也。何賢乎荀息？据與孔父同。荀息可謂不食其言矣。不食言者，不如食受之而消亡之，以奚齊、卓子皆立。其不食其言奈何？奚齊、卓子者，驪姬之子也，荀息傅焉。禮，諸侯之子八歲受之少傅，教之以小學，業小道焉，履小節焉；十五受大傅，教之以大學，業大道焉，履大節焉。○大傅音泰。驪姬者，國色也。其顏色一國之選。獻公愛之甚，欲立其子，於是殺世子申生。申生者，里克傅之。獻公病將死，謂荀息曰：士何如則可謂之信矣？獻公自知廢正，當有後患，欲託二子於荀息，故動之云爾。荀息對曰：使死者反生，生者不愧乎其言，則可謂信矣。荀息察言觀色，知獻公欲為奚齊、卓子來動己，故答之云爾。獻公死，奚齊立。里克謂荀息曰：君殺正而立不正，廢長而立幼，長謂重耳。如之何？願與子慮之。荀息曰：君嘗訊臣矣。上問下曰訊。言臣者，明君臣相與言不可負。臣對曰：使死者反生，生者不愧乎其言，則可謂信矣。里克知其不可與謀，退，弒奚齊。荀息立卓子，里克弒卓子，荀息死之。荀息可謂不食其言矣。起時莫不背死鄉生、去敗與成。荀息一受君命，終身死之，故言及，與孔父同義。不日者，不正遇禍，終始惡明，故略之。○鄉，許亮反。

夏，齊侯、許男伐北戎。

晉殺其大夫里克。

傳　里克弑二君，則曷爲不以討賊之辭言之？〔據衛人殺州吁。〕惠公之大夫也。〔惠公篡立，已定晉國，君臣合爲一體，無所復責，故曰此乃惠公之大夫，安得以討賊之辭言之。〕然則孰立惠公？〔欲難殺之意。○難，乃旦反。〕里克也。里克弑奚齊、卓子，逆惠公而入。里克立惠公，則惠公曷爲殺之？惠公曰：「爾既殺夫二孺子矣，〔孺子，小子。〕又將圖寡人，〔如我有不可，將復圖我如二孺子。〕爲爾君者，不亦病乎？」於是殺之。然則曷爲不言惠公之入？〔據齊小白入于齊。〕晉之不言出入者，踊爲文公諱也。〔踊，豫也。齊人語，若關西言渾矣。獻公殺申生，文公與惠公恐見及，出奔，不子，當絕，還入爲篡。文公功足以并掩前人之惡，故惠公入、懷公出、文公入，渾皆不書，悉爲文公諱故也。爲文公諱者，欲明文公之功大也，語在下。懷公者，惠公子也。惠公卒，懷公立，而秦納文公，故出奔。惠公、文公出奔不書者，非命嗣也。○踊音勇。渾，戶昆反，又戶本反，下同。〕齊小白入于齊，則曷爲不爲桓公諱？桓公之享國也長，〔享，食。〕美見乎天下，故不爲之諱本惡也。文公之享國也短，美未見乎天下，故爲之諱本惡也。〔桓公功大，善惡相除，足封有餘，較然爲天下所知。文公功少，嫌未足除身篡而有封功，故爲之諱，并不言惠公、懷公出入者，明非徒足以除身篡而已，有足封之明，較也。美不如桓公之功大。○較然，音角，下同。〕

秋七月。

冬，大雨雹。〔○雨，于付反。雹，步角反。〕

傳　何以書？記異也。〔夫人專愛之所生也。〕

十有一年春，晉殺其大夫㔻鄭父。〔○㔻，普悲反。〕

夏，公及夫人姜氏會齊侯于陽穀。

秋八月，大雩。〔公與夫人出會，不恤民之應。〕

冬，楚人伐黃。

十有二年春王三月庚午，日有食之。〔是後楚滅黃，狄侵衛。〕

夏，楚人滅黃。

秋七月。

冬十有二月丁丑，陳侯處臼卒。〔○處臼，左氏作杵臼。〕

十有三年春，狄侵衛。

夏四月，葬陳宣公。

公會齊侯、宋公、陳侯、衛侯、鄭伯、許男、曹伯于鹹。〔桓公自貫澤、陽穀之會後，所以不復舉小國者，從一法之後，小國言從，令行大國，唯曹、許以上乃會。〕

秋九月，大雩。

由陽穀之會不恤民復會于鹹城緣陵煩擾之應

冬公子友如齊

十有四年春諸侯城緣陵

傳 孰城之 諸侯不序故問誰城 城杞也曷爲城杞滅也孰滅之蓋徐莒脅之 以下皆狄徐也言脅者杞王者之後尤微是見恐曷而亡○恐丘勇反曷火葛反 曷爲不言徐莒脅之爲桓公諱也曷爲爲桓公諱上無天子下無方伯天下諸侯有相滅亡者桓公不能救則桓公恥之也然則孰城之桓公城之曷爲不言桓公城之不與諸侯專封也曷爲不與實與而文不與文曷爲不與諸侯之義不得專封也諸侯之義不得專封則其曰實與之何上無天子下無方伯天下諸侯有相滅亡者力能救之則救之可也 輒發傳者與城衞同義言諸侯者時桓公德衰待諸侯然後乃能存之外城不月者文言諸侯非內城明矣

夏六月季姬及鄫子遇于防使鄫子來朝

傳 鄫子曷爲使乎季姬來朝 据使者臣爲君銜命文也 內辭也非使來朝使來請己也 使來請娶己以爲夫人下書歸是也禮男不親求女不親許魯不防正其女乃使要遮鄫子淫泆使來請己與禽獸無異故卑鄫子使乎季姬以絕賤之也月者甚惡內也○要一遙反遮諸奢反泆音逸惡烏路反

秋八月辛卯沙鹿崩

傳 沙鹿者何河上之邑也此邑也其言崩何 据梁山言崩 襲邑也 襲者黑陷入于地中言崩者以在河上也河崩有高下如山有地矣故得言崩也 沙鹿崩何以書記異也外異不書此何以書 据長狄之齊晉不書 爲天下記異也 土地者民之主霸者之象也河者陰之精爲下所襲者此象天下異齊桓將卒霸道毀夷狄動宋襄承其業爲楚所敗之應而不繫國者起天下異

狄侵鄭

冬蔡侯肸卒 不書葬者潰當絕也不月者賤其背中國而附父讎故略之甚也肸立不書者父獻舞見獲留卒於楚肸以次立非篡也○肸許乙反

十有五年春王正月公如齊 月者善公既能念恩尊事齊桓又合古五年一朝之義故錄之

楚人伐徐

三月公會齊侯宋公陳侯衞侯鄭伯許男曹伯盟于牡丘遂次于匡

公孫敖帥師及諸侯之大夫救徐 言次者刺諸侯緩於人恩既約救徐而生事止次不自往遣大夫往卒不能解也大夫不序者起會上大夫君已目故臣凡也內獨出名氏者臣不得因君殊尊省文別尊卑也

夏五月日有食之 是後秦獲晉侯齊桓公卒楚執宋公霸道衰中國微弱之應

秋七月齊師曹師伐厲

月者，善錄義兵。厲葵丘之會，叛天子之命也。曹稱師者，桓公霸道衰，曹獨能從之征伐不義，故褒之。所以勸勉不能，扶助霸功，激揚解惰也。○厲如字，舊音賴。解，古賣反。

八月，螽。公久出煩擾之所生。○螽，之戎反。

九月，公至自會。

傳 桓公之會不致，此何以致？據柯之會不致。久也。久暴師衆，通三時。○暴，步卜反。

季姬歸于鄫。

己卯，晦，震夷伯之廟。

傳 晦者何？冥也。晝日而冥。震之者何？雷電擊夷伯之廟者也。夷伯者曷爲者也？季氏之孚也。孚，信也。季氏所信任臣。季氏之孚則微者，其稱夷伯何？大之也。曷爲大之？據陽虎稱盜。天戒之，故大之也。明此非但爲微者異，乃公家之至戒，故尊大之。使稱字過于大夫，以起之。所以畏天命。孔子曰："君子有三畏：畏天命，畏大人，畏聖人之言。"何以書？記異也。此象桓公德衰，彊楚以邪勝正，僖公蔽於季氏，季氏蔽於陪臣，陪臣見信得權，僭立大夫廟。天意若曰：蔽公室者是人也，當去之。

冬，宋人伐曹。

楚人敗徐于婁林。謂之徐者，爲滅杞，不知尊先聖法度，惡重，故狄之也。不月者，略兩夷狄也。

十有一月，壬戌，晉侯及秦伯戰于韓，獲晉侯。

傳 此偏戰也，何以不言師敗績？據泓之戰，言宋師敗績。君獲，不言師敗績也。舉君獲爲重也。釋不書者，以獲君爲惡。書者，以惡見獲，與獲人君者，皆當絕也。主書者，從獲人例。○惡，烏路反。

十有六年，春，王正月，戊申，朔，霣石于宋五。是月，六鷁退飛過宋都。○霣，丁敏反。鷁，五歷反。

傳 曷爲先言霣而後言石？據星霣後言霣。霣石記聞，聞其磌然，視之則石，察之則五。是月者何？僅逮是月也。是月，邊也，魯人語也。在正月之幾盡，故曰劣及是月也。○磌然，之人反，又大年反。何以不日？據五石言日。晦日也。凡災異，晦日不日，日食是也。日食嘗於晦朔，不日，晦可知也。六鷁無常，故言是月，以起晦也。晦則何以不言晦？據上言朔。春秋不書晦也。事當日者日，平居無他卓佹，無所求取，言晦朔也。趡盟奚戰是也。○佹，九委反。趡，翠軌反。朔有事則書，重始，故書以錄事。若泓之戰及此皆是也。晦雖有事不書。重始而終自正，故不復書以錄事。曷爲先言六而後言鷁？據霣石後言五。六鷁退飛，記見也。視之則六，察之則鷁，徐而察之則退飛。鷁小而飛高，故視之如此，事勢然也。宋都者，宋國所治也。人所聚曰都。言過宋都者，時獨過宋都退飛。五石六鷁何以書？記異也。外異不書，此何以書？爲王者之後記異也。王者之後有亡徵，非親王者安存之象，故重錄爲戒。記災異也。石者，陰德之專者也。鷁者，鳥中之耿介者，皆有似宋襄公之行。襄欲行霸事，不納公子目夷之謀，事事耿介自用，卒以五年見執，六年終敗。如五石、六鷁之數。天之與人，昭昭著明，甚

可畏也於晦朔者示其立功善甫始而敗將不克終故詳錄天意也○之行下孟反

三月壬申公子季友卒

傳其稱季友何据挚戰名不稱季來歸不稱友賢也閔公不書葬故復於卒賢之明季子當蒙討慶父之功遏牙存國終當錄也不稱子者上歸本當稱字起事言子

夏四月丙申鄫季姬卒

秋七月甲子公孫慈卒日者僖公賢君宜有恩禮於大夫故皆日也一年喪骨肉三人故日痛之

冬十有二月公會齊侯宋公陳侯衛侯鄭伯許男邢侯曹伯于淮月者危桓公德衰任豎刁易牙墮功滅項自此始也○豎許規反

十有七年春齊人徐人伐英氏稱氏者春秋前黜稱氏也伐國而舍氏言之者非主名故伐之得從國舉

夏滅項

傳孰滅之齊滅之以言滅知非內也以不諱知齊滅曷為不言齊滅之据齊師滅譚為桓公諱也春秋為賢者諱此滅人之國何賢爾君子之惡惡也疾始絕其始則不得終其惡善善也樂終樂賢者終其行桓公嘗有繼絕立僖公也存亡之功有邢衛杞故君子為之諱也言嘗者時桓公德衰功廢而滅人嫌當坐故上述所嘗盛美而為之諱所以尊其德彰其功傳不言服楚獨舉繼絕存亡者明繼絕存亡足以除殺子糾滅譚遂項覆終身之惡服楚功在覆篡惡之表所以封桓公各當如其事也不月者桓公不坐滅略小國

秋夫人姜氏會齊侯于卞

九月公至自會

冬十有二月乙亥齊侯小白卒

十有八年春王正月宋公會曹伯衛人邾婁人伐齊月者與襄公之征齊善錄義兵

夏師救齊

五月戊寅宋師及齊師戰于甗齊師敗績

傳戰不言伐此其言伐何宋公與伐而不與戰故言伐春秋伐者為客伐者為主曷為不使齊主之据甲寅行人及齊人戰與襄公之征齊也曷為與襄公之征齊据齊桓公有者猶不與征衛桓公死豎刁易牙爭權不葬為是故伐之也不為文實者保伍連率本有用兵征伐不義之道

狄救齊

秋八月丁亥葬齊桓公

冬邢人狄人伐衛狄稱人者善能救齊雖拒義兵猶有憂中國之心故進之不於救時進之者辟襄公不使義兵壅塞

十有九年春王三月宋人執滕子嬰齊名者著葵丘之會叛天子命者也不得為伯討者不以其罪執之妄執之所以著有罪者為襄公殺恥也襄公有善志欲承齊桓之業執一惡人不能得其過故為見其罪所以助賢者養善意也月者錄責之

夏六月宋人曹人邾婁人盟于曹南因本會于曹南盟故以地實邾婁說在下

鄫子會盟于邾婁

傳其言會盟何据外諸侯會盟不錄及曹伯襄言會盟諸侯後會也說與會伐宋同義君不會大夫剌後會者起實君也地以邾婁者起爲邾婁亭也不言君者爲襄公諱也魯本許嫁季姬於邾婁季姬淫泆使鄫子請己而許之二國交忿襄公爲此盟欲和解之既在會間反爲邾婁所欺執用鄫子恥辱加於宋無異故沒襄公使若微者也不於上地以邾婁者深爲襄公諱使若不爲邾婁事盟而鄫子自就邾婁爲所執者也上盟不日者深順諱文從微者例使若下執不以上盟爲辨也會盟不日者言會盟不信己明無取於日自其正文也

己酉邾婁人執鄫子用之

傳惡乎用之用之社也其用之社奈何蓋叩其鼻以血社也惡無道也不言社者本無用人之道言用之已重矣故絕其所用處也日者魯不能防正其女以至於此明當痛其女禍而自責之

秋宋人圍曹

衞人伐邢

冬公會陳人蔡人楚人鄭人盟于齊因宋征齊有陳爲此盟也是後楚遂得中國霸之會執宋公

梁亡

傳此未有伐者其言梁亡何据蔡潰以自潰爲文舉侵也自亡也其自亡奈何魚爛而亡也梁君隆刑峻法一家犯罪四家坐之一國之中無不被刑者百姓一旦相率俱去狀若魚爛魚爛從內發故云爾者其自亡者明百姓得去之君當絕者

二十年春新作南門

傳何以書譏何譏爾門有古常也惡奢泰不奉古制常法

夏郜子來朝○郜古報反

傳郜子者何未有存文嫌不名敢執不知問失地之君也何以不名据鄧穀名兄弟辭也郜魯之同姓故不忍言其絕賤明當尊遇之異於鄧穀也書者喜內見歸

五月乙巳西宮災

傳西宮者何小寢也小寢則曷爲謂之西宮有西宮則有東宮矣魯子曰以有西宮亦知諸侯之有三宮也西宮者小寢內室楚女所居也禮諸侯娶三國女以楚女居西宮知二國女於小寢內有一宮也故云爾禮夫人居中宮少在前右媵居西宮左媵居東宮少在後西宮災何以書記災也是時僖公爲齊所脅以齊媵爲適楚女廢在西宮而不見恤悲愁怨曠之所生也言西宮不繫小寢者小寢夫人所統妾之所繫也天意若曰楚女本當爲夫人不當繫於齊女故經亦云爾○適丁歷反

鄭人入滑

秋齊人狄人盟于邢狄稱人者能常與中國也

冬，楚人伐隨。（叛楚故也。）

二十有一年，春，狄侵衛。（貶狄者，爲犯中國諱。）

宋人、齊人、楚人盟于鹿上。

夏，大旱。

傳　何以書？記災也。（新作南門之所生。）

秋，宋公、楚子、陳侯、蔡侯、鄭伯、許男、曹伯會于霍，執宋公以伐宋。

傳　孰執之？楚子執之。（以下獻捷貶。霍，左氏作盂。）曷爲不言楚子執之？（据溴梁盟下執莒子、邾婁子，復出晉人也。○溴，古闃反。）不與夷狄之執中國也。（不舉執爲重，復舉伐者，劫質諸侯，求其國，事當起也。不爲襄公諱者，守信見執，無恥。說在下也。）

冬，公伐邾婁。

楚人使宜申來獻捷。

傳　此楚子也，其稱人何？（据稱使，知是子。）貶。曷爲貶？（据齊侯獻戎捷不貶。）爲執宋公貶。曷爲爲執宋公貶？（据上已沒，不與執中國。）宋公與楚子期以乘車之會，（蓋鹿上之盟。）公子目夷諫曰：楚夷國也，彊而無義，請君以兵車之會往。宋公曰：不可。吾與之約以乘車之會，自我爲之，自我墮之，曰不可。終以乘車之會往。楚人果伏兵車，執宋公以伐宋。（詐諼劫質諸侯，求其國，當絕，故貶。○墮，許規反。）宋公謂公子目夷曰：子歸守國矣。國，子之國也。吾不從子之言，以至乎此。公子目夷復曰：君雖不言國，國固臣之國也。（所以堅宋公意，絕彊楚之望。）於是歸設守械而守國。楚人謂宋人曰：子不與我國，吾將殺子君矣。宋人應之曰：吾賴社稷之神靈，吾國已有君矣。楚人知雖殺宋公，猶不得宋國，於是釋宋公。宋公釋乎執，走之衛。（襄公本謂公子目夷曰國子之國也，宋公愧前語，故慙不忍反，走之衛。不書者，執解而往，非出奔也。）公子目夷復曰：國爲君守之，君曷爲不入？然後逆襄公歸。（凡出奔歸，書；執獲歸，不書者，出奔已失國，故錄還應盜國；與執獲者異，臣下尚隨君事之，未失國，不應盜國，無爲錄也。）惡乎捷？捷乎宋。（以上言伐宋。○惡，音烏。）曷爲不言捷乎宋？（据戎捷也。）爲襄公諱也。（襄公本會楚，欲行霸，憂中國也。不用目夷之言，而見詐，執伐宋，幾亡其國，故諱爲沒國之文，所以申善志。不月者，因起其事。）此圍辭也。曷爲不言其圍？（据上言守國，知圍也。）爲公子目夷諱也。（目夷遭難設權救君，有解圍存國免主之功，故爲諱圍，起其事，所以彰目夷之賢也。歸捷書者，刺魯受惡人物也。○難，乃旦反。）

十有二月，癸丑，公會諸侯盟于薄。（言諸侯者，起霍之會諸侯也。不序者，起公從旁以議釋宋公，會盟一事也。言會者，因以殊諸侯也。）

釋宋公。

【傳】執未有言釋之者。此其言釋之何。據執滕子。不言釋。公與爲爾也。公與爲爾奈何。公與議爾也。善僖公能與楚議釋賢者之厄。不言公釋之者。諸侯亦有力也。

春秋公羊傳卷十一

春秋公羊傳卷十二

漢諫議大夫司空掾任城何休學

明後學東吳葛鼒訂

僖公

二十有二年春公伐邾婁取須胊（○胊其俱反左氏作句）

夏宋公衛侯許男滕子伐鄭

秋八月丁未及邾婁人戰于升陘（○陘音刑）

冬十有一月己巳朔宋公及楚人戰于泓宋師敗績

【傳】偏戰者日爾此其言朔何（据奚之戰不言朔）春秋辭繁而不殺者正也（繁多也殺省也正得正道尤美○殺所戒反）何正爾宋公與楚人期戰于泓之陽（泓水名水北曰陽）楚人濟泓而來（濟渡）有司復曰請迨其未畢濟而擊之（迨及）宋公曰不可吾聞之也君子不厄人吾雖喪國之餘（我雖前幾爲楚所喪所以得其餘民以爲國喻褊弱○喪息浪反）寡人不忍行也既濟未畢陳有司復曰請迨其未畢陳而擊之宋公曰不可吾聞之也君子不鼓不成列（軍法以鼓戰以金止不鼓不戰）（不成列未成陳也君子不戰未成陳之師○陳直覲反）已陳然後襄公鼓之宋師大敗故君子大其不鼓不成列臨大事而不忘大禮有君而無臣（言朔亦所以起有君而無臣惜其有王德而無王佐也若襄公所行帝王之兵也有帝王之君宜有帝王之臣有帝王之臣宜有帝王之民未能醇粹而守其禮所以敗也）以爲雖文王之戰亦不過此也（有似文王伐崇陛戰當舉也舉水者大其不以水厄人也）

二十有三年春齊侯伐宋圍緡

【傳】邑不言圍此其言圍何疾重故也（疾痛也重故喻若重故創矣襄公欲行霸守正履信屬爲楚所敗諸夏之君宜雜然助之反因其困而伐之痛與重故創無異故言圍以惡其不仁也○圍創初良反）

夏五月庚寅宋公慈父卒（○慈父左氏作茲父）

【傳】何以不書葬盈乎諱也（盈滿也相接足之辭也襄公本以背殯不書其父葬至襄公身書葬則嫌霸業不成所覆者薄故後使身不書葬明當以前諱除背殯以後諱加微）（封內娶不去日略之者功覆之也）

秋楚人伐陳

冬十有一月杞子卒（卒者桓公存王者後功尤美故爲表異卒錄之始見稱伯卒獨稱子者微弱爲徐莒所脅不能死位春秋伯子男一也辭無所貶貶稱子者春秋黜杞不明故以其一等貶之明本非伯乃公也又因以見聖人子孫有誅無絕故貶不失爵也不名不日不書葬者從小國例也）

二十有四年春王正月

夏狄伐鄭

秋，七月。

冬，天王出居于鄭。

傳 王者無外，此其言出何？（據王子瑕奔晉不言出）不能乎母也。（不能事母罪莫大於不孝故絕之言出也下無廢上之義得絕之者明母得廢之臣下得從母命）魯子曰：是王也，不能乎母者，其諸此之謂與？（猶曰是王也無絕義不能事母而見絕外者其諸謂此灼然異居不復供養者與主書者錄王者所居也）

晉侯夷吾卒。（篡故不書葬明當絕也不日月者失衆身死子見篡逐故略之猶薛伯定也）

二十有五年，春，王正月，丙午，衛侯燬滅邢。（○燬況委反）

傳 衛侯燬何以名？（據楚子滅蕭不名）絕。曷為絕之？（據俱滅）滅同姓也。（絕先祖支體尤重故名甚之也日者為魯憂內錄之）

夏，四月，癸酉，衛侯燬卒。

宋蕩伯姬來逆婦。

傳 宋蕩伯姬者何？蕩氏之母也。（蕩氏宋世大夫）其言來逆婦何？（據莒慶言逆叔姬連來者嫌內女為殺直來也）兄弟辭也。其稱婦何？有姑之辭也。（宋魯之間名結婚姻為兄弟稱婦者見姑之辭以逆實文知不殺直來也）（主書者無出道也）

宋殺其大夫。

傳 何以不名？（據宋殺其大夫山名）宋三世無大夫，三世內娶也。（三世謂慈父王臣處臼也內娶大夫女也言無大夫者禮不臣妻之父母國內皆臣無娶道故絕去大夫名正其義也外小惡正之者宋以內娶故公族以弱妃黨益彊威權下流政分三門卒生篡弒親親出奔疾其末故正其本○去起呂反）

秋，楚人圍陳，納頓子于頓。

傳 何以不言遂？（據楚子鄭人侵陳遂侵宋）兩之也。（微者不別遂但別兩稱耳別之者惡國家不重民命一出兵為兩事也納頓子書者前出奔當絕還入為盜國當誅書楚納之與之同罪也王書者從楚納之頓子出奔不書者小國例也不見挈者故君不可見挈於臣）

葬衛文公。（不月者滅同姓故奪臣子恩也）

冬，十有二月，癸亥，公會衛子、莒慶盟于洮。（莒無大夫書莒慶者尊敬婿之義也洮內地公與未踰年君大夫盟不別得意雖在外猶不致也○別彼列反）

二十有六年，春，王正月，己未，公會莒子、衛甯遬盟于向。（○遬音速向舒亮反）

齊人侵我西鄙，公追齊師至巂，弗及。（○巂戶圭反又似兗反）

傳 其言至巂弗及何？（據公追戎于濟西不言所至又不言弗及）侈也。（侈猶大也大公能却強齊之兵弗者不之深者也言齊人長公士卒精猛引御而去之深遠不可得及故日後不直言大之者自為追唯臣子得褒之耳不得與追戎同也言御者後大公所追也國內兵不不）

書而舉地者，善公齊師去則止，不遠勞百姓，過復取勝，得用兵之節，故錄詳之。○後昌爾反

夏。齊人伐我北鄙。

衛人伐齊。

公子遂如楚乞師。

傳 乞者何。卑辭也。曷為以外內同若辭。据春秋尊魯。重師也。外內皆同卑其辭者，深為與人者重之。曷為重師。据泓之戰不重師。師出不正反。戰不正勝也。不正者，不正自謂出當復反，戰當必勝。兵凶器，戰危事，不得已而用之爾，乃以假人，故重，而不暇別外內也。稱師者，正所乞名也。乞師例時。○復扶又反

秋。楚人滅隗。以隗子歸。○隗五罪反，二傳作夔

不月者，略夷狄滅微國也。不言獲者，舉滅為重。書以歸者，惡不死位。不名者，所傳聞世見始起責小國略，但絕不誅之。

冬。楚人伐宋圍緡。

傳 邑不言圍。此其言圍何。刺道用師也。時以師與魯，未至，又道用之，於是惡其視百姓之命若草木，不仁之甚也。稱人者，楚未有大夫，未得稱師。楚自道用之，故從楚文。

公以楚師伐齊取穀。言以者，行公意，別魯兵也。稱師者，順上文。

公至自伐齊。

傳 此已取穀矣。何以致伐。据伐邾婁取叢不致。未得乎取穀也。未可謂得意於取穀。曷為未得乎取穀。据取邑俱。曰。患之起。必自此始也。魯內虛而外乞師以犯強齊，會齊侯昭卒，晉文行霸，幸而得免。孔子曰：人之生也直，罔之生也幸而免。故雖得意，猶致伐也。

二十有七年。春。杞子來朝。貶稱子者，起其無禮不備，故魯入之。

夏。六月。庚寅。齊侯昭卒。

秋。八月。乙未。葬齊孝公。

乙巳。公子遂帥師入杞。日者，杞屬修禮朝魯，雖無禮，君子躬自厚而薄責於人，不當乃入之，故錄責之。

冬。楚人陳侯蔡侯鄭伯許男圍宋。

傳 此楚子也。其稱人何。据序諸侯之上。貶。曷為貶。据圍鄭不貶。為執宋公貶。故終僖之篇貶也。古者諸侯有難，王者若方伯和平之。後相犯，復故罪。楚前執宋公，僖公與共議釋之，今復圍犯宋，故貶，因以見義。終僖之篇貶者，言君子和平人，當終身保也。

十有二月。甲戌。公會諸侯盟于宋。地以宋者，起公解宋圍為此盟也。宋得與盟，則宋解可知也，而公釋之見矣。○與音預

二十有八年。春。晉侯侵曹。晉侯伐衛。

傳 曷為再言晉侯。据楚人圍陳納頓子于頓，亦兩事，不再出楚人。非兩之也。然則何以不言遂。据侵蔡遂伐楚言遂。未侵曹也。未侵曹則其言侵曹何。致其意也。其意侵曹。則曷為伐衛。

晉侯將侵曹假塗于衛衛曰不可得則固將伐之也曹有罪晉文行霸征之衛壅遏不得使義兵以時進故著言侵曹以致其意所以通賢者之心不使壅塞也宋襄公伐齊月此不月者晉文公功信未著且當修文德未當深求于諸侯故不美也

公子買戍衛不卒戍刺之

傳不卒戍者何不卒戍者內辭也不可使往也即往當言戍衛不卒不可使往則其言戍衛何据言戍衛行文遂公意也使臣子不可使恥深故諱使若往不卒竟事者明臣不得壅塞君命刺之者何殺之也殺之則曷為謂之刺之內諱殺大夫謂之刺之也有罪無罪皆不得專殺故諱殺言刺之不言刺公子買但言不卒戍刺之者起為上事刺之也內殺大夫例有罪不日無罪日外殺大夫皆時○為于偽反

楚人救衛

三月丙午晉侯入曹執曹伯畀宋人○畀宋必二反

傳畀者何與也其言畀宋人何据下執衛侯言歸之于京師與使聽之也與使聽其獄也時天王居于鄭晉文欲討楚使師以宋王者之後法度所存故因假使治之宋稱人者明聽訟必師斷與其師眾共之○斷丁亂反曹伯之罪何甚惡也其甚惡奈何不可以一罪言也曹伯數侵伐諸侯以自廣大傳曰晉侯執曹伯班其所取侵地于諸侯是也齊桓既沒諸侯背叛無道者非一晉與曹同姓恩惠當先施刑罰當後加起而征之嫌其失義故著其甚惡者可知也以兵得不言獲者晉文伯討不坐獲者故亦不責曹不死義兵日者喜義兵得時入○數所角反

夏四月己巳晉侯齊師宋師秦師及楚人戰于城濮

楚師敗績○濮音卜

傳此大戰也曷為使微者据秦稱師錄功知大戰必不使微者楚雖無大夫齊桓行霸書屈完也子玉得臣也以上敗績下殺得臣子玉得臣則其稱人何据屈完當桓公稱名氏貶曷為貶据邲之戰林父不貶○邲皮必反大夫不敵君也臣無敵君戰之義故絕正也秦稱師者助霸者征伐克勝有功故褒進之齊桓先朝天子晉文先討夷狄者晉文之時楚與爭彊所遭遇異

楚殺其大夫得臣楚無大夫其言大夫者欲起上楚人本當言子玉得臣所以詳錄霸事不氏者子玉得臣楚之驕蹇臣數道其君侵中國故貶明當與君俱昭也○道音導

衛侯出奔楚晉文逐之不書逐之者以王事逐之擇立其次無絕衛之心惡不如出奔重

五月癸丑公會晉侯齊侯宋公蔡侯鄭伯衛子莒子盟于踐土陳侯如會

傳其言如會何据曹伯襄言會諸侯後會也說與會伐宋同刺陳侯不慕霸者反歧意于楚失信後會會不致者安信與晉文也盟日者諱也衛稱子者起叔武本無即位之意陳歧意如楚在二十七年

公朝于王所

傳曷為不言公如京師据三月公如京師天子在是也天

子在是則曷爲不言天子在是 據狩河陽 不與致天子也 時晉文公年老恐霸功不成故上白天子曰諸侯不可卒致願王居踐土下謂諸侯曰天子在是不可不朝迫使正君臣明王法雖非正起時可與故書朝因正其義不書諸侯朝者外小惡不書獨錄內也不書如不言天王者從外正君臣所以見文公之功○卒七忽反

六月衛侯鄭自楚復歸于衛 言復歸者天子有命歸之名者刺天子歸有罪也言自楚者爲天子諱也天子所以陵遲者爲善不賞爲惡不誅衛侯出奔當絶叔武讓國不當復廢而反衛侯令殺叔武故使若從楚歸者復歸例皆時此月者爲下卒出也

衛元咺出奔晉 ○咺況阮反

陳侯款卒 不書葬者爲晉文諱行霸不務教人以孝陳有大喪而彊會其孤故深爲恥之宋襄亦背殯獨不爲齊桓諱者時宋襄自會之卒不日者賤其歧意于楚

秋杞伯姬來

公子遂如齊

冬公會晉侯齊侯宋公蔡侯鄭伯陳子莒子邾婁子秦人于溫

天王狩于河陽

【傳】狩不書此何以書 據當事也 不與再致天子也 一失禮尚愈再失禮重故深正其義使若天子自狩非致也 魯子曰溫近而踐土遠也 此魯子一說也溫近狩地故可言狩踐土遠狩地故不言狩也公以再朝而日言之上說是

壬申公朝于王所

【傳】其日何 據上朝不日 錄乎內也 危錄內再失禮將爲有義者所惡不月而日者自是諸侯不繫天子若日不繫于月

晉人執衛侯歸之于京師

【傳】歸之于者何歸于者何歸之于者罪已定矣歸于者罪未定也罪未定則何以得爲伯討 此難成公十五年晉侯執曹伯歸于京師○難乃旦反 歸之于者執之于天子之側者也罪定不定已可知矣 歸之者決絶之辭執于天子之側已白天子罪定不定自在天子故言已可知 歸于者非執之于天子之側者也罪定不定未可知也 未得白天子分別之者但欲明諸侯尊貴不得自相治當斷之于天子爾大惡雖未可知執有罪當爲伯討矣無罪而執人當貶稱人 衛侯之罪何殺叔武也何以不書 據殺大夫書 爲叔武諱也春秋爲賢者諱何賢乎叔武 據失兄意 讓國也其讓國奈何文公逐衛侯而立叔武叔武辭立而他人立則恐衛侯之不得反也故于是己立 故上稱子 然後爲踐土之會治反衛侯 叔武訟治於晉文公令白王者反衛侯使還國也叔武讓國見殺而爲叔武諱殺者明叔武治反衛侯欲兄饗國故爲去殺己之罪所以起其功而重衛侯之無道○去起呂反 衛侯得反曰叔武篡我元咺爭之曰叔武無終殺叔武元咺走而罪出此晉侯也其稱人何 此以

伯討而何貶者言歸之于伯討明知坐他事故更問之貶曷爲貶據他罪不見衛
之禍文公爲之也文公爲之柰何文公逐衛侯而
立叔武使人兄弟相疑春秋許人臣者必使臣許人子者必使子文公惡衛
侯大深愛叔武大甚故使兄弟相疑○大深音泰放乎殺母弟者文公爲
之也文公本逐之非故致此禍也逐之文不見故貶主書者以起文公逐之○放乎甫往反
衛元咺自晉復歸于衛
傳自者何有力焉者也有力焉者有力于晉也言恃晉有屬己力以歸方難
下意故於是發問此執其君其言自何上元咺出奔晉而文公執衛侯知以
元咺訴執之怪訴其君而助之爲叔武爭也解文公助之意以元咺爲叔武爭訴以爲
忠于己而助之雖然臣無訴君之義復于衛非也悖君臣之義故著言自明不當有力於惡人也言
復歸者深爲霸者恥之使若無罪
諸侯遂圍許
曹伯襄復歸于曹
遂會諸侯圍許
曹伯言復歸者天子歸之也名者與衛侯鄭同義執歸不書書者名惡當見本無事不當言遂又不
更舉曹伯者見其能悔過即時從霸者征伐也霸兵不月者剌文公不偃武修文以附疏倉卒欲服
許卒不能降威信自是衰故不成其善○降戶江反
二十有九年春介葛盧來
○介音个
傳介葛盧者何夷狄之君也何以不言朝據諸侯來曰朝

不能乎朝也不能升降揖讓也介者國也葛盧者名也進稱名者能慕中國朝賢君明
當扶勉以禮義
公至自圍許
夏六月公會王人晉人宋人齊人陳人蔡人秦人盟
于狄泉
文公圍許不能服自知威信不行故復上假王人以會諸侯年老志衰不能自致故諸侯亦使微者
會之月者惡霸功之廢於是
秋大雨雹
夫人專愛之所生
冬介葛盧來
前公圍許不在故更來朝不稱字者一年再朝不中禮故不復進也○中丁仲反
三十年春王正月
夏狄侵齊
秋衛殺其大夫元咺及公子瑕
傳衛侯未至其稱國以殺何據歸在下道殺也時已得天子命
還國於道路還而殺之坐之與至國同故但稱國不復別也言及公子瑕者下大夫別尊卑
衛侯鄭歸于衛
傳此殺其大夫其言歸何據未至而有專殺之惡與入惡同歸惡
乎元咺也衛侯歸殺無惡則元咺之惡明矣曷爲歸惡乎元咺據御
還元咺之事君也君出則己入晉人執衛侯歸之于京師元咺自晉

復歸于衛特晉力以歸是也。君入則己出。衛侯鄭自楚復歸于衛元咺出奔晉是也。以爲不臣也。故不從犯伯執爲天子所還言復歸從出入無惡言歸以見元咺有出入罪衛侯得殺之所以專臣事君之義名者爲殺叔武惡天子歸有罪也執歸不書主書者名惡當見○爲于僞反惡天烏路反

晉人秦人圍鄭。

介人侵蕭。稱人者侵中國故退之。

冬。天王使宰周公來聘。與葵丘會同義

公子遂如京師。遂如晉。

傳大夫無遂事。此其言遂何。公不得爲政爾。不從公政令也時見使如京師而橫生事矯君命聘晉故疾其驕蹇自專之當絕不舉重者遂當有本

三十有一年。春。取濟西田。

傳惡乎取之。以不月與取運異知非內叛邑○惡音烏取之曹也。曷爲不言取之曹。据取叢言邾婁田也諱取同姓之田也。同姓相貪利惡差重恥差深此未有伐曹者。則其言取之曹何。据伐同姓不諱卽有兵當舉伐曹下日若甲戌取須朐晉侯執曹伯。班其所取侵地於諸侯也。班者布徧還之辭晉侯執曹伯。班其所取侵地于諸侯。則何諱乎取同姓之田。据晉還之得爲伯久也。魯本爲霸者所還當時不取久後有悔更緣前語取之不應復得故當坐取邑

公子遂如晉。

夏。四月。四卜郊不從。乃免牲。猶三望。

傳曷爲或言三卜。或言四卜。三卜禮也。四卜非禮也。三卜何以禮。四卜何以非禮。据俱卜也求吉之道三。三卜吉凶必有相奇者可以決疑故求吉必三卜○奇居宜反禘嘗不卜。郊何以卜。禘比祫爲大嘗比四時祭爲大故据之卜郊。非禮也。禮天子不卜郊卜郊。何以非禮。据上言三卜禮魯郊非禮也。以魯郊非禮故卜爾昔武王既沒成王幼少周公居攝行天子事制禮作樂致大平有王功周公薨成王以王禮葬之命魯使郊以彰周公之德非正故卜三卜吉則用之不吉則免牲謂之郊者天人相與交接之意也不言郊天者謙不敢斥尊○大平音泰王功于況反魯郊何以非禮。据成公乃不郊惡之天子祭天。郊者所以祭天也天子所祭莫重於郊於南郊者就陽位也槀席玄酒器用陶匏大珪不琢大羹不和爲天至尊物不可悉備故推贊以事之○槀古老反和戶臥反爲天于僞反諸侯祭土。土謂社也諸侯所祭莫重於社卿大夫祭五祀士祭其先祖天子有方望之事。方望謂郊時所望祭四方羣神日月星辰風伯雨師五嶽四瀆及餘山川凡三十六所無所不通。盡八極之內天之所覆地之所載無所不至故得郊也諸侯山川有不在其封內者。則不祭也。故魯郊非禮也曷爲或言免牲。或言免牛。免牲。禮也。魯卜郊不吉免之禮卜郊不吉則爲牲作玄衣纁裳使有司玄端放之於南郊明本爲天不敢留天牲免牛。非禮也。免牛何以非禮。傷者曰牛。養牲不謹敬有災傷天不饗用不得復爲天牲故以本牛名之非禮者非天牲不當復見免但當內自省責而已三望者何。望祭也。然則曷

祭。祭大山河海。曷爲祭大山河海。据郊者主爲祭天。○大山音泰

下同山川有能潤于百里者，天子秩而祭之。此皆助天宣氣

布功，故祭天及之。秩者，隨其大小尊卑高下所宜。禮，祭天牲角繭栗，社稷宗廟角握，六宗五嶽四瀆角尺，其餘山川視卿大夫。天燎地瘞，日月星辰布，山縣，水沈，風磔，雨升。燎者取俎上七體與其珪寶在辨中，置於柴上燒之。○瘞於例反。縣音玄。磔，陟百反。

觸石而出，膚寸而合，側手爲膚，案指爲寸。言其觸石理而出，無有膚寸而不合。不崇朝而徧雨乎天下者，唯大山爾。崇，重也。不重朝，言一朝也。河海潤于千里。亦能通氣致雨，潤澤及于千里。韓詩傳曰：湯時大旱，使人禱于山川是也。郊望非一，獨祭三者，魯郊非禮，故獨祭其大者。

猶者何。通可以已也。已，止。何以書。譏不郊而望祭也。譏尊者不食而卑者獨食。書者，惡失禮也。魯至是郊者，僖公賢君，欲尊明其先祖之功德。不就變之譏者，春秋不見事不書，皆從事舉可知也。不吉言不從者，明己意汲汲欲郊而上不從爾。所以見事鬼神當加精誠。

秋七月。

冬，杞伯姬來求婦。

傳 其言來求婦何。兄弟辭也。其稱婦何。有姑之辭也。書者，無出道也。

狄圍衛。十有二月，衛遷于帝丘。月者，惡大國遷至小國，城郭堅固，人衆強，遷徙長人，故惡之也。

三十有二年，春，王正月。

夏，四月，己丑，鄭伯接卒。不書葬者，殺大夫申侯也。君殺大夫，皆就葬別有罪無罪。唯內無貶公之道，不可去葬，故從殺時別之。○接，二傳作捷，別有彼列反，下同。去，起呂反。

衛人侵狄。

秋，衛人及狄盟。不地者，起因上侵就狄盟也。復出衛人者，嫌與內微者同也。言及者，時出不得狄君也。稱人而言及，則知狄盟者卑。○復，扶又反。

冬，十有二月，己卯，晉侯重耳卒。○重，直龍反。

三十有三年，春，王二月，秦人入滑。

齊侯使國歸父來聘。

夏，四月，辛巳，晉人及姜戎敗秦于殽。

傳 其謂之秦何。据敗者稱師，未得師稱人。夷狄之也。曷爲夷狄之。据俱見敗。秦伯將襲鄭，輕行疾至，不戒以入曰襲。○輕，遣政反。百里子與子叔子諫曰：千里而襲人，未有不亡者也。行疾不假塗，變必生；道遠多險阻，遭變必亡。秦伯怒曰：若爾之年者，宰上之木拱矣。宰，冢也。拱，可以手對抱。爾曷知。師出，百里子與蹇叔子送其子而戒之曰：爾即死，必于殽之嶔巖，是文王之所辟風雨者也。其處險阻陘勢，一人可要百，故文王過之驅馳，常若辟風雨。襲鄭所當由也。○嶔，若銜反。吾將尸爾焉。在牀曰尸，在棺曰柩。里楫師而行。楫其父于師中，介胄不拜，爲其拜如蹲。○胄，直又反。爲，于僞反。蹲音存。百里子與蹇

蹇叔子從其子而哭之。秦伯怒曰。爾曷爲哭吾師。對曰。臣非敢哭君師。哭臣之子也。言恐臣先死子不見臣故先哭之。弦高者。鄭商也。鄭商賈人。遇之殽。矯以鄭伯之命而犒師焉。詐稱曰矯犒勞也見其軍行非常不似君子恐見虜掠故生意矯君命勞之○犒苦報反勞力報反掠音亮或曰往矣。或曰反矣。軍中語也時以爲鄭實使弦高犒之或以爲鄭伯已知將見襲必設備不如還或曰既出當遂往之然而晉人與姜戎要之殽而擊之。匹馬隻輪無反者。然然上議猶豫留住之頃匹馬一馬也隻踦也皆喻盡○踦居宜反其言及姜戎何。據秦人白狄不言及吳子主會也姜戎微也。故絕言及稱人亦微者也。何言乎姜戎之微。據邢人狄人伐衛不言及先軫也。先軫晉大夫也言姜戎微則知稱人者尊

或曰。襄公親之。以既貶又危文公葬襄公親之。則其稱人何。據桓十三年衛侯背殯用兵不稱人貶。曷爲貶。據俱背殯用兵君在乎殯而用師。危不得葬也。與衛追齊宋異故惡不予也詐戰不日。此何以日。據不言敗績外詐戰文也詐卒也齊人語也○卒七忽反盡也。惡晉不仁

癸巳。葬晉文公。

狄侵齊。

公伐邾婁取叢。取邑不致者得意可知例○取叢才工反二傳作取訾樓

秋。公子遂率師伐邾婁。

晉人敗狄于箕。不月者略微者與夷狄也

冬。十月。公如齊。月者善公念齊恩及子孫

十有二月。公至自齊。

乙巳。公薨于小寢。

霣霜不殺草。李梅實。

【傳】何以書。記異也。何異爾。不時也。周之十二月夏之十月也易中李記曰陰假陽威之應也早霣霜而不殺萬物至當霣霜之時根生之物復榮不死斯陽假與陰威陰威列索故陽自霣霜而反不能殺也此祿去公室政在公子遂之應也○不復扶又反

晉人。陳人。鄭人伐許。

春秋公羊傳卷十二

春秋公羊傳卷十三

漢諫議大夫司空掾任城何　休學
明後學　東吳金　蟠訂

文公

元年春王正月公卽位

二月癸亥朔日有食之是後楚世子商臣弑其君楚滅江大狄北侵中國

天王使叔服來會葬

傳其言來會葬何据奔喪以非禮書歸含且賵不言來○含本又作唅戶暗反賵五年經同賵芳鳳反會葬禮也但解會葬者明言來者渻文不爲早晚施也渻事書者文公不肖諸侯莫肯會之故書天子之厚以起諸侯之薄蓋以長補短也叔服者王子虎也服者字也叔者長幼稱也不繫王者不以親疏錄也不稱王子者時天子諸侯不務求賢而專貴親親故尤其在位子弟刺其早任以權也魯得言公子者方錄異辭故獨不言弟也諸侯得言子弟者一國失賢輕○爲于僞反

夏四月丁巳葬我君僖公

天王使毛伯來錫公命

傳錫者何賜也命者何加我服也復發傳者嫌禮與桓公同死生異也主書者惡天子也古者三載考績三考黜陟幽明文公新卽位功未足施而錫之非禮也

晉侯伐衛

叔孫得臣如京師書者與莊二十五年同知不爲喪聘書者聘爲貢職天子當得異方之物以事宗廟又欲以知君父無恙不以喪廢故不譏也如他國就不三年一譏而已

衛人伐晉

秋公孫敖會晉侯于戚

冬十月丁未楚世子商臣弑其君髡楚無大夫言世子者甚惡世子弑父之禍也不言其父言其君者君之于世子有父之親有君之尊言世子者所以明有父之親言君者所以明有君之尊又責臣子當討賊也日者夷狄子弑父忍言其日○髡苦門反左氏作頵

公孫敖如齊書者譏喪娶吉凶不相干

二年春王二月甲子晉侯及秦師戰于彭衙秦師敗績稱秦師者悉其衆將前以不用賢者之言匹馬隻輪無反者今復重師敗績師不敵君不正者賤之不嫌得敵君○衙音牙

丁丑作僖公主

傳作僖公主者何爲僖公作主也爲僖公廟作主也主狀正方穿中央達四方天子長尺二寸諸侯長一尺○爲僖公于僞反主者曷用虞主用桑禮平明而葬日中而反虞以陽求陰謂之虞者親喪以下壙皇皇無所親求而虞事之猶安神也用桑者取其名與其麤觕所以副孝子之心禮虞祭天子九諸侯七卿大夫五士三其奠處猶吉祭○壙苦晃反又音曠練主用栗謂期年練祭也埋虞主于兩階之間易用栗也夏后

氏以松殷人以柏周人以栗松猶容也想見其容貌而事之主人正之意也柏猶迫也親而不遠主地正之意也栗猶戰栗謹敬貌主天正之意也禮士虞記曰桑主不文吉主皆刻而諡之蓋爲禘祫時別昭穆也虞主三代同者用意尚麤猶未暇別也○主期年音基正音征用栗者藏主也藏于廟室中當所當奉事也質家藏于堂作僖公主何以書據作餘公主不書譏何譏爾不時也其不時柰何欲久喪而後不能也禮作練主當以十三月文公亂聖人制欲服喪三十六月十九月作練主又不能卒竟故以二十五月也日者重失禮鬼神

三月乙巳及晉處父盟

傳此晉陽處父也何以不氏據晉陽處父伐楚救江諱與大夫盟也諱去氏者使若得其君如經言邾婁儀父夫不地者起公就于晉也日者起公盟也俱沒公齊高傒不使若君處父使若君者親就其國恥不得其君故使若得其君也如晉不書不致者謨諱之○去起呂反

夏六月公孫敖會宋公陳侯鄭伯晉士縠盟于垂斂盟不日者欲共盟誅商臣雖不能誅猶爲疾惡故也褒與信辭也不如平邱兩舉會盟詳錄之者時至卽盟會禮不成○縠戶木反垂斂左氏作垂隴

自十有二月不雨至于秋七月

傳何以書記異也以不言旱大旱以災書此亦旱也曷爲以異書大旱之日短而云災云言也言有災故以災書此不雨之日長而無災故以異書也此祿去公室政在公子遂之所致也不就莊三十一年發傳者此最甚事著

八月丁卯大事于大廟躋僖公○大廟音太傳太祖皆同

傳大事者何大祫也以言大與有事異又從僖八年帝數之知爲大祫○祫音洽大祫者何合祭也其合祭柰何毀廟之主陳于大祖毀廟謂親過高祖毀其廟藏其主于大祖廟中禮取其廟室笮以爲死者炊沐大祖周公之廟陳者就陳列大祖前大祖東鄉昭南鄉穆北鄉其餘孫從王父父曰昭子曰穆昭取其鄉明穆取其北面尚敬○笮側白反鄉許亮反未毀廟之主皆升合食于大祖自外來曰升五年而再殷祭殷盛也謂三年祫五年禘禘所以異于祫者功臣皆祭也祫猶合也禘猶諦也審諦無所遺失禮天子特禘特祫諸侯禘則不礿祫則不嘗大夫有賜于君然後祫其高祖○禘音帝礿羊略反躋者何升也何言乎升僖公據禘於大廟不道所升譏何譏爾逆祀也其逆祀柰何先禰而後祖也升謂西上禮昭穆指父子近取法春秋惠公與莊公當同南面西上隱桓與閔僖亦當同北面西上繼閔者在下文公緣僖公于閔公爲庶兄置僖公于閔公上失先後之義故譏之傳曰後祖者僖公以臣繼閔公猶子繼父故閔公于文公亦猶祖也自先君言之隱桓及閔僖各當爲兄弟顧有貴賤耳自繼代言之有父子君臣之道此恩義逆順各有所施也不言吉祫者就不三年不復譏略爲下張本○禰乃禮反

冬晉人宋人陳人鄭人伐秦

公子遂如齊納幣

傳納幣不書此何以書譏何譏爾譏喪娶也娶在三年之外則何譏乎喪娶據逆在四年三年之內不圖

婚僖公以十二月薨至此未滿二十五月又禮先納采問名納吉乃納幣此四者皆在三年之內故云爾

吉禘于莊公譏然則曷爲不于祭焉譏據吉禘於莊公譏始不三年大事圖婚俱不三年大事猶從吉禘不復譏三年之恩疾矣疾痛非虛加之也非虛加責之以人心爲皆有之以人心爲皆有疾痛不忍娶以人心爲皆有之則曷爲獨於娶焉譏据孝子疾痛吉事皆不當爲長獨娶也娶者大吉也合二姓之好傳之于無窮故爲大吉○好呼報反非常吉也與大事異其爲吉也主於己主於己身不如祭祀以爲有人心焉者則宜於此焉變矣變者變慟哭泣也有人心念親者聞有欲爲己圖婚則當變慟哭泣矣況乃至于納幣成婚哉

三年春王正月叔孫得臣會晉人宋人陳人衛人鄭人伐沈沈潰○沈音審

夏五月王子虎卒

【傳】王子虎者何天子之大夫也外大夫不卒此何以卒据原仲也新使乎我也王子虎即叔服也新爲王者使來會葬在葬後三年中卒君子恩隆于親親則加報之故卒明當有恩禮也尹氏卒日此不日者在期外也名者卒從正○使所吏反

秦人伐晉

秋楚人圍江

雨螽于宋○螽音終

【傳】雨螽者何死而墜也以先言雨也墜隨地也不言如雨言雨螽者本飛從地上而下至地似雨尤醇○墜直類反隨大果反何以書記異也外異不書此何以書爲王者之後記異也螽猶衆也衆死而墜者羣臣將爭彊相殘賊之象是後大臣比爭鬭相殺司城驚逃子哀奔亡國家廓然無人朝廷久空蓋由三世內娶貴近妃族禍自上下故異之云爾

冬公如晉十有二月己巳公及晉侯盟

晉陽處父帥師伐楚救江

【傳】此伐楚也其言救江何据兩之當先言救也非兩之當重出處父也生事當言遂三者皆違例知後言救江起伐楚意故問之爲諼也諼詐○諼許元反其爲諼柰何伐楚爲救江也救人之道當指其所之實欲救江而反伐楚以爲其勢必當引圍江兵當還自救也故云爾孔子曰自古皆有死民無信不立

四年春公至自晉

夏逆婦姜于齊

【傳】其謂之逆婦姜于齊何据不書逆者主名不言如齊不稱女略之也稱婦姜至文也逆與至其文故爲略高子曰娶乎大夫者略之也賤非所以奉宗廟故略之不書逆者主名卑不爲録使也不言如齊者大夫無國也不稱女者方以婦姜見與至共文重至也不稱夫人爲致文者賤不可奉宗廟也不言氏者本當稱女女者父母辭君子不奪人之親故使從父母辭不言氏○爲于僞反使所吏反

狄侵齊

秋楚人滅江

晉侯伐秦

衛侯使甯俞來聘

冬十有一月壬寅夫人風氏薨

五年春王正月王使榮叔歸含且賵

傳含者何口實也孝子所以實親口也緣生以事死不忍虛其口天子以珠諸侯以玉大夫以碧士以貝春秋之制也文家加飯以稻米○飯扶晩反其言歸含且賵何据宰咺歸兩賵不言且也連賵何之者嫌据賵言歸○咺况阮反兼之兼之非禮也且兼辭以言且知譏兼之也含言歸者時主持含來也去天者含者臣子職以至尊行至卑事失尊之義也不從含晩言來者本不當含也主書者從含也○去起呂反下同

三月辛亥葬我小君成風

傳成風者何僖公之母也風氏也任宿顓臾之姓○任音壬

王使召伯來會葬去天者不及事刺比失禮也

夏公孫敖如晉

秦人入鄀○鄀音弱

秋楚人滅六

冬十月甲申許男業卒

六年春葬許僖公

夏季孫行父如陳

秋季孫行父如晉

八月乙亥晉侯讙卒○讙好官反

冬十月公子遂如晉葬晉襄公書遂者刺公生時數如晉葬不自行非禮也禮諸侯薨使大夫弔自會葬○數所角反

晉殺其大夫陽處父晉狐射姑出奔狄○射姑音亦又音夜穀梁作夜

傳晉殺其大夫陽處父則狐射姑曷爲出奔据蔡殺其大夫公子燮蔡公子履出奔楚此非同姓恐見及射姑殺也以非恐見及知其殺射姑殺則其稱國以殺何君漏言也自上言泄下曰漏其漏言柰何君將使射姑將謂作中軍大夫○將子匠反下同陽處父諫曰射姑民衆不說不可使將於是廢將陽處父出射姑入君謂射姑曰陽處父言曰射姑民衆不說不可使將射姑怒出刺陽處父於朝而走明君漏言殺之當坐殺也易曰君不密則失臣臣不密則失身幾事不密則害成○說音悅

閏月不告月猶朝于廟

傳不告月者何不告朔也禮諸侯受十二月朔政于天子藏于大祖廟每月朔朝廟使大夫南面奉天子命君北面而受之比時使有司先告朔謹之至也受于廟者孝子歸美先君不敢自專也言朝者緣生以事死親在朝朝莫夕已死不敢瀆鬼神故事必于朔者感月始

生而朝○大祖音泰比必利反朝朝上如字下直遙反 曷爲不告朔 据具月也 天無是月也閏月矣何以謂之天無是月非常月也 所在無常故無政也 猶者何通可以已也 朝者因視朔政爾無政而朝故加猶 不言朔者閏月無告朔禮也不言公者內事可知

七年春公伐邾婁

三月甲戌取須朐

○朐其俱反

傳 取邑不日此何以日 据取叢也 內辭也使若他人然 使若公春伐邾婁而去他人自以甲戌日取之內再取邑然後甚而日也今此一取而日故使若他人然所以深諱者扈之盟不見序并爲取邑故○爲于僞反

遂城郚 主書者甚其主事困極衆○郚音吾

夏四月宋公王臣卒 不書葬者坐殺大夫也不日者內娶略

宋人殺其大夫

傳 何以不名 据宋殺其大夫山名 宋三世無大夫三世內娶也 故使無大夫

戊子晉人及秦人戰于令狐晉先眜以師奔秦

○令力丁反眜音蔑左氏作蔑

傳 此偏戰也何以不言師敗績 据秦師敗績 敵也 俱無勝負 此晉先眜也其稱人何 据奔無出文知先眜也 貶曷爲貶 据新築之戰衞孫良夫敗績不貶 外也其外奔何以師外也 懷持二心有功欲還無功便持師出奔故於戰貶之起其以師外也本所以懷持二心者其咎亦由晉侯要以無功當誅也不起者敵而外事可知也 何以不言出 据楚囊瓦俱戰而奔言出 遂在外也 起其生事成于竟外從竟外去

狄侵我西鄙

秋八月公會諸侯晉大夫盟于扈

傳 諸侯何以不序大夫何以不名 序次也居新城盟諸侯序趙盾名 公失序也公失序奈何諸侯不可使與公盟眣晉大夫使與公盟也 以目通指曰眣文公內則欲久喪而後不能喪娶逆祀外則貪利取邑爲諸侯所薄賤不見序故深諱爲不可知之辭不日者順諱爲善文也○眣音舜本又作眣伊乙反又大結反

冬徐伐莒 謂之徐者前共滅王者後不知尊元聖法度今自先犯文對事連可以起同惡莒在下不得狄故復狄徐也一罪再狄者明爲莒狄之爾徐先狄在僖十五年

公孫敖如莒莅盟

八年春王正月

夏四月

秋八月戊申天王崩

冬十月壬午公子遂會晉趙盾盟于衡雍

○雍於用反

乙酉公子遂會伊雒戎。盟于暴。四日不能再出。不卒名者。非一事再見也。○雒音洛。暴步報反。本又作曝。

公孫敖如京師。不至復。丙戌。奔莒。

【傳】不至復者何。不至復者。內辭也。不可使往也。安居不肯行。故諱。使若已行。但不至還爾。即已行。當道所至乃言復。如至黃矣。不可使往。則其言如京師何。遂公意也。正其義。不使君命壅塞。何以不言出。據慶父言出奔。遂在外也。諱使若從外來。不敢復還者也。日者。嫌敖罪明。則起君弱。故諱使若無罪。

螽。先自公如晉。公子遂。公孫敖比出。不可使。勢奪于大夫。煩擾之應。○螽音終。

宋人殺其大夫司馬。

宋司城來奔。

【傳】司馬者何。司城者何。皆官舉也。皆以官名舉言之。天子有大司徒。大司馬。大司空。皆三公官名也。諸侯有司徒。司馬。司空。皆卿官也。宋變司空爲司城者。辟先君武公名也。曷爲皆官舉。據宋殺其大夫山不官舉。宋三世無大夫。三世內娶也。宋以內娶。故威勢下流。三世妃黨爭權相殺。司城驚逃。子哀奔亡。主或不知所任。朝廷久空。故但舉官。起其事也。大夫相殺例皆時。

九年。春。毛伯來求金。

【傳】毛伯者何。天子之大夫也。何以不稱使。據南季稱使。當喪未君也。時王新有三年喪。踰年矣。何以謂之未君。據崩在八年。踰年當即位。即位矣。而未稱王也。未稱王。何以知其即位。以諸侯之踰年即位。亦知天子之踰年即位也。俱繼體。其禮不得異。以天子三年然後稱王。亦知諸侯于其封內三年稱子也。各信恩于其下。○信音申。踰年稱公矣。則曷爲于其封內三年稱子。緣民臣之心。不可一日無君。緣終始之義。一年不二君。故君薨稱子某。既葬稱子。明繼體以繫民臣之心。不可曠年無君。故踰年稱公。緣孝子之心。則三年不忍當也。孝子三年志在思慕。不忍當父位。故雖即位。猶於其封內三年稱子。子張曰。書云。高宗諒闇。三年不言。何謂也。孔子曰。何必高宗。古之人皆然。君薨。百官總己以聽冢宰三年。○諒音亮。又音良。闇如字。又音陰。毛伯來求金。何以書。譏。何譏爾。王者無求。求金非禮也。然則是王者與。據未稱王。曰。非也。非王者。則曷爲謂之王者。王者無求。曰是子也。雖名爲三年稱子者。其實非唯繼父之位。繼文王之體。守文王之法度。文王之法無求而求。故譏之也。引文王者。文王始受命制法度。

夫人姜氏如齊。奔父母之喪也。不言奔喪者。尊內。猶不言朝聘也。故以致起得禮也。書者。大夫家危重。言如齊者。大夫繫國。

二月。叔孫得臣如京師。

辛丑。葬襄王。

傳王者不書葬，此何以書？不及時書，過時書。重錄失時。我有往者則書。謂使大夫往也。惡文公不自往，故書葬，以起大夫會之日者，僖公成風之喪，襄王比加禮，故恩錄之，所以甚責內。

晉人殺其大夫先都。

三月，夫人姜氏至自齊。出獨致者，得禮，故與臣子辭。月者，婦人危重，從始至例。

晉人殺其大夫士縠及箕鄭父。

楚人伐鄭。

公子遂會晉人、宋人、衛人、許人救鄭。

夏，狄侵齊。

秋，八月，曹伯襄卒。

九月，癸酉，地震。

傳地震者何？動地也。動者，震之，故傳先言動者，喻若物之動地，以曉人也。何以書？記異也。天動地靜者，常也。地動者，象陰為陽行，是時魯文公制於公子遂，齊、晉失道，四方叛德，星孛之萌，自此而作，故下與北斗之變所感同也。不傳天下異者，從王內錄可知。○行，下孟反。孛音佩。

冬，楚子使椒來聘。

傳椒者何？楚大夫也。楚無大夫，此何以書？始有大夫也。入文公所聞世，見升平，法內諸夏以外夷狄也。屈完、子玉得臣者，以起霸事，此其正也。聘而與大夫者，本大國。始有大夫，則何以不氏？据屈完氏。許夷狄者不一而足也。許與其氏，則當純以中國禮責之，嫌夷狄質薄，不可卒備，故且以漸。○卒，七忽反。

秦人來歸僖公成風之襚。

傳其言僖公成風何？兼之。兼之，非禮也。禮主於敬，當各使一使，所以別尊卑。○襚音遂。曷為不言及成風？据及者，別公夫人尊卑文也。連成風者，但問尊卑禮，當絕，非欲上成風使及僖公。成風尊也。不可使卑及尊也。母尊序在下者，明婦人有三從之義，少繫父，既嫁繫夫，夫死繫子。○少，詩召反。

葬曹共公。○共音恭。

春秋公羊傳卷十三

春秋公羊傳卷十四

漢諫議大夫司空掾任城何 休學

明後學 東吳葛 鼒訂

文公

十年春王三月辛卯臧孫辰卒

夏秦伐晉

謂之秦者起令狐之戰敵均不敗晉先眛以師奔秦可以足矣而猶不知止故夷狄之

楚殺其大夫宜申

自正月不雨至于秋七月

公子遂之所指

及蘇子盟于女栗

○女音汝本亦作汝

冬狄侵宋

楚子蔡侯次于屈貉

魯恐故書刺微弱也○屈貉居勿反又音厥下音麥又戶各反二傳作厥貉

十有一年春楚子伐圈

○圈求阮反一音卷二傳作麇

夏叔彭生會晉郤缺于承匡

秋曹伯來朝

公子遂如宋

狄侵齊

冬十月甲午叔孫得臣敗狄于鹹

○鹹音咸

傳狄者何

以日嫌夷狄不能偏戰故問也

長狄也

蓋長百尺

兄弟三人

言相類如兄弟

一者之齊一者之魯一者之晉

不書者外異也

其之齊者王子成父殺之其之魯者叔孫得臣殺之

經言敗殺不明故復云爾

則未知其之晉者也其言敗何

据敗者內戰文非殺一人也

大之也

長狄之三國皆欲為君長大非一人所能討興師動衆然後殺之如大戰故就其事言敗

其日何

据日而言敗與公子友敗莒師于犂同非殺一人文○犂力知反又力兮反

大之也

如結日大戰

其地何大之也

如大戰故地

何以書記異也

魯成就周道之封齊晉霸尊周室之後長狄之操無羽翮之助別之三國皆欲為君此象周室衰禮義廢大人無輔佐有夷狄行事以三成不可苟指一故自宜成以往弑君二十八亡國四十○行下孟反

十有二年春王正月盛伯來奔

傳盛伯者何失地之君也何以不名兄弟辭也

與郜子同義月者前為魯所滅今來見歸猶當加意厚遇之

杞伯來朝

二月庚子子叔姬卒

卒者許嫁

傳此未適人何以卒許嫁矣婦人許嫁字而笄之

死則以成人之喪治之其稱子何据伯姬卒亦許嫁不稱子貴
也其貴奈何母弟也不稱母妹而繫先君言子者遠別也禮男子不絕婦人之
手婦人不絕男子之手
夏楚人圍巢
秋滕子來朝
秦伯使遂來聘
○遂二傳作術
傳遂者何秦大夫也秦無大夫此何以書賢繆公
也何賢乎繆公据聘不足與大夫荊人來聘是也○繆音木以爲能變
也其爲能變奈何惟諓諓善竫言諓諓淺薄之貌竫猶撰也○諓
諓在淺反又子淺反又音殘竫在井反俾君子易怠俾使也易怠猶輕惰也○俾必
爾反易以豉反而況乎我多有之惟一介斷斷焉無他技
一介猶一槪斷斷猶專一也他技奇巧異端也孔子曰攻乎異端斯害也已其心休休
休休美大貌能有容能含容賢者逆耳之言是難也是難行也秦繆公自傷前
不能用百里奚子蹇叔子之言感而自變悔遂霸西戎故因其能聘中國善而與之使有大夫子貢
曰君子之過也如日月之食焉過也人皆見之更也人皆仰之此之謂也
冬十有二月戊午晉人秦人戰于河曲
傳此偏戰也何以不言師敗績敵也曷爲以水地
以水地者謂以水曲折起地遠近所在也据戰于泓不言曲河曲疏矣河千里
而一曲也河曲疏以据地明故可以曲地因以起二國之君數興兵相伐戰無已時故不起
言及不別曲直而地以河曲明兩曲也○數所角反
季孫行父帥師城諸及運
帥師者刺魯微弱臣下不可使邑久不修不敢徒行興師厲衆然後敢城之言反者別君邑臣邑
也○運二傳作鄆後皆爾
十有三年春王正月
夏五月壬午陳侯朔卒
不書葬者盈爲晉文諱也晉文雖霸會人孤以尊天子自補有餘故復盈爲諱
邾婁子蘧篨卒
○蘧其居反下篨直居反
自正月不雨至于秋七月
公子遂所致
世室屋壞
○世室二傳作大室
傳世室者何魯公之廟也魯公周公子伯禽周公稱大廟
魯公稱世室羣公稱宮少差異其下者所以尊周公○大廟音泰下同
此魯公之廟也曷爲謂之世室世室猶世室也世世
不毀也魯公始封之君故不毀也周公何以稱大廟于魯据魯
公始封也封魯公以爲周公也爲周公故語在下周公拜乎前
魯公拜乎後始受封時拜于文王廟也尚書曰用命賞于祖是也父子俱拜者明以周
公之功封魯公也曰生以養周公生以魯國供養周公○供九用反下同死

以爲周公主。如周公死當以魯公爲祭祀主加日者成王始受其茅土之辭禮記明堂位曰封周公于曲阜地方七百里革車千乘蓋以爲有王功故半天子也○王于況反然則周公之魯乎。曰不之魯也。封魯公以爲周公主。然則周公曷爲不之魯。據爲周公者謂生以養周公死以爲周公主周公不之魯則不得供養爲主欲天下之一乎周也。周公聖人德至重功至大東征則西國怨西征則東國怨嫌之魯恐天下迴心趣鄉之故封伯禽命使遙供養死則奔喪爲主所以一天下之心于周室○鄉許亮反魯祭周公何以爲牲。據廟異也周公用白牡。白牡殷牲也周公死有王禮嫌不敢與文武同也不以夏黑牡者謙改周之文當以夏辟嫌也魯公用騂犅。騂犅赤脊周牲也魯公以諸侯不嫌故從周制以脊爲差○騂息營反犅音剛羣公不毛。不毛不純色所以降于尊祖魯祭周公何以爲盛。據牲異也周公盛。盛者新穀魯公燾。燾者冒也故上以新也○燾徒報反一本作幬音同羣公廩。廩者連新于陳上財令半相連爾此謂方祫祭之時序昭穆之差○令力呈反下同世室屋壞何以書。譏。何譏爾。久不修也。簡忽久不以時修治至令壞敗故譏之言屋者重宗廟詳錄之以不務公室不月者知久不修當蒙上月

冬。公如晉。衛侯會公于沓。○沓徒合反

狄侵衛。

十有二月。己丑。公及晉侯盟。還自晉。鄭伯會公于斐。

傳 還者何。善辭也。何善爾。往黨。衛侯會公于沓。至得與晉侯盟。反黨。鄭伯會公于斐。故善之也。黨所也所猶時齊人語也文公前扈之盟不見序後能救鄭之難不逆王者之求上得尊尊之義下得解患之恩一出三爲諸侯所榮故加錄于其還時皆深善之

十有四年。春。王正月。公至自晉。月者爲臣子喜錄上事○爲臣于僞反

邾婁人伐我南鄙。

叔彭生帥師伐邾婁。

夏。五月。乙亥。齊侯潘卒。不書葬者潘立儲嗣不明作欲立舍作欲立商人至使臨葬更相篡弒故絕其身明當更立其先君之次

六月。公會宋公。陳侯。衛侯。鄭伯。許男。曹伯。晉趙盾。癸酉。同盟于新城。盟下日者刺諸侯微弱信在趙盾○盾徒本反

秋。七月。有星孛入于北斗。

傳 孛者何。彗星也。狀如彗其言入于北斗何。據大辰不言入又不言孛名北斗有中也。中者魁中何以書。記異也。孛者邪亂之氣彗者埽故置新之象也北斗天之樞機玉衡七政所出是時桓文迹息王者不能統政自是之後齊晉並爭吳楚更謀競行天子之事齊宋莒魯弒其君而立之應

公至自會。

晉人納接菑于邾婁。弗克納。○捷菑在妾反又如字下側其反二傳作捷菑

傳納者何。入辭也。其言弗克納何。（據言于邾婁與納頓子于頓同）（俱入國得立辭）大其弗克納也。（克勝也鄭伯以勝為惡此弗勝故為大）何大乎其弗克納。（據伐齊納子糾恥不能納）晉郤缺帥師革車八百乘。以納接菑于邾婁。力沛若有餘。（沛有餘貌）而納之。邾婁人言曰。接菑。晉出也。貜且。齊出也。（出外孫也○貜且俱縛反下子餘反）子以其指。（指手指）則接菑也四。貜且也六。（言俱不得天之正性）子以大國壓之。（壓服也服邾婁使從命）則未知齊晉孰有之也。（設齊復興兵來納貜且亦欲服邾婁使從命未知齊晉誰能使外孫有邾婁者）貴則皆貴矣。（時邾婁再娶二子母尊同體敵）雖然。貜且也長。（既兩不得正性又皆貴唯當以年長故立之○長丁丈反）郤缺曰。非吾力不能納也。義實不爾克也。（如邾婁人言義不可奪也故云爾）引師而去之。故君子大其弗克納也。（大其不以己非奪人之是）此晉郤缺也。其稱人何。貶。曷為貶。（據趙鞅納蒯聵不貶）不與大夫專廢置君也。曷為不與。（據大其弗克納）實與。（弗克納是）而文不與。文曷為不與。大夫之義不得專廢置君也。（不復發上無天子下無方伯傳者諸侯本有錫命征伐憂天下之道故明有亂義大夫不得專也接菑不繫邾婁者見挈于郤缺也不氏者本當言邾婁接菑見當國也）

九月。甲申。公孫敖卒于齊。

（已絕卒之者為後齊脅魯歸其喪有恥故為內諱使若尚為大夫）

齊公子商人弒其君舍。

傳此未踰年之君也。其言弒其君舍何。（據弒其君之子奚齊也連名何之者弒成君未成君俱名問例所從也）己立之。己殺之。（商人本正當立）（恐舍緣潘意為害故先立而弒之）成死者而賤生者也。（惡商人懷詐無道故成舍之君號以賤商人之所為不解名者言成君可知從成君不日者與卓子同○惡烏路反卓敕角反）

宋子哀來奔。

傳宋子哀者何。無聞焉爾。

冬。單伯如齊。齊人執單伯。齊人執子叔姬。

傳執者曷為或稱行人。或不稱行人。（此問諸侯相執大夫所稱例）稱行人而執者。以其事執也。（以其所銜奉國事執之晉人執我行人叔孫舍是也）不稱行人而執者。以己執也。（己者己大夫自以大夫之罪執之分別之者罪惡各當歸其本）單伯之罪何。道淫也。惡乎淫。淫于子叔姬。（時子叔姬嫁當為齊夫人使單伯送之○惡音烏）然則曷為不言齊人執單伯及子叔姬。（據夫人婦姜繫公子遂）內辭也。使若異罪然。（深諱使若各自以他事見執者不書叔姬歸于齊者深諱以起道淫書單伯如齊者起送叔姬也齊稱人者順諱文使若非伯討）

十有五年。春。季孫行父如晉。

三月。宋司馬華孫來盟。

（月者文公微弱大夫秉政宋亦蔽于三世之黨二亂結盟故不與信辭不稱使者宋無大夫官舉者見宋亂也錄華孫者明惡二國非以月惡華孫也）

夏曹伯來朝

齊人歸公孫敖之喪

傳何以不言來據齊人來歸子叔姬內辭也脅我而歸之筍將而來也筍者竹箯一名編輿齊魯以北名之曰筍將送也爲叔姬淫惡魯斷故取其尸置編輿中傳送而來脅魯令受之故諱不言來起其來有恥不可言來也不月者不以恩錄與子叔姬異○筍音峻令受加呈反

六月辛丑朔日有食之鼓用牲于社是後楚人滅庸宋人弒其君處臼齊人弒其君商人宣公弒子赤莒弒其君庶其

單伯至自齊大夫不致此致者喜患禍解也不省去氏者淫當絶使若他單伯至也

晉郤缺帥師伐蔡戊申入蔡

傳入不言伐此其言伐何至之日也其日何據甲寅齊人伐衛日伐也至之日也嫌至日伐不至日入故日入也主書與甲寅同義

秋齊人侵我西鄙

季孫行父如晉

冬十有一月諸侯盟于扈不序不日者順上諱文使若扈之盟都不可得而知

十有二月齊人來歸子叔姬

傳其言來何據齊人歸公孫敖之喪不言來閔之也閔傷其棄絶來歸此有罪何閔爾父母之於子雖有罪猶若其不欲服罪然孔子曰父爲子隱子爲父隱直在其中矣所以崇父子之親也言齊人不以棄歸爲文者令與敖同文相發明叔姬于文公爲姊妹言父母者時文公母在明孝子當申母恩也月者閔錄之從無罪例

齊侯侵我西鄙遂伐曹入其郛

傳郛者何恢郭也恢大也郭城外大郭○郛芳夫反入郛書乎曰不書圍不言入入郛是也入郛不書此何以書動我也諱使若爲同姓見入郛故動懼我也動我者何內辭也其實我動焉爾齊侵魯實爲子叔姬故動懼失操云爾者不去幾亦魯入我郛故舉入郛以起魯恥且明兵之所鄉苟得其罪則莫敢不懼○鄉者許亮反下同幾音祈

十有六年春季孫行父會齊侯于陽穀齊侯弗及盟

傳其言弗及盟何據序上會也連盟何者嫌據盟不見與盟也與齊期盟爲叔姬故中見簡賤不見與盟侮辱有恥故諱使若行父會而去齊侯不及得與盟故言齊侯弗及亦所以起齊侯不肯○爲于僞反

夏五月公四不視朔視朔說在六年不舉不朝廟者禮月終于廟先受朔政乃朝明王教尊也朝廟私也故以不視朔爲重常以朔者始重也

傳公曷爲四不視朔據無事也公有疾也以不諱舉公如有疾公有疾乃復舉公是也何言乎公有疾不視朔據有疾無惡也自是公無疾不視朔也有疾無惡不當書又不言有疾者欲起公自是無疾不視朔也然則曷爲不言公無疾不視朔有疾猶可言也無疾

不可言也言無疾大惡不可言也是後公不復視朔政事委任公子遂

六月戊辰公子遂及齊侯盟于犀丘○犀邱左氏作郪邱穀梁作師邱

秋八月辛未夫人姜氏薨

毀泉臺

傳泉臺者何郎臺也莊公所築臺于郎以臨民之漱浣○漱素侯反浣戶管反郎臺則曷爲謂之泉臺未成爲郎臺未成時但以地名之既成爲泉臺既成更以所置名之毀泉臺何以書譏何譏爾築之譏毀之譏先祖爲之已毀之不如勿居而已矣但當勿居令自毀壞不當故毀暴揚先祖之惡也築毀譏同知俱皆時○令力呈反暴步卜反

楚人秦人巴人滅庸○巴布加反

冬十有一月宋人弒其君處臼○處臼二傳作杵臼

傳弒君者曷爲或稱名氏或不稱名氏大夫弒君稱名氏賤者窮諸人賤者謂士也士正自當稱人大夫相殺稱人賤者窮諸盜降大夫使稱人降士使稱盜者所以別死刑有輕重也無尊上非聖人不孝者斬首梟之無尊上犯軍法者斬要殺人者刎頭故重者錄輕者略也不日者內娶略賤之

十有七年春晉人衛人陳人鄭人伐宋

夏四月癸亥葬我小君聖姜○聖姜二傳作聲姜

傳聖姜者何文公之母也

齊侯伐我西鄙

六月癸未公及齊侯盟于穀

諸侯會于扈

秋公至自穀

冬公子遂如齊

十有八年春王二月丁丑公薨于臺下

秦伯罃卒秦穆公也至此卒者因其賢○罃乙耕反

夏五月戊戌齊人弒其君商人商人弒君賊復見者與大夫異齊人已君事之殺之宜當坐弒君

六月癸酉葬我君文公

秋公子遂叔孫得臣如齊不舉重者譏魯猥使二大夫出虛國家廢政事重錄內也

冬十月子卒

傳子卒者孰謂謂子赤也何以不日据子般卒日隱之也何隱爾弒也弒則何以不日据子般卒日不忍言也所聞世臣子恩痛王父深厚故不忍言其日與子般異

夫人姜氏歸于齊

歸者，大歸也。夫死子殺，賊人立，無所歸留，故去也。有去道，書者，重絕不復反。

季孫行父如齊。

莒弒其君庶其。

傳稱國以弒何。據莒人弒其君密州。稱國以弒者。衆弒君之辭。一人弒君，國中人人盡喜，故舉國以明失衆當坐絕也。例皆時者，略之也。

春秋公羊傳卷十四

春秋公羊傳卷十五

漢諫議大夫司空掾任城何　休學

明後學　東吳金　蟠訂

宣公

元年，春，王正月，公即位。

傳 繼弒君不言即位，此其言即位何？其意也。桓公篡成君，宣公篡未踰年君，嫌其義異，故復發傳。

公子遂如齊逆女。譏喪娶。復書不親迎者，嫌觸諱不成其文也。有母言如者，緣內諱無貶公文。

三月，遂以夫人婦姜至自齊。

傳 遂何以不稱公子？一事而再見者，卒名也。卒竟也。竟但舉名者，省文。夫人何以不稱姜氏？据僑如以夫人婦姜氏至自齊也。經有姜，不但問不稱氏者，嫌据夫人氏欲使去姜。貶。曷為貶？据俱至也。譏喪娶也。喪娶者公也，則曷為貶夫人？据御還也。內無貶于公之道也。明下無貶上之義。內無貶于公之道，則曷為貶夫人？据俱有諱義。夫人與公一體也。恥辱與公共之，夫人貶則公惡明矣。去氏，比於去姜差輕，可言，故不諱貶夫人。○差，初賣反。其稱婦何？据恆公夫人至不稱婦。有姑之辭也。有姑當以婦禮至，無姑當以夫人禮至，故分別言之。言以者，見行遂意也，見繼重在遂。因遠別也。月者，公不親迎，危錄之例也。

夏，季孫行父如齊。

晉放其大夫胥甲父于衛。

傳 放之者何？猶曰無去是云爾。是衛。是　然則何言爾？近正也。此其為近正奈何？古者大夫已去，三年待放。古者刑不上大夫，蓋以為摘巢毀卵，則鳳凰不翔；刳胎焚夭，則麒麟不至。刑之則恐誤刑賢者。死者不可復生，刑者不可復屬，故有罪放之而已，所以尊賢者之類也。三年者，古者疑獄三年而後斷。易曰：繫用徽纆，寘於叢棘，三歲不得，凶。是也。自嫌有罪當誅，故三年不敢去。君放之，非也；曰無去，是非也。大夫待放，正也。聽君不去衛，正也。古者臣有大喪，則君三年不呼其門。重奪孝子之恩也。禮，父母之喪三年不從政，齊衰大功之喪三月不從政，故孔子曰：夏后氏三年之喪既殯而致事，殷人既葬而致事，周人卒哭而致事。君子不奪人之親，亦不可奪親也。已練可以弁冕，此說時衰正失，非謂禮當然。弁，禮所謂皮弁、爵弁也。皮弁武冠，爵弁文冠。夏曰收，殷曰冔，周曰弁，加旒曰冕，主所以入宗廟。○冔，況甫反。服金革之事，謂以兵事使之。君使之，非也；非古道。臣行之，禮也。臣順君命，亦禮也。此與君放之非，臣待君放正同，故引此同類相發明。閔子閔子騫以孝聞。要絰而服事，禮，已練，男子除乎首，婦人除乎帶。○要，一遙反。既而曰：若此乎古之道不即人心。既事畢，言古者不敢斥君，即近也。退而致仕。退身也。致仕，還祿位于君。孔子蓋善之也。善其服事外得事君之義，致仕內不失親親之恩，言古者又孫順不訕其君也。不言君子者，時賢者多以為非，唯孔子以為是。○孫，音遜。

公會齊侯于平州。

公子遂如齊。

六月，齊人取濟西田。○濟，子禮反。

傳 外取邑不書，此何以書？據曹取之不書。所以賂齊也。魯所以賂遺齊，故稱人，共國辭。○遺，唯季反。曷爲賂齊？據上無戰伐，無所謝。爲弒子赤之賂也。子赤，齊外孫，宣公篡弒之，恐爲齊所誅，爲是賂之，故諱使若齊自取之者，亦因惡齊取篡者賂，當坐取邑，未之齊坐者，由律行言許受賂也。月者，惡內甚于邾婁子益。

秋，邾婁子來朝。

楚子、鄭人侵陳，遂侵宋。微者不得言遂，遂者，楚子之遂也。不從鄭人去遂者，兵尊者兼將。○將，子匠反。

晉趙盾帥師救陳。宋公、陳侯、衛侯、曹伯會晉師于棐林，伐鄭。

傳 此晉趙盾之師也，據上趙盾救陳。微者不能會諸侯。曷爲不言趙盾之師？據公子遂會晉趙盾于衡雍，伊雒戎盟再出名氏。君不會大夫之辭也。時諸侯爲趙盾所會，不與卑致尊，故正之，去大夫名氏，使若更有師也。殊會地之者，起諸侯爲盾所會。

冬，晉趙穿帥師侵柳。

傳 柳者何？天子之邑也。天子之間田也，有大夫守之，晉與大夫忿爭侵之。○間，音閑。曷爲不繫乎周？據王師敗績下貿戎繫王。○貿，音茂。不與伐天子也。絶正其義，使若兩國自相伐。

晉人、宋人伐鄭。

二年春，王二月，壬子，宋華元帥師及鄭公子歸生帥師戰于大棘，宋師敗績，獲宋華元。復出宋者，非獨惡華元，明恥辱及宋國。○華，戶化反。

秦師伐晉。秦稱師者，閔其衆，惡其將，本秦之忿，起殽之戰，今襄公、繆公已死，可以止矣，而復伐晉，惡其構怨結禍無已。

夏，晉人、宋人、衛人、陳人侵鄭。

秋，九月，乙丑，晉趙盾弒其君夷獋。○夷獋，戶刀反，又古刀反，二傳作夷皐。

冬，十月，乙亥，天王崩。匡王。

三年春，王正月，郊牛之口傷，改卜牛，牛死，乃不郊。猶三望。

傳 其言之何？據食角不言之。緩也。辭間容之，故爲緩，不若食角急也。別天牲主以角書者，譏宣公養牲不謹敬，不潔清而災，重事至尊，故詳錄其簡甚。曷爲不復卜？據定十五年牛死改卜牛。養牲養二卜。二卜語在下。帝牲不吉，帝，皇天大帝，在北辰之中，主總領天地五帝羣神也。不吉者，有災。則扳稷牲而卜之。先卜帝牲養之有災，更引稷牲卜之，以爲天牲，養之，凡當二卜，爾復不吉，不復郊。○扳，普顏反，又普姦反。帝牲在于滌三月，滌，宮名，養帝牲三牢之處也，謂之滌者，取其蕩滌潔清，三牢者，各主一月，取三月一時，足以充其天牲。於稷者，唯具是視。視其身體具無災害而已。

一〇六

王者不特養于滌宮所以降稷尊帝郊則曷爲必祭稷据郊者主爲祭天王者必以其祖配祖謂后稷周之始祖姜嫄履大人迹所生配配食也王者則曷爲必以其祖配据方事天父自內出者無匹不行匹合也無所與會合則不行自外至者無主不止必得主人乃止者天道闇昧故推人道以接之不以文王配者重本尊始之義也故孝經曰郊祀后稷以配天宗祀文王於明堂以祀上帝上帝五帝在太微之中迭生子孫更王天下書改卜者善其應變得禮也○更王音庚下于況反

葬匡王。

楚子伐賁渾戎。○賁渾舊音六或音奔下戶門反二傳作陸渾

夏楚人侵鄭。

秋赤狄侵齊。

宋師圍曹。

冬十月丙戌鄭伯蘭卒。

葬鄭繆公。葬不月者子未三年而弒故略之也○繆音穆

四年春王正月公及晉侯平莒及郯。莒人不肯。公伐莒取向。

傳此平莒也。其言不肯何。据取汶陽田不言棘不肯辭取向也。爲公取向作辭也恥行義爲利故諱使若莒不肯起其平也聽公平伐取其邑以弱之者愈也莒言及者明非莒不肯起其平也書齊侯者公不能獨平也月者惡錄之

秦伯稻卒。

夏六月乙酉鄭公子歸生弒其君夷。

赤狄侵齊。

秋公如齊。

公至自齊。

冬楚子伐鄭。

五年春公如齊。

夏公至自齊。

秋九月齊高固來逆子叔姬。

叔孫得臣卒。不日者知公子遂欲弒君爲人臣知賊而不言明當誅

冬齊高固及子叔姬來。

傳何言乎高固之來。据當舉叔姬爲重大夫私事不當書言叔姬之來而不言高固之來則不可。禮大夫妻歲一歸宗叔姬屬嫁而與高固來如但言叔姬來而不言高固來則魯負教戒重不可言故書高固明失教戒重在固言及者猶公及夫人子公羊子曰其諸爲其雙雙而俱至者與。言其雙行匹至似於鳥獸

楚人伐鄭。

六年春晉趙盾衛孫免侵陳。

傳趙盾弒君此其復見何。据宋督鄭歸生齊崔杼弒其君後不復見親

弒君者趙穿也。復見趙盾者，欲起親弒者趙穿，非盾。親弒君者趙穿。則曷爲加之趙盾。不討賊也。何以謂之不討賊。据皆去葬，不加弒。晉史書賊曰：晉趙盾弒其君夷獆。趙盾曰：天乎無辜。辜，罪也。呼天告冤。吾不弒君。誰謂吾弒君者乎。史曰：爾爲仁爲義，人弒爾君，而復國不討賊，此非弒君而何。復，反也。趙盾不能復應者，明義之所責，不可辭。趙盾之復國奈何。靈公爲無道，使諸大夫皆內朝。禮，公族朝於內朝，親親也。雖有富貴者，以齒，明父子也。外朝以官，體異姓也。宗廟之中以爵爲位，崇德也。宗人授事以官，尊賢也。升餕受爵以上，嗣尊祖之道也。喪紀以服之精粗爲序，不奪人之親也。○餕音俊。然後處乎臺上引彈而彈之，已趨而辟丸，已，諸大夫也。○已音紀。是樂而已矣。以是爲笑樂。○是樂音洛。趙盾已朝而出，與諸大夫立於朝。有人荷畚。荷，負也。畚，草器，若今市所量穀者是也。齊人謂之鍾。○有人荷本又作何，胡可反，又音何。畚音本。自閨而出者。宮中之門謂之闈，其小者謂之閨。從內朝出，立于外朝，見出閨者，知外朝在閨外，內朝在閨內可知。趙盾曰：彼何也。夫畚曷爲出乎閨。彼何者，怪何等物之辭。熟視知其爲畚，乃言夫畚者賤器，何故乃出尊者之閨乎。呼之不至。怪而呼，欲問之。曰：子大夫也，欲視之則就而視之。顧君責己以視人，欲以見就爲解也。古者士大夫通曰子。趙盾就而視之，則赫然死人也。赫然，已支解之貌。趙盾曰：是何也。曰：膳宰也。主宰割殺膳者，若今大官宰人。熊蹯不熟。蹯，掌。公怒，以斗摮而殺之。摮，猶擊也，謂旁擊頭項。○摮，五羔反，又苦交反。支解，將使我棄之。

趙盾曰：嘻。趨而入，靈公望見趙盾，愬而再拜。愬者，驚貌。禮，臣拜然後君答拜。靈公先拜者，畚出盾入，知其欲諫，欲以敬拒之，使不後言也。禮，天子爲三公下階，卿前席，大夫興席，士式几。趙盾逡巡北面再拜稽首。頭至地曰稽首。頭至手曰拜手。趨而出。本欲諫君，君以拜謝，知己意，冀當覺悟，故出。靈公心怍焉。怍，慙貌。趙盾知己過。○怍，在洛反。欲殺之。於是使勇士某者往殺之。某者，本有姓字，記傳者失之。勇士入其大門，則無人門焉者。入其閨，則無人閨焉者。焉者，於也。是無人於閨門守視者也。上其堂，則無人焉。但言焉，絕語辭。堂不設守視人，故不言堂焉者。俯而闚其戶。俯，挽頭。戶，室戶。方食魚飧。勇士曰：嘻。子誠仁人也。吾入子之大門，則無人焉。入子之閨，則無人焉。上子之堂，則無人焉。是子之易也。易，猶省也。子爲晉國重卿，而食魚飧，是子之儉也。君將使我殺子，吾不忍殺子也。雖然，吾亦不可復見吾君矣。負君命也。遂刎頸而死。勇士自斷頭也。傳極道此者，明約儉之衛也，甚於重門擊柝。孔子曰：禮，與其奢也寧儉。此而謂也。○斷音短。重，直容反。柝，他洛反。靈公聞之怒，滋欲殺之甚。滋，猶益也。衆莫可使往者。於是伏甲于宮中，召趙盾而食之。趙盾之車右祁彌明者，國之力士也。禮，大夫驂乘有車右，有御者。○而食音嗣，下同。祁，工支反。仡然從乎趙盾而入。仡然，壯勇貌。○仡，魚乙反。放乎堂下而立。嫌靈公復欲殺盾，故入以爲意。禮器記曰：天子堂高九尺，諸侯七尺，大夫五尺，士三尺。趙盾已食，靈公謂盾曰：吾聞子之劍蓋利劍也。子以示我。吾將觀焉。（授君劍當拔而進其首靈公因欲以推殺之）趙盾起。將進劍。祁彌明自下呼之曰。盾食飽則出。何故拔劍於君所。趙盾知之。（由人曰知之自己知曰覺焉）躇階而走。（躇猶超遽不暇以次○躇丑略反與踆同一本作辵音同）靈公有周狗。（周狗可以比周之狗所指如意○比毗志反）謂之獒。（犬四尺曰獒○獒五刀反）呼獒而屬之。獒亦躇階而從之。祁彌明逆而踆之。（以足逆躢曰踆○踆音存躢徒臘反）絕其頷。（頷口○頷戶感反）趙盾顧曰。君之獒不若臣之獒也。然而宮中甲鼓而起。（甲卽上所道伏甲約勒聞鼓聲當起殺盾）有起于甲中者。抱趙盾而乘之。（欲趨疾走）趙盾顧曰。吾何以得此于子。（猶曰吾前以得此救急之恩于子邪非所以意悟）曰子某時所食活我于暴桑下者也。（某時者記傳者失之暴桑蒲蘇桑傳道此者明人當素積恩德）趙盾曰。子名爲誰。（後欲報之）曰吾君孰爲介。（介甲也猶曰我晉君誰爲與此甲兵豈不爲盾乎）子之乘矣。何問吾名。（之乘卽上車也猶曰子以上車矣何不疾去而反徐問吾名乎欲令蚤免去不望報矣）趙盾驅而出。衆無留之者。（明盾賢人不忍殺也且靈公無道民衆不悅以致見殺）趙穿緣民衆不說。起弒靈公。然後迎趙盾而入。與之立于朝。（復大夫位也卽所謂復國不討賊明史得用責之傳極道此上事者明君雖不君臣不可以不臣○說音悅）而立成公黑臀。（不書者明以惡夷獆猶不書剽立○臀徒門反剽匹妙反）

夏。四月。

秋。八月。螽。（先是宣公伐莒取向公比如齊所致）

冬。十月。

七年。春。衛侯使孫良夫來盟。

夏。公會齊侯伐萊。

秋。公至自伐萊。

大旱。（爲伐萊踰時也○爲于僞反）

冬。公會晉侯宋公衛侯鄭伯曹伯于黑壤。

八年。春。公至自會。

夏。六月。公子遂如齊。至黃乃復。

傳 其言至黃乃復何。（據公孫敖不言至復又不言乃）有疾也。（乃難辭也上言乃復下有卒知以疾爲難○難乃旦反）何言乎有疾乃復。（據公如晉以有疾乃復殺恥以爲有疾無惡）譏。何譏爾。大夫以君命出。聞喪徐行而不反。（聞喪者聞父母之喪徐行者不忍疾行又爲君當使人追代之以喪喻疾者喪尚不當反況於疾乎順經文而重責之言乃不言有疾者有疾猶不得反也赦不言乃者明無所難爲重赦當誅遂當絕）

辛巳。有事于太廟。

仲遂卒于垂。

傳 仲遂者何。（據不稱公子故問之）公子遂也。（自是後無遂卒知公子遂）何以不稱公子据公子季友卒雖加字猶稱公子也貶曷爲貶据叔孫得臣卒不貶爲弒子赤貶然則曷爲不於其弒焉貶据翬終隱之篇貶欲使於文十八年子赤卒年中貶於文則無罪於子則無年此解十八年秋如齊不貶意也十八年編於文公貶之則嫌有罪於文公無罪於子赤也卒乃貶者元年逆女嫌爲喪娶貶也公會平州下如齊也嫌公遂如齊嫌坐乃復貶也貶加字者起娶齊所氏明爲歸父後大宗不得絶也地者絶外卒明當有卒外禮也日者不去樂也書有事者爲不去樂張本

壬午猶繹萬入去籥

傳繹者何祭之明日也禮繹繼昨日事但不灌地降神爾天子諸侯日繹大夫日賓尸士曰晏尸去事之殺也必繹者尸屬昨日配先祖食不忍輒忘故因以復祭禮則無有誤敬愼之至殷曰肜周曰繹繹者据今日道昨日不敢斥尊言之文意也肜者肜不絶据昨日道今日斥尊言之賓意也祭必有尸者節神也禮天子以御爲尸諸侯以大夫爲尸御大夫以下以孫爲尸夏立尸殷坐尸周旅酬六尸○屬音燭肜羊弓反萬者何干舞也干謂楯也能爲人扞難而不使害人故聖王貴之以爲武樂萬者其篇名武王以萬人服天下民樂之故名之云爾○楯食允反扞戶旦反籥者何籥舞也籥所吹以節舞也吹籥而舞文樂之長其言萬入去籥何据入者不言萬去樂不言名去其有聲者不欲令人聞之也廢其無聲者廢置也置者不去也齊人語存其心焉爾存其心焉爾者何知其不可而爲之也明其心猶存於樂知其不可故去其有聲者而爲之猶者何通可以已也禮大夫死爲廢一時之祭有事于廟而聞之者去樂卒事卒事而聞之者廢繹日者起明日也言入者据未奏去籥時書凡祭自三年喪已下各以日月廢時祭唯郊社越紼而行事可

戊子夫人熊氏薨

晉師白狄伐秦

楚人滅舒蓼

秋七月甲子日有食之既是後楚莊王圍宋析骸易子伐鄭勝晉鄭伯肉袒晉大敗於邲中國精奪屈服強楚之應

冬十月己丑葬我小君頃熊雨不克葬庚寅日中而克葬

傳頃熊者何宣公之母也熊氏楚女宣公卽僖公妾子而者何難也乃者何謂問定公日下昃乃克葬難也禮卜葬從遠日不克葬見難者臣子重難不得以正日葬其君曷爲或言而或言乃乃難乎而也言乃者內而深言而者外而淺下昃日昳久故言乃孔子曰其爲之也難言之得無訒乎皆所以起孝子之情也雨不克葬者爲不得行葬禮孔子曰生事之以禮死葬之以禮祭之以禮故不得行禮則不葬也魯錄雨不克葬者恩錄內尤深也別朝莫者明見日乃葬也○莫音暮

城平陽

楚師伐陳

九年春王正月公如齊月者善宣公事齊合古禮卒使齊歸濟西田不就十年月者五年再朝近得正孔子曰知和而和不以禮節之亦不可行也明雖事人皆當合禮

公至自齊

夏仲孫蔑如京師

齊侯伐萊

秋取根牟

傳根牟者何邾婁之邑也曷爲不繫乎邾婁諱亟也亟疾也屬有小君之喪邾婁子來加禮未期而取其邑故諱不繫邾婁也上有小君喪而下諱取之則邾婁加禮明矣未期年從加禮數者猶王子虎從會葬數○亟去冀反期音基

八月滕子卒

九月晉侯宋公衛侯鄭伯曹伯會于扈

晉荀林父帥師伐陳

辛酉晉侯黑臀卒于扈

傳扈者何晉之邑也諸侯卒其封內不地此何以地據陳侯鮑卒不地卒于會故地也起時衰多窮厄伐喪而卒於諸侯會上故地危之未出其地故不言會也左右皆臣民雖卒於會上危愈於竟外故不復著言會也出外死有輕重死於師尤甚於會次之於入國次之於封內最輕不書葬者故篡也

冬十月癸酉衛侯鄭卒不書葬者殺公子瑕也

宋人圍滕

楚子伐鄭

晉郤缺帥師救鄭

陳殺其大夫泄冶

春秋公羊傳卷十五

春秋公羊傳卷十六

漢諫議大夫司空掾任城何　休學

明後學　東吳葛　鼒訂

宣公

十年，春，公如齊。公至自齊。齊人歸我濟西田。

傳 齊已取之矣，其言我何？据歸讙及僤，齊已取，不言我。○僤本又作闡，昌善反。言我者，未絕於我也。曷爲未絕于我？据有俄道。齊已言取之矣，齊已言語許取之。其實未之齊也。其人民貢賦尚屬於魯，實未歸於齊。不言來者，明不從齊來，不當坐取邑。凡歸邑物例皆時。

夏，四月丙辰，日有食之。與甲子既同事，重，故累食。

己巳，齊侯元卒。

齊崔氏出奔衛。

傳 崔氏者何？据齊高無咎出奔名。連崔氏者，與尹氏俱稱氏，嫌爲采邑。齊大夫也。其稱崔氏何？貶。曷爲貶？据外大夫奔不貶。譏世卿。世卿，非禮也。復見譏者，嫌尹氏王者大夫，職重不當世；諸侯大夫任輕，可世也。因齊大國禍著，故就可以爲法戒。明王者尊莫大於周室，彊莫大於齊國，世卿猶能危之。

公如齊。不言奔喪者，尊內也，猶不言朝聘。

五月，公至自齊。

癸巳，陳夏徵舒弒其君平國。

六月，宋師伐滕。

公孫歸父如齊，葬齊惠公。

晉人、宋人、衛人、曹人伐鄭。

秋，天王使王季子來聘。

傳 王季子者何？据叔服不繫王，不稱子；王札子不稱季。天子之大夫也。其稱王季子何？貴也。其貴奈何？母弟也。子者，王子也。天子不言子弟，故變文上季，繫先王以明之，著其骨肉貴體親也。

公孫歸父帥師伐邾婁，取蘱。○蘱音類，又力對欺類二反。

大水。先是城平陽，取根牟及蘱，役重民怨之所生。

季孫行父如齊。

冬，公孫歸父如齊。

齊侯使國佐來聘。

饑。

傳 何以書？以重書也。民食不足，百姓不可復興，危亡將至，故重而書之。明當自省減，開倉廩贍振之。哀公問於有若曰：「年饑用不足，如之何？」有若對曰：「盍徹乎？」曰：「二，吾猶不足，如之何其徹也？」對曰：「百姓足，君孰與不足；百姓不足，君孰與足？」○贍當豔反。

楚子伐鄭。

十有一年春王正月。

夏楚子陳侯鄭伯盟于辰陵。不日月者莊王行霸約諸侯明王法討徵舒善其憂中國故為信辭。

公孫歸父會齊人伐莒。

秋晉侯會狄于欑函。離不言會言會者見所聞世治近升平內諸夏而詳錄之殊夷狄也下發傳於吳者方具說其義故從外內悉舉者明言之。

冬十月楚人殺陳夏徵舒。

傳此楚子也其稱人何。據下入陳稱子。貶。曷為貶。據徵舒有罪。不與外討也。辟天子故貶見之卽所謂貶絕然後罪惡見。不與外討者因其討乎外而不與也。雖內討亦不與也。雖自討其臣下亦不得與也。曷為不與。據善為齊誅之。實與。不言執與討賊同文。而文不與。文曷為不與。諸侯之義不得專討也。諸侯之義不得專討則其曰實與之何。上無天子下無方伯。天下諸侯有為無道者。臣弒君子弒父。力能討之。則討之可也。與齊桓專封同義不書兵者時不伐。

丁亥楚子入陳。日者惡莊王討賊之後欲利其國復出楚子者為下納善不當貶不可因上貶文。

納公孫甯儀行父于陳。

傳此皆大夫也。其言納何。據納者謂已絕也今甯儀行父上未有出奔絕文故見大夫反言納也。納公黨與也。徵舒弒君甯儀行父如楚訴徵舒徵舒之黨從後絕其位楚為討徵舒而納之本以助公見絕故言納公黨與不書徵舒絕之者以弒君為重主書者美楚能變悔改過以遂前功卒不取其國而存陳不繫國者因上入陳可知。

十有二年春葬陳靈公。

傳討此賊者非臣子也。何以書葬。據惠公殺里克不書卓子葬。君子辭也。楚已討之矣。臣子雖欲討之而無所討也。無所復討也不從殺泄冶不書葬者泄冶有罪故從討賊書葬則君子辭與泄冶罪兩見矣不月者獨甯儀行父有訴楚功上已言納故從餘臣子恩薄略之。

楚子圍鄭。

夏六月乙卯晉荀林父帥師及楚子戰于邲。晉師敗績。

傳大夫不敵君。此其稱名氏以敵楚子何。據城濮之戰子玉得臣貶也。不與晉而與楚子為禮也。不與晉而反與楚子為君臣之禮以惡晉。曷為不與晉而與楚子為禮也。據城濮之戰貶得臣者不與楚為禮。莊王伐鄭勝乎皇門。勝戰勝皇門鄭郭門。放乎路衢。路衢郭內衢道四達謂之衢。鄭伯肉袒左執茅旌。茅旌祀宗廟所用迎道神指護祭者斷曰藉不斷曰旌用茅者取其心理順一自本而暢乎末所以通精誠副至意○斷音短藉在夜反。右執鸞刀。鸞刀宗廟割切之刀環有和鋒有鸞執宗廟器者示以宗廟不血食自歸首。以逆莊王曰。寡人無良邊垂之臣。諸侯自稱曰寡人天子自稱曰朕良善也無善喻有過言己有過於楚邊垂之臣謙不敢斥莊王。以干天禍。干犯

也。謙不敢斥莊王歸之於天。是以使君主沛焉。沛焉者怒有餘之貌猶傳曰力
沛若有餘。○沛普蓋反。辱到敝邑。遠自勞辱到於鄭也諸侯自稱國曰敝邑。君如
矜此喪人。自謂已喪亡。錫之不毛之地。墝埆不生五穀曰不毛。謙不敢
求肥饒。○墝埆上苦交反下音確。使帥一二耋老而綏焉。六十稱耋七十
稱老綏安也謙不敢多索丁夫願得主帥一二老夫以自安。請唯君王之命。莊
王曰。君之不令臣交易為言。是亦莊王謙不斥鄭伯之辭令善也交易
猶往來也言君之不善臣屢往來為惡言。是以使寡人得見君之玉面。
而微至乎此。微喻小也積小語言以致於此。莊王親自手旌。自以手持。
旌也緇廣充幅長尋曰旐繼旐如燕尾曰旆加文章曰旗錯革鳥曰旟注旄首曰旌。左右撝
軍退舍七里。將軍子重諫曰。南郢之與鄭相去數
千里。南郢楚都不能二千里言數千里者欲深感莊王使納其言。諸大夫死者
數人。廝役扈養死者數百人。艾草為防者曰廝汲水漿者曰役養馬者
曰扈炊亨者曰養。○艾魚廢反。今君勝鄭而不有。無乃失民臣之
力乎。無乃猶得無。莊王曰。古者杅不穿。皮不蠹。則不出
於四方。杅飲水器穿敗也皮裘也蠹壞也言杅穿皮蠹乃出四方古者出四方朝聘征伐皆
當多少圖有所喪費然後乃行爾喻己出征伐士卒死傷固其宜也不當以是故滅有鄭恥不能早
服也。是以君子篤於禮而薄於利。篤厚也不惜杅皮之費而貴朝聘征
伐者厚於禮義薄於財利。要其人而不要其土。本所以伐鄭者欲要其人服罪
過耳不要取其土地猶古朝聘欲厚禮義不顧杅皮。告從。從服從。不赦不詳。善用
心曰詳。吾以不詳道民。災及吾身。何日之有。何日之有猶無

有日。既則晉師之救鄭者至。荀林父也。曰。請戰。荀林父請戰。莊
王許諾。將軍子重諫曰。晉大國也。大國衆彊。王師淹病
矣。淹久也諸大夫廝役死者是。君請勿許也。莊王曰。弱者吾威
之。彊者吾辟之。是以使寡人無以立乎天下。以是故必
使寡人無以立功名於天下。令之還師而逆晉寇。言還者時莊王勝鄭去矣。
會晉師至復還戰也言寇者傳序經意謂晉如寇虜。莊王鼓之。晉師大敗。晉
衆之走者。舟中之指可掬矣。時晉乘舟度邲水戰兵敗反走欲急去先
入舟者斬後扳舟者指指隋舟中身隋邲水中而死可掬者言其多也以兩手曰掬禮天子造舟諸
侯維舟大夫方舟士特舟。○扳普顏反造七報反。莊王曰。嘻。吾兩君不相
好。敵大夫戰言兩君者林父本以君命來。百姓何罪。令之還師而佚
晉寇。佚猶過也使得過度邲水去也晉見莊王行義於陳功立威行嫉妬欲敗之救鄭雖解猶彎
之不止為其欲壞楚善行以求上人故奪不使與楚成禮而序林父於上罪起其事言及者以臣及
君不嫌晉直明晉汲汲欲敗楚爾陸戰當舉地而舉水者大莊王閔隋水而佚晉寇。

秋。七月。

冬。十有二月。戊寅。楚子滅蕭。日者屬上有王言今反滅人故深責之。

晉人。宋人。衛人。曹人同盟于清丘。

宋師伐陳。衛人救陳。

十有三年。春。齊師伐衛。

夏。楚子伐宋。

秋，螽。先是新饑，而使歸父會齊人伐莒，賦斂不足，國家遂虛，下求不已之應。○螽音終。

冬，晉殺其大夫先穀。

十有四年，春，衛殺其大夫孔達。

夏，五月，壬申，曹伯壽卒。日者，公子喜時父也。緣臣子尊榮，莫不欲與君父共之，故加錄之，所以養孝子之志。許人子者必使人父也。

晉侯伐鄭。

秋，九月，楚子圍宋。月者，惡久圍宋，使易子而食之。

葬曹文公。

冬，公孫歸父會齊侯于穀。

十有五年，春，公孫歸父會楚子于宋。宋見圍，不得與會地，以宋者，善內爲救宋行，雖不能解，猶爲見人之厄則矜之，故養遂其善意，不嫌與實解宋同文者，平事見刺，皆可知。○與音預。

夏，五月，宋人及楚人平。

【傳】外平不書，此何以書？據上楚、鄭平不書。大其平乎己也。己，二大夫。何大乎其平乎己？據大夫無遂事。莊王圍宋，軍有七日之糧爾，盡此不勝，將去而歸爾。於是使司馬子反乘堙而闚宋城，宋華元亦乘堙而出見之。堙，距堙，上城具。司馬子反曰：「子之國何如？」華元曰：「憊矣。」曰：「何如？」問憊意也。憊皮誠反。○曰：「易子而食之，析骸而炊之。」析，破。骸，人骨也。司馬子反曰：「嘻！甚矣，憊！雖然，雖如所言。吾聞之也，圍者古有見圍者柑馬而秣之，秣者，以粟置馬口中。柑者，以木銜其口，不欲令食粟，示有畜積。使肥者應客。示飽足也。是何子之情也？」猶曰何大露情。華元曰：「吾聞之，君子見人之厄則矜之，矜，閔。小人見人之厄則幸之。幸，僥幸。吾見子之君子也，是以告情于子也。」司馬子反曰：「諾。諾者，受語辭。勉之矣！勉，猶努力，使努力堅守之。吾軍亦有七日之糧爾，盡此不勝，將去而歸爾。」揖而去之，反于莊王。反報於莊王。莊王曰：「何如？」司馬子反曰：「憊矣。」曰：「何如？」曰：「易子而食之，析骸而炊之。」莊王曰：「嘻！甚矣，憊！雖然，雖已憊。吾今取此，然後而歸爾。」意未足也。司馬子反曰：「不可。臣已告之矣，軍有七日之糧爾。」莊王怒曰：「吾使子往視之，子曷爲告之？」司馬子反曰：「以區區之宋，區區，小貌。猶有不欺人之臣，可以楚而無乎？是以告之也。」莊王曰：「諾。先以諾受絕子反語。舍而止。更命。築舍而止，示無去計。雖然，雖宋已知我糧短。吾猶取此，然後歸爾。」欲徼糧待勝也。司馬子反曰：「然則君請處于此，臣請歸爾。」莊王曰：「子去我而歸，吾孰與處于此？吾亦從子而歸爾。」引使而去之，故君子大其平乎己也。大其有仁恩。此皆大夫也。其稱人何？貶。曷爲貶？據大其平。平者在下也。言在下者，譏二子在君側，不先以便宜反報歸美于君，而生事專平，故貶稱人。等不勿貶，不言遂者，在君側無遂道也，以主坐在君側，遂爲罪也。知經不以文實貶也，凡爲文實貶者，皆以取專事爲罪。月者，專平不易。

六月癸卯，晉師滅赤狄潞氏，以潞子嬰兒歸。

傳 潞何以稱子？據其滅稱氏。潞子之爲善也，躬足以亡爾。躬，身。雖然，君子不可不記也。離于夷狄，疾夷狄之俗而去離之，故稱子。而未能合于中國，未能與中國合同禮義，相親比也，故猶繫赤狄。晉師伐之，中國不救，狄人不有，是以亡也。以去俗歸義亡，故君子閔傷進之。日者，痛錄之。名者，示所聞世始錄小國也。錄以歸者，因可責而責之，責而加進之者，明不當絶，當復其氏。

秦人伐晉。

王札子殺召伯、毛伯。

傳 王札子者何？長庶之號也。天子之庶兄。札者，冠且字也。禮，天子庶兄冠而不名，所以尊之。子者，王子也。天子不言子弟，故變文上札繫先王以明之。不稱伯仲者，辟同母兄弟，起其爲庶兄也。主書者，惡天子不以禮尊之，而任以權，至令殺尊卿二人。不言其大夫者，挈尊也。惡二大夫居尊卿之位，爲下所提挈而殺之。大夫相殺不稱人者，正之。諸侯大夫顧弑君重，故降稱人。王者至尊，不得顧。

秋，螽。從十三年之後，上求未已，而又歸父比年再出會，內計稅畝，百姓動擾之應。

仲孫蔑會齊高固于牟婁。

初稅畝。

傳 初者何？始也。稅畝者何？履畝而稅也。時宣公無恩信於民，民不肯盡力於公田，故履踐案行，擇其善畝穀最好者稅取之。初稅畝何以書？譏。何譏爾？譏始履畝而稅也。何譏乎始履畝而稅？據用田賦不言初，亦不言稅畝。古者什一而藉。什一以借民力，以什與民，自取其一爲公田。古者曷爲什一而藉？據數非一。什一者，天下之中正也。多乎什一，大桀小桀；奢泰多取於民，比於桀也。寡乎什一，大貉小貉。蠻貉無社稷宗廟百官制度之費，稅薄。○貉，亡百反。什一者，天下之中正也。什一行而頌聲作矣。頌聲者，太平歌頌之聲，帝王之高致也。春秋經傳數萬，指意無窮，狀相須而舉，相待而成，至此獨言頌聲作者，民以食爲本也。夫饑寒並至，雖堯舜躬化，不能使野無寇盜；貧富兼并，雖皋陶制法，不能使彊不陵弱。是故聖人制井田之法而口分之。一夫一婦受田百畝，以養父母妻子，五口爲一家。公田十畝，即所謂什一而稅也。廬舍二畝半。凡爲田一頃十二畝半，八家而九頃，共爲一井，故曰井田。廬舍在內，貴人也。公田次之，重公也。私田在外，賤私也。井田之義：一曰無泄地氣，二曰無費一家，三曰同風俗，四曰合巧拙，五曰通財貨。因井田以爲市，故俗語曰市井。種穀不得種一穀，以備災害。田中不得有樹，以妨五穀。還廬舍種桑荻雜菜，畜五母雞、兩母豕，瓜果種疆畔，女工蠶織，老者得衣帛焉，得食肉焉，死者得葬焉。多於五口名曰餘夫，餘夫以率受田二十五畝。十井共出兵車一乘。司空謹別田之高下善惡，分爲三品：上田一歲一墾，中田二歲一墾，下田三歲一墾。肥饒不得獨樂，墝埆不得獨苦，故三年一換主易居，財均力平，兵車素定，是謂均民力，彊國家。在田曰廬，在邑曰里。一里八十戶，八家共一巷。中里爲校室，選其耆老有高德者名曰父老其有辯護伉健者為里正皆受倍田得乘馬父老比三老孝弟官屬里正比庶人在官吏民春夏出田秋冬入保城郭田作之時春父老及里正旦開門坐塾上晏出後時者不得出莫不持樵者不得入五穀畢入民皆居宅里正趨緝績男女同巷相從夜績至於夜中故女功一月得四十五日作從十月盡正月止男女有所怨恨相從而歌饑者歌其食勞者歌其事男年六十女年五十無子者官衣食之使之民間求詩鄉移於邑邑移於國國以聞於天子故王者不出牖戶盡知天下所苦不下堂而知四方十月事訖父老教於校室八歲者學小學十五者學大學其有秀者移於鄉學鄉學之秀者移於庠庠之秀者移於國學學於小學諸侯歲貢小學之秀者於天子學於大學其有秀者命曰造士行同而能偶別之以射然後爵之士以才能進取君以考功授官三年耕餘一年之畜九年耕餘三年之積三十年耕有十年之儲雖遇唐堯之水殷湯之旱民無近憂四海之內莫不樂其業故曰頌聲作矣○以食音嗣伉苦浪反一音苦杏反塾音淑莫音暮

冬，蝝生。

○蝝與專反

【傳】未有言蝝生者，此其言蝝生何？蝝即螽也始生曰蝝大曰螽 蝝生不書，此何以書？幸之也。幸僥幸 幸之者何？聞災當懼反喜非其類故執不知問 猶曰受之云爾。受之云爾者何？上變古易常，上謂宣公變易公田古常舊制而稅畝 應是而有天災。應是變古易常而有天災蝝民用饑 其諸則宜於此焉變矣。言宣公於此天災饑後能受過變寤明年復古行中冬大有年其功美過於無災故君子深為喜而僥倖之變蝝言蝝以不為災書起其事

饑。

十有六年春王正月，晉人滅赤狄甲氏及留吁。言及者留吁行微不進

夏，成周宣謝災。

○宣謝災左氏作宣謝火

【傳】成周者何？東周也。後周分為二天下所名為東周名為成周者本成王所定名天下初號之云爾 宣謝者何？宣宮之謝也。宣宮周宣王之廟也至此不毀者有中興之功室有東西廂曰廟無東西廂有室曰寢無室曰謝 何言乎成周宣謝災？據天子之居稱京師宋災不別所燒 樂器藏焉爾。宣王中興所作樂器 成周宣謝災何以書？記災也。外災不書，此何以書？新周也。新周故分別所災不與宋同也孔子以春秋當新王上黜杞下新周而故宋因天災中興之樂器示周不復興故繫宣謝於成周使若國文黜而新之從為王者後記災也

秋，郯伯姬來歸。嫁不書者為媵也來歸書者後為嫡也死不卒者已棄有更適人之道或時為大夫妻故不得待以初也棄歸例有罪時無罪月

冬，大有年。

十有七年春王正月庚子，許男錫我卒。

丁未，蔡侯申卒。

夏，葬許昭公。

葬蔡文公。不月者齊桓晉文沒後先背中國與楚故略之與楚在文十年

六月。癸卯。日有食之。是後邾婁人戕鄫子。四國大夫敗齊師于鞌。齊侯逸獲。君道微。臣道強之所致。○鞌音安。

己未。公會晉侯。衛侯。曹伯。邾婁子。同盟于斷道。○斷音短。又大短反。

秋。公至自會。

冬。十有一月。壬午。公弟叔肸卒。稱字者賢之。宣公篡立。叔肸不仕其朝。不食其祿。終身於貧賤。故孔子曰。篤信好學。守死善道。危邦不入。亂邦不居。天下有道則見。無道則隱。此之謂也。禮。盛德之士不名。天子上大夫不名。春秋公子不為大夫者不卒。卒而字者。起其宜為天子上大夫也。孔子曰。興滅國。繼絕世。舉逸民。天下之民歸心焉。

十有八年。春。晉侯。衛世子臧伐齊。

公伐杞。

夏。四月。

秋。七月。邾婁人戕鄫子于鄫。

傳 戕鄫子于鄫者何。殘賊而殺之也。支解節斷之。故變殺言戕。戕則殘賊。惡無道也。言于鄫者。刺鄫無守備。小國本不卒。故亦不日。○斷音短。

甲戌。楚子旅卒。

傳 何以不書葬。据日而名。吳楚之君不書葬。辟其號也。旅卽莊王也。葬從臣子辭當稱王。故絕其葬。明當誅之。至此卒者。因其有賢行。

公孫歸父如晉。

冬。十月。壬戌。公薨于路寢。

歸父還自晉。至檉。遂奔齊。

傳 還者何。善辭也。何善爾。歸父使於晉。上如晉是。還自晉。至檉。聞君薨家遣。家為魯所逐遣以先人弒君故也。墠帷。掃地曰墠。今齊俗名之云爾將祖踊故設帷重形。○墠音善。哭君成踊。踊辟踊也。禮必踊者。如嬰兒之慕母矣。成踊成三日五哭踊之禮禮臣為君本服斬衰。故成踊比二日朝莫哭踊三日朝哭踊。莫不復哭踊。去事之殺也。○殺所戒反。反命乎介。因介反命。禮。卿出聘。以大夫為上介。以士為衆介。自是走之齊。主書者。善其不以家見逐怨慭。成踊哭君。終臣子之道。起時莫能然也。言至檉者。善其得禮於檉。言遂者。因介反命是也。不待報。罪也。遂弒君。本當絕。小善錄者。本宣公同篡之人。父不當逐。不日者。伯討可逐。故從有罪例也。○慭直類反。

春秋公羊傳卷十六

春秋公羊傳卷十七

漢諫議大夫司空掾任城何　休學
明　後　學　東吳葛　鼒訂

成公

元年春王正月公即位

二月辛酉葬我君宣公

無冰周正月夏十二月尚書曰舒恒燠若易京房傳曰當寒而温倒賞也是時成公幼少季孫行父專權而委任之所致○舒恒如字尚書作豫燠本又作奧於六反

三月作丘甲

傳何以書譏何譏爾譏始丘使也四井爲邑四邑爲邱甲鎧也譏始使邱民作鎧也古者有四民一曰德能居位曰士二曰辟土殖穀曰農三曰巧心勞手以成器物曰工四曰通財粥貨曰商四民不相兼然後財用足月者重錄之○鎧苦代反辟婢亦反粥羊六反

夏臧孫許及晉侯盟于赤棘時者謀結鞏之戰不相負也後爲晉所執不日者執在三年外尋舊盟後非此盟所能保

秋王師敗績于貿戎○貿戎音茂一音茅左氏作茅戎

傳孰敗之蓋晉敗之以晉比侵柳圍郊知王師討晉而敗之或曰貿戎敗之以他貿戎故然則曷爲不言晉敗之据侵柳圍郊言晉王者無敵莫敢當也正其義使若王自敗于貿戎莫敢當敵敗之也不日月者深正之使若不戰

冬十月

二年春齊侯伐我北鄙

夏四月丙戌衛孫良夫帥師及齊師戰于新築衛師敗績

六月癸酉季孫行父臧孫許叔孫僑如公孫嬰齊帥師會晉郤克衛孫良夫曹公子手及齊侯戰于鞌齊師敗績○公子手一本作午左氏作首鞌音安

傳曹無大夫公子手何以書据屬無氏憂內也春秋託王于魯因假以見王法明諸侯有能從王者征伐不義克勝有功當襃之故與大夫大夫敵君不貶者隨從王者大夫得敵諸侯也不從內言大敗之者君子不掩人之功故從外言戰也魯舉四大夫不舉重者惡內多虛國家悉出用兵重錄內也○惡烏路反

秋七月齊侯使國佐如師己酉及國佐盟于袁婁

傳君不使乎大夫此其行使乎大夫何据高子來盟魯無君不稱使不從王者大夫稱使者實晉郤克爲主經先晉傳舉郤克是也○使所吏反佚獲也佚獲者已獲而逃亡也當絕賤使與大夫敵體以起之君獲不言師敗績等起不去師敗績者辟內敗文其佚獲奈何師還齊侯還繞晉郤克投戟逡巡再拜稽首馬前逢丑父者頃公之車右也人君驂乘有車右有御者面目與頃公相似衣服與頃公相似禮皮弁以征故言衣

服相似頃公有負晉魯之心故特選丑父備急欲以自代。代頃公當左。升車象陽陽道尚左故人君居左臣居右。使頃公取飲。頃公操飲而至。不知頃公將欲堅敵意邪勢未得去邪。曰：革取清者。革，更也。軍中人多水泉濁，欲使遠取清者，因亡去。頃公用是佚而不反。不書獲者，內大惡諱。逢丑父曰：吾賴社稷之神靈，吾君已免矣。郤克曰：欺三軍者，其法奈何。顧問執法者。曰：法斮。斮，斬。○斮，在略反，又仕略反。於是斮逢丑父。丑父死君不賢之者，經有使乎大夫，於王法頃公當絕。如賢丑父，是賞人之臣絕其君也。若以丑父故不絕頃公，是開諸侯戰不能死難也。如以衰世無絕頃公者，自齊所當善爾，非王法所當貴。○難，乃旦反。己酉，及齊國佐盟于袁婁。曷為不盟于師而盟于袁婁。據國佐如師。前此者，晉郤克與臧孫許同時而聘于齊。不書，恥之。蕭同姪子者，齊君之母也。蕭同，國名。姪子者，蕭同君姪娣之子，嫁與齊，生頃公。踊于棓而闚客。踊，上也。凡無高下有絕加躡板曰棓，齊人語。踊音勇。棓，普日反。○則客或跛或眇，於是使跛者迓跛者，使眇者迓眇者。迓迎卿主迎者也聘禮賓至大夫率至于館卿致館宰夫朝服致飧飪厥明至于館○飪而審反。二大夫出，相與踦閭而語。閭當道門閉一扇開一扇一人在外一人在內曰踦閭將別恨為齊所侮戲謀伐之而不欲使人聽之。○踦，居倚反。移日然後相去。齊人皆曰：患之起必自此始。知必為國家憂明舜堯之言不可慶且起頃公不覺寤。二大夫歸，相與率師為鞌之戰，齊師大敗。齊侯使國佐如師。怪御勝猶不解。往問之。郤克曰：與我紀侯之甗。齊襄公滅紀所得甗邑其土肥饒欲得之。或說甗玉甑○甗音言又魚輦反又音彥。反魯衛之侵地，使耕者東畝。使耕者東西如晉地。且以蕭同姪子為質。見侮戲本由蕭同姪子。○質音致。則吾舍子矣。國佐曰：與我紀侯之甗，請諾。反魯衛之侵地，請諾。使耕者東畝，是則土齊也。則晉悉以齊為土地。是不可行。蕭同姪子者，齊君之母也。齊君之母，猶晉君之母也，不可。言至尊不可為質。請戰。如欲使耕者東西畝質齊君之母當請戰。壹戰不勝，請再。再戰不勝，請三。言齊雖敗尚可三戰。三戰不勝，則齊國盡子之有也。何必以蕭同姪子為質。揖而去之。郤克眣魯衛之使，使以其辭而為之請。郤克眣傷其威故使魯衛大夫以國佐辭為國佐請○眣音舜又王乙反又達結反之使所吏反。然後許之。逮于袁婁而與之盟。逮，及也。追及國佐于袁婁也。傳極道此者，本禍所由生，因錄國佐受命不受辭義，可拒則拒，可許則許，一言使四國大夫汲汲追與之盟。

八月壬午，宋公鮑卒。

庚寅，衛侯遬卒。○遬音速。

取汶陽田。

傳 汶陽田者何？鞌之賂也。以國佐言反魯衛之侵地，請諾，本所侵地非一。總繫汶陽者，省文也。不言取之齊者，恥內乘勝脅齊求賂得邑，故諱使若非齊邑。○汶音問。

冬，楚師、鄭師侵衛。

十有一月，公會楚公子嬰齊于蜀。

丙申，公及楚人、秦人、宋人、陳人、衛人、鄭人、齊人、曹人、邾婁人、薛人、鄫人盟于蜀。

傳此楚公子嬰齊也，其稱人何？据會而盟一處，知一人也。得一貶焉爾。得一貶者，獨此一事得具見其惡，故貶之爾。不然，則當貶公也。如齊高傒矣，不貶公者，明不主爲公故也。上會不序諸侯大夫者，嬰齊楚專政驕蹇臣也，數道其君率諸侯侵中國，故獨先舉於上，乃貶之，明本在嬰齊，當先誅其本，乃及其末。

三年，春，王正月，公會晉侯、宋公、衛侯、曹伯伐鄭。

辛亥，葬衛繆公。○繆音穆。

二月，公至自伐鄭。

甲子，新宮災，三日哭。

傳新宮者何？宣公之宮也。以無新宮知宣公之宮廟。宣宮則曷爲謂之新宮？不忍言也。親之精神所依而災，孝子隱痛，不忍正言也。謂之新宮者，因新入宮，易其西北角，示昭穆相繼代，有所改更也。其言三日哭何？据桓僖宮災不言三日哭。廟災三日哭，禮也。善得禮。痛傷鬼神無所依歸，故君臣素縞哭之。新宮災何以書？記災也。此象宣公篡立，當誅絕，不宜列昭穆。成公幼少，臣威大重，結怨彊齊，將不得久承宗廟之應。○大重音泰。

乙亥，葬宋文公。

夏，公如晉。

鄭公子去疾率師伐許。○去起呂反。

公至自晉。

秋，叔孫僑如率師圍棘。

傳棘者何？汶陽之不服邑也。棘民初未服於魯。其言圍之何？据國內兵不舉。不聽也。不聽者，叛也。不言叛者，爲內諱，故書圍以起之。不先以文德來之，而便以兵圍之，當與圍外邑同罪，故言圍也。得曰取，不得曰圍。

大雩。成公幼少，大臣秉政，變亂政教。先是作丘甲，爲鞌之戰，伐鄭圍棘，不恤民之所生。

晉郤克、衛孫良夫伐將咎如。○將咎如，咎音古刀反，左氏作廧咎如。

冬，十有一月，晉侯使荀庚來聘。

衛侯使孫良夫來聘。

丙午，及荀庚盟。

丁未，及孫良夫盟。

傳此聘也，其言盟何？据不舉重嫌生事，故此以輕問重也。聘而言盟者，尋舊盟也。尋猶尋繹也。以不舉重連聘而言之，知尋繹舊故約誓也。書者，惡之。詩曰：君子屢盟，亂是用長。二國既修禮相聘，不能相親信，反復相疑，故舉聘以非之。○長丁丈反。

鄭伐許。謂之鄭者，惡鄭襄公與楚同心，數侵伐諸夏。自此之後，中國盟會無已，兵革數起，夷狄比周爲黨，故夷狄之。○數所角反，下同。比毗志反。

四年春宋公使華元來聘

三月壬申鄭伯堅卒

○堅苦刃反本或作臤

杞伯來朝

夏四月甲寅臧孫許卒

公如晉

葬鄭襄公

秋公至自晉

冬城運

鄭伯伐許

未踰年君稱伯者時樂成君位親自伐許故如其意以著其惡

五年春王正月杞叔姬來歸

始歸不書與郯伯姬同

仲孫蔑如宋

夏叔孫僑如會晉荀秀于穀

○荀秀左氏作荀首

梁山崩

傳梁山者何河上之山也梁山崩何以書記異也何異爾大也何大爾梁山崩壅河三日不沵故不日以起之不書壅河者舉崩大為重外異不書此何以書為天下記異也山者陽精德澤所由生君之象河者四瀆所以通道中國與王道同記山崩壅河者此象諸侯失勢王道絕大夫擅恣為海內害自是之後大十年之中弒君十四亡國三十二故漠梁之盟徧剌天下之大夫

秋大水

先是既有邱甲鞌鞍之役又重以城鄆民怨之所生

冬十有一月己酉天王崩

定王

十有二月己丑公會晉侯齊侯宋公衛侯鄭伯曹伯邾婁子杞伯同盟于蟲牢

約備彊楚

六年春王正月公至自會

月者前會大夫獲齊侯今親相見故危之

二月辛巳立武宮

傳武宮者何武公之宮也在春秋前立者何立者不宜立也立武宮非禮也禮天子諸侯立五廟受命始封之君立一廟至於子孫過高祖不得復立廟周家祖有功尊有德立后稷文武廟至於子孫自高祖已下而七廟天子卿大夫三廟元士二廟諸侯之卿大夫比元士二廟諸侯之士一廟立武宮者蓋時衰多廢人事而好求福於鬼神故重而書之藏孫許伐齊有功故立武宮

取鄟

○鄟市轉反又音專

傳 鄟者何邾婁之邑也曷爲不繫于邾婁諱亟也（諱會背信亟也屬相與爲蟲牢之盟旋取其邑故使若非蟲牢人矣○亟去冀反注同背音佩）

衛孫良夫率師侵宋

夏六月邾婁子來朝

公孫嬰齊如晉

壬申鄭伯費卒（不書葬者爲中國諱蟲牢之盟約備彊楚楚伐鄭喪不能救晉又侵之故去葬使若非伐喪○費音秘爲于僞反去起呂反）

秋仲孫蔑叔孫僑如率師侵宋

楚公子嬰齊率師伐鄭

冬季孫行父如晉

晉欒書率師侵鄭

七年春王正月鼷鼠食郊牛角改卜牛鼷鼠又食其角乃免牛（鼷鼠者鼠中之微者角生上指逆之象易京房傳曰祭天不慎鼷鼠食郊牛角書又食者重錄魯不覺寤重有災也不重言牛獨重言鼠者言角牛可知食牛者未必故鼠故重言鼠○鼷音兮）

吳伐郯（吳國見者罕與中國交至升平乃見故因始見以漸進○郯音談）

夏五月曹伯來朝

不郊猶三望

秋楚公子嬰齊率師伐鄭公會晉侯齊侯宋公衛侯曹伯莒子邾婁子杞伯救鄭八月戊辰同盟于馬陵

公至自會

吳入州來

冬大雩（先是公會諸侯救鄭承前不恤民之所致）

衛孫林父出奔晉

八年春晉侯使韓穿來言汶陽之田歸之于齊

傳 來言者何內辭也脅我使我歸之也（以此經加之知見使即聞晉語自歸之但當言歸）曷爲使我歸之（據本魯邑）鞌之戰齊師大敗齊侯歸弔死視疾七年不飲酒不食肉晉侯聞之曰嘻奈何使人之君七年不飲酒不食肉請皆反其所取侵地（晉侯聞齊侯悔過自責高其義畏其德使諸侯還魯之所喪邑魯見使卑有恥故諱不言使者因兩爲其義諸侯不得相奪土地晉適可來議語之魯宜聞義自歸之爾不得使也主書者善晉之義齊○喪息浪反）

晉欒書帥師侵蔡

公孫嬰齊如莒

宋公使華元來聘

夏宋公使公孫壽來納幣

傳 納幣不書此何以書（據紀履緰來逆女不書納幣○緰音須）錄伯

姬也伯姬守節逮火而死賢故詳錄其禮所以殊於衆女

晉殺其大夫趙同趙括

秋七月天子使召伯來錫公命

傳其稱天子何据天王使毛伯來錫文公命不稱天子元年春王正月正也正者文不變也其餘皆通矣其餘謂不繫于元年者或言王或言天王或言天子皆相通矣以見刺譏是非也王者號也德合元者稱皇孔子曰皇象元逍遙術無文字德明諡德合天者稱帝河洛受瑞可放仁義合者稱王符瑞應天下歸往天子者爵稱也聖人受命皆天所生故謂之天子此錫命稱天子者爲王者長愛幼少之義欲進勉幼君當勞來與賢師良傅如父教子不當賜也月者例也爲魯喜錄之○勞力報反來力代反

冬十月癸卯杞叔姬卒棄而日卒者爲下脅杞歸其喪張本文使若尚爲杞夫人

晉侯使士燮來聘

叔孫僑如會晉士燮齊人邾婁人伐郯

衛人來媵○媵以證反又繩證反

傳媵不書此何以書据逆女不書媵也言來媵者禮君不求媵諸侯自媵夫人錄伯姬也伯姬以賢聞諸侯諸侯爭欲媵之故善而詳錄之媵例時

九年春王正月杞伯來逆叔姬之喪以歸

傳杞伯曷爲來逆叔姬之喪以歸据已棄也內辭也脅而歸之也言以歸者與忿怒執人同辭而不得專其本意知其爲脅也已棄而脅歸其喪悖義恥深惡重故使若杞伯自來逆之

公會晉侯齊侯宋公衛侯鄭伯曹伯莒子杞伯同盟于蒲不日者已得鄭盟當以備楚而不以罪執之旋使離叛楚緣隙潰莒不能救禍由中國無信故諱爲信辭使若莒潰非盟失信所以甚中國因與下潰日相起

公至自會

二月伯姬歸于宋

夏季孫行父如宋致女

傳未有言致女者此其言致女何錄伯姬也古者婦人三月而後廟見稱婦擇日而祭於禰成婦之義也父母使大夫操禮而致之必三月者取一時足以別貞信貞信著然後成婦禮書者與上納幣同義所以彰其潔且爲父母安榮之言女者謙不敢自成禮婦人未廟見而死歸葬於女氏之黨○爲于僞反

晉人來媵

傳媵不書此何以書錄伯姬也義與上同復發傳者樂道人之善

秋七月丙子齊侯無野卒

晉人執鄭伯

晉欒書帥師伐鄭

冬十有一月葬齊頃公

楚公子嬰齊帥師伐莒庚申莒潰日者錄責中國無信同盟不能相救至爲夷狄所潰

楚人入運

秦人白狄伐晉

鄭人圍許

城中城

十年春衛侯之弟黑背率師侵鄭

夏四月五卜郊不從乃不郊

傳其言乃不郊何据上不郊不言乃僖公不從言免牲也不免牲故言乃不郊也不免牲當坐盜天牲失事天之道故諱使若重難不得郊

五月公會晉侯齊侯宋公衛侯曹伯伐鄭不致者成公數卜郊不從怨懟故不免牲不但免牲而已故奪臣子辭以起之○數所角反懟直類反

齊人來媵

傳媵不書此何以書録伯姬也三國來媵非禮也曷爲皆以録伯姬之辭言之婦人以衆多爲侈也侈大也朝廷侈於妬上婦人侈於妬下伯姬以至賢爲三國所爭媵故侈大其能容之唯天子取十二女○取七住反

丙午晉侯獳卒不書葬者殺大夫趙同等○獳乃侯反

秋七月

公如晉如晉者冬也去冬者惡成公前既怨懟不免牲今復如晉過郊乃反遂怨懟無事天之意當絶之

春秋公羊傳卷十七

春秋公羊傳卷十八

漢諫議大夫司空掾任城何　休學

明　後　學　東吳金　蟠訂

成公

十有一年春王三月公至自晉

晉侯使郤州來聘己丑及郤州盟〔○州本亦作犫尺由反〕

夏季孫行父如晉

秋叔孫僑如如齊

冬十月

十有二年春周公出奔晉

傳周公者何天子之三公也王者無外此其言出何自其私土而出也〔私土者謂其國也此起諸侯入爲天子三公也周公驕蹇不事天子出居私土不聽京師之政天子召之而出走明當并絕其國故以出國錄也不月者小國也〕

夏公會晉侯衛侯于沙澤〔○沙澤二傳作瑣澤定七年同〕

秋晉人敗狄于交剛

冬十月

十有三年春晉侯使郤錡來乞師〔○錡魚綺反〕

三月公如京師〔月者善公尊天子〕

夏五月公自京師遂會晉侯齊侯宋公衛侯鄭伯曹伯邾婁人滕人伐秦

傳其言自京師何〔據僖公二十八年諸侯遂圍許不言自王所〕公鑿行也〔以起公鑿行也鑿猶更造之意〕公鑿行奈何不敢過天子也〔時本欲直伐秦塗過京師不敢過天子而不朝復生事修朝禮而後行故起時善而褒成其意使若故朝然後生事也間無事復出公者善公鑿行○間復出扶又反〕

曹伯盧卒于師〔○盧力吳反本亦作廬〕

秋七月公至自伐秦〔月者危公幼而遠用兵〕

冬葬曹宣公

十有四年春王正月莒子朱卒〔莒大于邾婁至此乃卒者庶其見殺不得卒至此始卒又不得日〕

夏衛孫林父自晉歸于衛

秋叔孫僑如如齊逆女〔凡娶早晚皆不譏者從紀履緰一譏而已○取本又作娶〕

鄭公子喜率師伐許

九月，僑如以夫人婦姜氏至自齊。

冬十月庚寅，衛侯臧卒。

秦伯卒。

十有五年春王二月，葬衛定公。

三月乙巳，仲嬰齊卒。

傳 仲嬰齊者何？疑仲遂後，故問之。公孫嬰齊也。未見於經爲公孫嬰齊，今爲大夫死見於經爲仲嬰齊。公孫嬰齊則曷爲謂之仲嬰齊？爲兄後也。爲兄後則曷爲謂之仲嬰齊？據本公孫。爲人後者爲之子也。更爲公孫之子，故不得復氏公孫。〇復，扶又反。爲人後者爲其子，則其稱仲何？據氏非一。孫以王父字爲氏也。謂諸侯子也。顧興滅繼絕，故紀族明所出。然則嬰齊孰後？後歸父也。歸父使于晉而未反，宣公十八年，自晉至檉，奔齊，訖今未還。何以後之？據已絕也。叔仲惠伯傅子赤者也。叔仲者，叔彭生氏也。文家字積於叔，叔仲有長幼，故連氏之。經云仲者，明春秋質家當積於仲。惠，諡也。文公死，子幼。子赤幼也。公子遂謂叔仲惠伯曰：君幼，如之何？願與子慮之。叔仲惠伯曰：吾子相之，老夫抱之。禮，大夫七十而致事，若不得謝，則必賜之几杖，行役以婦人從，適四方乘安車，自稱曰老夫。何幼君之有？公子遂知其不可與謀，退而殺叔仲惠伯，弒子赤而立宣公。殺叔仲惠伯不書者，舉弒君爲重。叔仲惠伯事與荀息相類，不得爲累者，有異也。叔仲惠伯宜先見殺爾，不如荀息死之。宣公死，成公幼，臧宣叔者相也。臧孫許，諡宣。君死不哭，聚諸大夫而問焉，曰：昔者叔仲惠伯之事，孰爲之？諸大夫皆雜然曰：仲氏也，其然乎！於是遣歸父之家。時見君幼，欲以防示諸大夫。然後哭君。歸父使乎晉，還自晉，至檉，聞君薨家遣，墠帷，哭君成踊，反命于介，自是走之齊。魯人徐傷歸父之無後也，徐者，皆共之辭也。關東語。傷其先人爲惡，身見遂絕，不忿懟也。於是使嬰齊後之也。弟無後兄之義，爲亂昭穆之序，失父子之親，故不言仲孫，明不與子爲父孫。

癸丑，公會晉侯、衛侯、鄭伯、曹伯、宋世子戍、齊國佐、邾婁人同盟于戚。〇世子戍，音恤，本或作成。

晉侯執曹伯歸之于京師。爲篡喜時。〇爲，于僞反。

公至自會。

夏六月，宋公固卒。不日者，多取三國媵，非禮，故略之。

楚子伐鄭。

秋八月庚辰，葬宋共公。〇共，音恭。

宋華元出奔晉。

宋華元自晉歸于宋。

不省文復出宋華元者宋公卒子幼華元以憂國爲大夫山所譖出奔晉晉人理其罪宋人反華元

誅山故繁文大之也言歸者明出入無惡

宋殺其大夫山。

不氏者見殺在華元歸後嫌直自見殺者故貶之明以譖華元故

宋魚石出奔楚。

與山有親恐見及也後得言復入者出無惡知非君漏言魚石不殺山

冬，十有一月，叔孫僑如會晉士燮、齊高無咎、宋華元、衛孫林父、鄭公子鰌、邾婁人會吳于鍾離。

○燮息協反咎其九反鰌音秋

傳 曷爲殊會吳？据楚不殊外吳也。曷爲外也？据襄五年不外之

春秋內其國而外諸夏，內諸夏而外夷狄。內其國者假魯以爲京師也諸夏外土諸侯也謂之夏者大總下土言之辭也不殊楚者楚始見所傳聞世尚外諸夏未得殊也至於所聞世可得殊又卓然有君子之行吳似夷狄差醇而適見於可殊之時故獨殊吳○差初賣反

王者欲一乎天下，曷爲以外內之辭言之？据大一統

言自近者始也。明當先正京師乃正諸夏諸夏正乃正夷狄以漸治之葉公問政於孔子孔子曰近者說遠者來季康子問政於孔子孔子曰政者正也子帥以正孰敢不正是也月者危錄之諸侯既委任大夫復命交接夷狄○葉舒涉反下文同說音悅

許遷于葉。

十有六年，春，王正月，雨木冰。

傳 雨木冰者何？雨而木冰也。何以書？記異也。木者少陽幼君大臣之象冰者陰兵之類也冰脅木者君臣將執於兵之徵也

夏，四月，辛未，滕子卒。

滕始卒於宣公日於成公不名邾婁始卒於文公日於襄公名俱葬於昭公是以知滕小

鄭公子喜帥師侵宋。

六月，丙寅朔，日有食之。

是後楚滅舒庸晉厲公見弑殺尤重故十七年復食

晉侯使欒黶來乞師。

○欒力官反黶於斬反

甲午，晦。

傳 晦者何？冥也。何以書？記異也。此王公失道臣代其治故陰代陽

晉侯及楚子、鄭伯戰于鄢陵，楚子、鄭師敗績。

○鄢於晚反又於建反

傳 敗者稱師，楚何以不稱師？据宋公戰于泓敗績稱師王痍也。

王痍者何？傷乎矢也。時爲飛矢所中○痍音夷然則何以不言師敗績？据王痍末言爾。末無也無所取於言師敗績也凡舉師敗績爲重衆今親傷人君當舉傷君爲重以言戰又言敗績知非詐當蒙上日也

楚殺其大夫公子側。

秋，公會晉侯、齊侯、衛侯、宋華元、邾婁人于沙隨，不見公。公至自會。

傳 不見公者何？公不見見也。不見見者恚乞師不得欲執之○恚一睡

反。公不見見大夫執，何以致會。據不得意扈之會公失序不致。不恥也。曷爲不恥。據扈之會公失序恥。公幼也。因公幼殺恥爲諱辭不書行父執者，公不見見己重矣。

公會尹子、晉侯、齊國佐、邾婁人伐鄭。

曹伯歸自京師。

【傳】執而歸者名。曹伯何以不名。而不言復歸于曹何。據曹伯襄復歸于曹。易也。易故未言之不復舉國名。其易奈何。公子喜時在內也。公子喜時在內，則何以易。據本篡喜時也。○喜時左傳作欣時。公子喜時者，仁人也。內平其國而待之。和平其臣民，令專心于負芻。外治諸京師而免之。訟治於京師解免使來歸。其言自京師何。據僖二十八年晉人執衛侯歸之于京師，後復歸于衛，俱天子所歸，不言自京師。不連歸問者，嫌自京師天子有力文。言甚易，欲拜問力文，與上說喜時錯。言甚易也。舍是無難矣。言歸自京師者與內據臣子致公同文，欲言甚易也，舍此所從還無危難矣。主所以見曹伯歸本據喜時平國反之書非錄京師有力也。執歸書者，賢喜時爲兄所篡終無怨心而復深推精誠，憂免其難，非至仁莫能行之，故書起其功也。○舍是音捨，注同，下傳舍臣放此。無難乃旦反，注同。

九月，晉人執季孫行父，舍之于招丘。○招邱章遙反，又上饒反。二傳作苕邱。

【傳】執未可言舍之者，此其言舍之何。仁之也。曰在招丘悕矣。悕悲也。仁之者，若曰在招邱悕可悲矣，閔錄之辭。○悕音希。執未有言仁之者，此其言仁之何。代公執也。其代公執奈何。前此者晉人來乞師而不與。不書者，不與無惡。公會晉侯會沙隨也。將執公。季孫行父曰：此臣之罪也。於是執季孫行父。成公將會厲公，謂上伐鄭言諡者別嬰齊所請也。期言公會晉侯者，嬰齊所請事也，故下與嬰齊傳合同。○別彼列反。會不當期，將執公。季孫行父曰：臣有罪，執其君；子有罪，執其父。此聽失之大者也。今此臣之罪也，舍臣之身而執臣之君，吾恐聽失之爲宗廟羞也。於是執季孫行父。善其過則稱己，美則稱君，累代公執，在危殆之地，故地言舍而月之者，痛傷忠臣不得其所。爲代公執，不稱行人者，在君側，非出使。

冬，十月乙亥，叔孫僑如出奔齊。

十有二月乙丑，季孫行父及晉郤州盟于扈。行父執釋不致者，舉公至爲重。

公至自會。

乙酉，刺公子偃。

十有七年春，衛北宮結率師侵鄭。

夏，公會尹子、單子、晉侯、齊侯、宋公、衛侯、曹伯、邾婁人伐鄭。

六月乙酉，同盟于柯陵。

秋，公至自會。

齊高無咎出奔莒

九月辛丑用郊

傳 用者何用者不宜用也九月非所用郊也周之九月夏之七月天氣上升地氣下降又非郊時故加用之然則郊曷用郊用正月上辛魯郊博卜春三月言正月者因見百王正所當用也三王之郊一用夏正言正月者春秋之制也正月者歲首上辛猶始新皆取其首先之意日者明用辛例不郊則不日或曰用然後郊或曰用者先有事於后稷神名也晉人將有事於河必先有事於惡池齊人將有事於泰山必先有事於蜚林魯人將有事於天必先有事於泮宮九月郊尤悖禮故言用小大盡譏之以不郊乃譏三望知郊不得譏小也又夕牲告牲后稷當在日上不當在日下○惡如字又火吳反池如字又大河反

晉侯使荀罃來乞師○罃乙耕反

冬公會單子晉侯宋公衛侯曹伯齊人邾婁人伐鄭

十有一月公至自伐鄭月者方正下壬申故月之

壬申公孫嬰齊卒于貍軫○貍力之反軫之忍反左氏作脤穀梁作蜃

傳 非此月日也曷爲以此月日卒之據下丁巳朔知壬申在十月待君命然後卒大夫曷爲待君命然後卒大夫據昭公出奔卒叔孫舍前此者嬰齊走之晉不書者以爲公請除出奔之罪也○爲于僞反下文爲公同公會晉侯將執公嬰齊爲公請公許之反爲大夫歸至于貍軫而卒十月壬申日貍軫魯地無君命不敢卒大夫因人未被君命不敢使從大夫禮公至十一月至是也曰吾固許之反爲大夫許反爲大夫即受命矣然後卒之善其不敢自專故引其死日下就公至月卒之起其事所以激當世之驕臣

十有二月丁巳朔日有食之

邾婁子貜且卒○貜且俱縛反下予餘反

晉殺其大夫郤錡郤州郤至

楚人滅舒庸舒庸東夷道吳圍巢

十有八年春王正月晉殺其大夫胥童

庚申晉弒其君州蒲日者二月庚申日上繫於正月者起正月見幽二月庚申日死也厲公猥殺四大夫臣下人人恐見及以致此禍故日起其事深爲有國者戒也

齊殺其大夫國佐

公如晉

夏楚子鄭伯伐宋宋魚石復入于彭城不書叛者楚爲魚石伐取彭城以封之本受于楚非得于宋故舉伐於上起其意也楚以封魚石復本繫于宋言復入者不與楚專封故從犯君錄之主書者其專封○復入扶又反注同

公至自晉

晉侯使士匄來聘〇匄古害反

秋杞伯來朝

八月邾婁子來朝

築鹿囿

傳何以書譏何譏爾有囿矣又爲也刺奢泰妨民天子囿方百里公侯十里伯七里子男五里皆取一也

己丑公薨于路寢

冬楚人鄭人侵宋

晉侯使士彭來乞師〇士彭二傳作士魴襄十二年同

十有二月仲孫蔑會晉侯宋公衛侯邾婁子齊崔杼同盟于虛朾不日者時欲行義爲宋誅魚石故善而爲信辭或褒盟略〇杼直呂反虛朾起魚反下勑下反

丁未葬我君成公

春秋公羊傳卷十八

春秋公羊傳卷十九

漢諫議大夫司空掾任城何休學

明後學東吳葛鼒訂

襄公

元年春王正月公卽位

仲孫蔑會晉欒黶宋華元衛甯殖曹人莒人邾婁人滕人薛人圍宋彭城

傳宋華元曷爲與諸侯圍宋彭城据晉趙鞅以地正國加叛文今此無加叛文故問之爲宋誅也故華元無惡文其爲宋誅奈何魚石走之楚楚爲之伐宋取彭城以封魚石魚石之罪奈何以入是爲罪也說在成十八年書者善諸侯爲宋誅雖不能誅猶有屈彊臣之助楚已取之矣曷爲繫之宋据莒人伐杞取牟婁后莒人牟夷以牟婁來奔不繫杞不與諸侯專封也故奪繫于宋使若宋邑者楚救不書者從封內兵也

夏晉韓屈帥師伐鄭

仲孫蔑會齊崔杼曹人邾婁人杞人次于合刺欲救宋而后不能也知不救鄭者時鄭背中國不能救不得刺○于合二傳作鄫

秋楚公子壬夫帥師侵宋

九月辛酉天王崩

邾婁子來朝

冬衛侯使公孫剽來聘○剽匹妙反

晉侯使荀罃來聘

二年春王正月葬簡王

鄭師伐宋

夏五月庚寅夫人姜氏薨

六月庚辰鄭伯睔卒不書葬者諱伐喪○睔古困反

晉師宋師衛甯殖侵鄭

秋七月仲孫蔑會晉荀罃宋華元衛孫林父曹人邾婁人于戚

己丑葬我小君齊姜

傳齊姜者何齊姜與繆姜則未知其爲宣夫人與成夫人與齊姜者宣公夫人九年繆姜者成公夫人也傳家依違者襄公服繆姜喪未踰年親自伐鄭有惡故傳從內義不正言也○繆音穆

叔孫豹如宋

冬仲孫蔑會晉荀罃齊崔杼宋華元衛孫林父曹人邾婁人滕人薛人小邾婁人于戚遂城虎牢

傳虎牢者何鄭之邑也以下戍繫鄭其言城之何据外城邑不書取之也取之則曷爲不言取之据取牟婁爲中國諱

也曷爲爲中國諱 據莒伐杞取牟婁不爲中國諱 諱伐喪也曷爲不繫乎鄭爲中國諱也大夫無遂事此其言遂何歸惡乎大夫也 使若大夫自生事取之者歸實遂但當言取之

楚殺其大夫公子申

三年春楚公子嬰齊帥師伐吴

公如晉

夏四月壬戌公及晉侯盟于長樗 ○樗勑居反

公至自晉 盟地者不于都也以晉致者上盟不于都嫌如晉不得入故以晉致起之不別盟得意者成公比失晉意于晉公獨得容盟得意亦可知○別彼列反

六月公會單子晉侯宋公衛侯鄭伯莒子邾婁子齊世子光己未同盟于雞澤 盟下日者信在世子光也

陳侯使袁僑如會

傳 其言如會何 據曹伯襄言會諸侯鄭子言會盟 後會也 不直言會盟者時諸侯不親與袁僑盟又下方殊及之

戊寅叔孫豹及諸侯之大夫及陳袁僑盟

傳 曷爲殊及陳袁僑 據俱諸侯之大夫也言之大夫者辟諸侯與大夫皆盟 爲其與袁僑盟也 陳鄭楚之與國陳侯有慕中國之心有疾使大夫會諸侯欲附疏不復備責遂與之盟共結和親故殊之起主爲與袁僑盟也復出陳者喜得陳國也不重出地有諸侯在臣繫君故因上地

秋公至自會

冬晉荀罃帥師伐許

四年春王三月己酉陳侯午卒

夏叔孫豹如晉

秋七月戊子夫人弋氏薨 ○弋氏以職反左氏作姒氏

葬陳成公

八月辛亥葬我小君定弋 ○定弋左氏作定姒

傳 定弋者何襄公之母也 定弋莒女也襄公者成公之妾子

冬公如晉

陳人圍頓

五年春公至自晉

夏鄭伯使公子發來聘

叔孫豹鄫世子巫如晉

傳 外相如不書此何以書 據晉郤克與臧孫許同時而聘于齊不書 爲叔孫豹率而與之俱也 以不殊鄫世子俱言如也 叔孫豹則曷爲率而與之俱 據非內大夫 蓋舅出也 巫者鄫前夫人襄公母姊妹之

子也俱莒外孫故曰舅出莒將滅之故相與往殆乎晉也殆疑疑讞
于晉齊人語疑讞魚竭反○莒將滅之則曷爲相與往殆乎晉
據當以兵救之取後乎莒也其取後乎莒奈何莒女有爲
鄫夫人者蓋欲立其出也時莒女嫁爲鄫後夫人夫人無男有女還嫁之
于莒有外孫鄫子愛後夫人而無子欲立其外孫主書者善之得爲善者雖揚父之惡救國之滅者
可也
仲孫蔑衛孫林父會吳于善稻
不殊衛者晉侯欲會吳于戚使魯衛先通好見使畀故不殊蓋起所恥○善稻左氏作善道好呼報
反
秋大雩
先是襄公數用兵圍彭城城虎牢三年再會四年如晉踰年乃反又賦斂重恩澤不施所致○數所
角反
楚殺其大夫公子壬夫
公會晉侯宋公陳侯衛侯鄭伯曹伯莒子邾婁子滕
子薛伯齊世子光吳人鄫人于戚
傳吳何以稱人據上善稻之會不稱人吳鄫人云則不辭孔子
曰言不順則事不成方以吳抑鄫國列在稱人上不以順辭故進吳稱人所以抑鄫者經書莒人滅
鄫又與巫訴巫當存惡鄫文不見見惡必以吳者夷狄尚知父死子繼故以甚鄫也等不使鄫稱國
者鄫不如夷狄故不得與夷狄同文○惡鄫烏路反
公至自會

冬戍陳
傳孰戍之諸侯戍之曷爲不言諸侯戍之據下救陳言諸
侯離至不可得而序離至離別前後至也陳坐欲與中國欲强楚之害中國宜
雜然同心救之乃解怠前後至故不序以刺中國之無信○解古賣反故言我也言我
者以魯至時書與魯微者同文微者同文者使若城楚邱辟魯獨戍之戍例時
楚公子貞帥師伐陳
公會晉侯宋公衛侯鄭伯曹伯莒子邾婁子滕子薛
伯齊世子光救陳十有二月公至自救陳
辛未季孫行父卒
六年春王三月壬午杞伯姑容卒
始卒便名日書葬者新黜未忍便略也
夏宋華弱來奔
秋葬杞桓公
滕子來朝
莒人滅鄫
莒稱人者莒公子鄫外孫稱人者從莒無大夫也言滅者以異姓爲後莒人當坐滅也不月者取後
于莒非兵滅
冬叔孫豹如邾婁
季孫宿如晉
十有二月齊侯滅萊

傳曷爲不言萊君出奔。據譚子言奔。國滅君死之正也。明國當存。不書殺萊君者，舉滅國爲重。

七年春，郯子來朝。○郯音談。

夏四月，三卜郊，不從，乃免牲。

小邾婁子來朝。

城費。○費音祕。

秋，季孫宿如衛。

八月，螽。先是郯、小邾婁來朝，有賓主之賦，加以城費，季孫宿如衛，煩擾之應。○螽音終。

冬十月，衛侯使孫林父來聘。壬戌，及孫林父盟。

楚公子貞帥師圍陳。

十有二月，公會晉侯、宋公、陳侯、衛侯、曹伯、莒子、邾婁子于鄬。○鄬于委反，字林几吹反。

鄭伯髡原如會，未見諸侯，丙戌，卒于操。

傳操者何。鄭之邑也。諸侯卒其封內不地，此何以地。據陳侯鮑卒不地。隱之也。何隱爾。弒也。孰弒之。其大夫弒之。曷爲不言其大夫弒之。據鄭公子歸生弒其君夷書。爲中國諱也。曷爲爲中國諱。據歸生弒君，不爲中國諱。鄭伯將會諸侯于鄬，其大夫諫曰：中國不足歸也，則不若與楚。鄭伯曰：不可。其大夫曰：以中國爲義，則伐我喪；據城虎牢事。以中國爲彊，則不若楚。言楚屬圍陳，不能救。於是弒之。厥由中國無義，故深諱，使若自卒。○厥由音禍。鄭伯髡原何以名。據陳侯如會不名。傷而反，未至乎舍而卒也。舍，昨日所舍止處也。以操鄭邑，知傷而反也。未見諸侯，尚往辭，知未至舍也。云爾者，古者保辜，諸侯卒名，故於如會名之，明如會時爲大夫所傷，以傷辜死也。君親無將，見辜者，辜內當以弒君論之，辜外當以傷君論之。未見諸侯，其言如會何。致其意也。鄭伯欲與中國，意未達而見弒，故養遂而致之，所以達賢者之心。

陳侯逃歸。起鄭伯欲與中國，卒逢其禍，諸侯莫有恩痛自疾之心，於是懼然後逃歸，故書以刺中國之無義。加逃者，抑陳侯也。孔子曰：夷狄之有君，不如諸夏之亡，不當背也。

八年春王正月，公如晉。月者，起鄭之會，鄭伯以弒，陳侯逃歸，公獨修禮於大國，得自安之道，故善錄之。

夏，葬鄭僖公。

傳賊未討，何以書葬。爲中國諱也。探順上事，使若無賊然。不月者，本實當去葬，責臣子，故不足也。○去，起呂反。

鄭人侵蔡，獲蔡公子燮。○燮，素協反。

傳此侵也，其言獲何？據宋華元戰乃言獲也。宋師敗績獲宋侵而言獲者，適得之也。時適遇值其不備獲得之易不言取之者封內兵不書嫌如子糾取一人。故言獲起有兵也又將兵禦難不明侯伺雖不戰鬭當坐獲○易以豉反難乃旦反

季孫宿會晉侯、鄭伯、齊人、宋人、衛人、邾婁人于邢丘。○邢音刑

公至自晉。

莒人伐我東鄙。

秋，九月，大雩。由城費公比出會如晉莒人伐我動擾不恤民之應

冬，楚公子貞帥師伐鄭。

晉侯使士匄來聘。

九年，春，宋火。○二傳作宋災

傳曷爲或言災，或言火？大者曰災，小者曰火。大者謂正寢社稷宗廟朝廷也下此則小矣災者離本辭故可以見火○離力智反然則內何以不言火？據西宮災不言火內不言火者，甚之也。春秋以內爲天下法動作當先自克責故小有火如大有災何以書？記災也。外災不書，此何以書？爲王者之後記災也。是時周樂已毀先聖法度浸疏遠不用之應

夏，季孫宿如晉。

五月，辛酉，夫人姜氏薨。

秋，八月，癸未，葬我小君繆姜。

冬，公會晉侯、宋公、衛侯、曹伯、莒子、邾婁子、滕子、薛伯、杞伯、小邾婁子、齊世子光伐鄭。十有二月，己亥，同盟于戲。事連上伐不致者惡公服繆姜喪未踰年而親伐鄭故奪臣子辭○戲許宜反惡烏路反

楚子伐鄭。

十年，春，公會晉侯、宋公、衛侯、曹伯、莒子、邾婁子、滕子、薛伯、杞伯、小邾婁子、齊世子光會吳于柤。○柤莊加反

夏，五月，甲午，遂滅偪陽。○偪音福又彼力反

公至自會。滅日者甚惡諸侯不崇禮義以相安反遂爲不仁開道彊滅中國中國之禍連蔓日及故疾錄之滅比于取邑例不當書晉書致者深諱使若公與上會不與下滅○惡烏路反道音導與音預

楚公子貞、鄭公孫輒帥師伐宋。

晉師伐秦。

秋，莒人伐我東鄙。

公會晉侯、宋公、衛侯、曹伯、莒子、邾婁子、齊世子光、滕子、薛伯、杞伯、小邾婁子伐鄭。

冬盜殺鄭公子斐公子發公孫輒(不言其大夫者降從盜故與盜同文○斐左氏作騑)

戍鄭虎牢

傳 孰戍之諸侯戍之曷爲不言諸侯戍之離至不可得而序故言我也(刺諸侯既取虎牢以爲蕃蔽不能雜然同心安附之)諸侯已取之矣曷爲繫之鄭(据莒牟夷以牟婁來奔本杞之邑不繫于杞)諸侯莫之主有故反繫之鄭(諸侯本無利虎牢之心欲共以距楚爾無主有之者故不當坐取邑故反繫之鄭見其意也所以見之者上諱伐喪不言取今刺戍之舒緩嫌於義反故正之云爾)

楚公子貞帥師救鄭

公至自伐鄭

十有一年春王正月作三軍

傳 三軍者何三卿也(爲軍置三卿官也卿大夫爵號大同小異方据上卿道中下故總言三卿)作三軍何以書(欲問作多書乎作少書乎故復全舉句以問之)譏何譏爾古者上卿下卿上士下士(說古制司馬官數古者諸侯有司徒司空上卿各一下卿各二司馬事省上下卿各一上士相上卿下士相下卿足以爲治襄公委任彊臣國家內亂兵革四起軍職不共不推其原乃益司馬作中卿官踰王制故譏之言軍者本以軍數置之月者重錄之)

夏四月四卜郊不從乃不郊(成公下文不致此致者襄公但不免牲爾不怨懟無所起)

鄭公孫舍之帥師侵宋

公會晉侯宋公衛侯曹伯齊世子光莒子邾婁子滕子薛伯杞伯小邾婁子伐鄭

秋七月己未同盟于京城北(○京城北左氏作亳城北)

公至自伐鄭

楚子鄭伯伐宋

公會諸侯宋公衛侯曹伯齊世子光莒子邾婁子滕子薛伯杞伯小邾婁子伐鄭會于蕭魚

傳 此伐鄭也其言會于蕭魚何(据伐鄭常難今有詳錄之文○難乃旦反)蓋鄭與會爾(中國以鄭故三年之中五起兵至是乃服其後無干戈之患二十餘年故喜而詳錄其會起得鄭爲重○與音預)

公至自會

楚人執鄭行人良霄

冬秦人伐晉(爲楚救鄭)

春秋公羊傳卷十九

春秋公羊傳卷二十

漢諫議大夫司空掾任城何　休學
明後學　東吳金　蟠訂

襄公

十有二年春王三月莒人伐我東鄙圍台

〇台他來反又音臺

傳　邑不言圍此其言圍何伐而言圍者取邑之辭也我而不言圍者非取邑之辭也

外取邑有嘉惡當書不直言取邑者深恥中國之無信也前九年伐得鄭同盟于戲楚伐鄭不救卒為鄭所背中國以弱蠻荊以強兵革亟作蕭魚之會服鄭最難不務長和親復相貪犯故諱而言圍以起之月者加責之〇亟去冀反難乃旦反長丁丈反

季孫宿帥師救台遂入運

入運者討叛也封內兵書者為遂舉討叛惡遂入者得而不取與不討同故言入起其事

傳　大夫無遂事此其言遂何公不得為政爾

時公微弱政教不行故季孫宿遂取鄆而自益其邑

夏晉侯使士彭來聘

秋九月吳子乘卒

至此卒者與中國會同本在楚後賢季子因始卒其父是後亦欲見其迭為君卒皆不日吳遠于楚

冬楚公子貞帥師侵宋

公如晉

十有三年春公至自晉

夏取詩

〇詩二傳作邿

傳　詩者何邾婁之邑也曷為不繫乎邾婁諱亟也

諱背蕭魚之會亟〇亟去冀反

秋九月庚辰楚子審卒

冬城防

十有四年春王正月季孫宿叔老會晉士匄齊人宋人衛人鄭公孫囆曹人莒人邾婁人滕人薛人杞人小邾婁人會吳于向

月者危刺諸侯委任大夫交會彊夷臣日以強三年之後君若贅旒然〇囆勑邁反二傳作蠆

二月乙未朔日有食之

是後衛侯為彊臣所逐出奔溴梁之盟信在大夫

夏四月叔孫豹會晉荀偃齊人宋人衛北宮結鄭公孫囆曹人莒人邾婁人滕人薛人杞人小邾婁人伐秦

己未衛侯衎出奔齊

日者為孫氏甯氏所逐後甯氏復納之出納之者同當相起故獨日也不書孫甯逐君者舉君絕為重見逐說在二十七年

莒人侵我東鄙

秋楚公子貞帥師伐吳

冬季孫宿會晉士匄宋華閱衛孫林父鄭公孫蠆莒人邾婁人于戚

十有五年春宋公使向戌來聘○戌音恤

二月己亥及向戌盟于劉

劉夏逆王后于齊

傳劉夏者何天子之大夫也劉者何邑也其稱劉何據宰渠伯糾繫官以邑氏也諸侯入為天子大夫不得氏國稱本爵故以所受采邑氏稱子所謂采者不得有其土地人民采取其租稅爾禮記王制曰天子三公之田視公侯卿視伯大夫視子男元士視附庸稱子者參見義顧為天子大夫亦可以見諸侯不生名亦可以見爵爵亦可以見大夫稱傳曰天子大夫是也不稱劉子而名者禮逆王后當使三公故貶去大夫明非禮也外逆女不書此何以書過我也明魯當其送迎之禮○過古禾反共音恭

夏齊侯伐我北鄙圍成俱犯蕭魚此不月十二年月者疾始可知

公救成至遇

傳其言至遇何據季孫宿救台不言所至不敢進也兵不敵不敢進也不言止次如公次于郎以刺之者量力不責重民也故與至巂同文封內兵書者為不進張本○巂戶圭反又囚兗反

季孫宿叔孫豹帥師城成郛○郛芳夫反

秋八月丁巳日有食之是後溴梁之盟信在大夫齊蔡莒吳衛之禍徧滿天下

邾婁人伐我南鄙

冬十有一月癸亥晉侯周卒

十有六年春王正月葬晉悼公

三月公會晉侯宋公衛侯鄭伯曹伯莒子邾婁子薛伯杞伯小邾婁子于溴梁○狊本又作溴古闃反

戊寅大夫盟

傳諸侯皆在是其言大夫盟何據葵丘之盟諸侯皆在有大夫不言大夫盟信在大夫也故書大夫盟不言諸侯之大夫者起信有大夫何言乎信在大夫據上三年戊寅不起徧刺天下之大夫也曷為徧刺天下之大夫據戊寅不刺之君若贅旒然旒旂旒贅繫屬之辭若今俗名就壻為贅壻矣以旂旒喻者為下所執持東西旒者其數名禮記玉藻曰天子旒十有二旒諸侯九卿大夫七士五不言諸侯之大夫者明所刺者非但會上大夫弁徧刺天下之大夫不殊內大夫者欲其文見惡同也至此所以徧刺之者蕭魚之會服一鄭最難諸侯勞倦不肯復出而大夫常行三委于臣而君遂失權大夫故得信在故孔子曰唯器與名不可以假人不重出地者與三年雞澤大夫盟同義

晉人執莒子、邾婁子以歸。錄以歸者，甚惡晉。有罪無罪，皆當歸京師，不得自治之。

齊侯伐我北鄙。

夏，公至自會。

五月甲子，地震。是時溴梁之盟，政在臣下，其後叛臣二，弒君五，楚滅舒鳩，齊侯襲莒，乖離出奔，兵事最甚。

叔老會鄭伯、晉荀偃、衛甯殖、宋人伐許。

秋，齊侯伐我北鄙，圍成。

大雩。先是伐許，齊侯圍成，動民之應。

冬，叔孫豹如晉。

十有七年春王二月庚午，邾婁子瞯卒。

宋人伐陳。

夏，衛石買帥師伐曹。

秋，齊侯伐我北鄙，圍洮。○洮，他刀反，左氏作桃。

齊高厚帥師伐我北鄙，圍防。

九月，大雩。比年仍見圍，不暇恤民之應。

宋華臣出奔陳。

冬，邾婁人伐我南鄙。

十有八年春，白狄來。

傳白狄者何？夷狄之君也。何以不言朝？不能朝也。

夏，晉人執衛行人石買。

秋，齊師伐我北鄙。

冬十月，公會晉侯、宋公、衛侯、鄭伯、曹伯、莒子、邾婁子、滕子、薛伯、杞伯、小邾婁子同圍齊。曹伯負芻卒于師。

楚公子午帥師伐鄭。

十有九年春王正月，諸侯盟于祝阿。下有執不日者，善同伐齊，故褒與信辭。○二傳作祝柯。

晉人執邾婁子。

公至自伐齊。

傳此同圍齊也，何以致伐？據諸侯圍許致圍。未圍齊也。故致伐起未圍齊則其言圍齊何？抑齊也。曷爲抑齊？據侵蔡伐楚猶不抑。爲其亟伐也。或曰爲其驕蹇，使其世子處乎諸侯之上也。以下葬略，或說是也。亟伐者，弁數爾。加閏者，明當從滅死二等，奪其爵土。○亟，去冀反。弁數，必正反，下所注反。

取邾婁田自漷水。○漷，火虢反，徐音郭。

傳其言自漷水何？據齊人取濟西田不言自濟水。○濟，子禮反。以漷爲竟也。何言乎以漷爲竟？據取邑未嘗道竟界。漷移也。魯本與邾婁以漷爲竟，漷移入邾婁界，魯隨而有之。諸侯土地本有度數，不得隨水，隨水有之，當坐取邑，故云爾。

季孫宿如晉。

葬曹成公。

夏，衛孫林父帥師伐齊。

秋，七月，辛卯，齊侯瑗卒。○瑗，于眷反，一音環，二傳作環。

晉士匄帥師侵齊，至穀，聞齊侯卒，乃還。

傳 還者何？善辭也。何善爾？大其不伐喪也。此受命乎君而伐齊，則何大乎其不伐喪？據公子買戍衛，不卒戍，言戍衛，遂公意。大夫以君命出，進退在大夫也。禮，兵不從中御外，臨事制宜，當敵爲師，唯義所在。士匄聞齊侯卒，引師而去，恩動孝子之心，服諸侯之君，是後兵寢數年，故起時善之。言乃者，士匄有難重廢君命之心，故見之。言至穀者，未侵齊也。言聞者，在竟外。舉侵者，張本。○難，乃旦反。見，賢徧反。

八月，丙辰，仲孫蔑卒。

齊殺其大夫高厚。

鄭殺其大夫公子喜。○喜，二傳作嘉。

冬，葬齊靈公。不月者，抑其父，嫌子可得無過，故奪臣子恩，明光代父從政，處諸侯之上，不孝也。

城西郛。言西郛者，據都城錄道東西。

叔孫豹會晉士匄于柯。○柯，古可反。

城武城。

二十年，春，王正月，辛亥，仲孫遫會莒人，盟于向。○遫，音速。

夏，六月，庚申，公會晉侯、齊侯、宋公、衛侯、鄭伯、曹伯、莒子、邾婁子、滕子、薛伯、杞伯、小邾婁子，盟于澶淵。○澶，市然反。

秋，公至自會。

仲孫遫帥師伐邾婁。

蔡殺其大夫公子燮。

蔡公子履出奔楚。

陳侯之弟光出奔楚。爲二慶所譖，還在二十三年。○弟光，左氏傳作弟黃。

叔老如齊。

冬，十月，丙辰，朔，日有食之。自溴梁之盟，臣恣日甚，故比年日食。

季孫宿如宋。

二十有一年春王正月公如晉月者溴梁之盟後中國方市離魯公獨能與大國

邾婁庶其以漆閭丘來奔

傳邾婁庶其者何邾婁大夫也邾婁無大夫此何以書据快無氏重地也惡受叛臣邑故重而書之不言叛者舉地言奔則魯坐受與庶其叛兩則故省文也

夏公至自晉

秋晉欒盈出奔楚

九月庚戌朔日有食之

冬十月庚辰朔日有食之

曹伯來朝

公會晉侯齊侯宋公衛侯鄭伯曹伯莒子邾婁子于商任○任音壬

傳十有一月庚子孔子生時歲在己卯

二十有二年春王正月公至自會月者危公前疆隨鄰有邾婁地又受其叛臣邑而今與魯不與上會月者與日食同月不得復見

夏四月

秋七月辛酉叔老卒

冬公會晉侯齊侯宋公衛侯鄭伯曹伯莒子邾婁子滕子薛伯杞伯小邾婁子于沙隨公至自會

楚殺其大夫公子追舒

二十有三年春王二月癸酉朔日有食之

三月己巳杞伯匄卒○匄古害反

夏邾婁鼻我來奔○鼻我二傳作畀我

傳邾婁鼻我者何邾婁大夫也邾婁無大夫此何以書以近書也以奔無他義知以治近升平書也所傳聞世見治始起外諸夏錄大略小大國有大夫小國略稱人所聞之世內諸夏治小如大廩廩近升平故小國有大夫治之漸也見於邾婁者自近始也獨舉一國者時亂實未有大夫治亂不失其實故取足張法而已

葬杞孝公

陳殺其大夫慶虎及慶寅

陳侯之弟光自楚歸于陳前為二慶所譖出奔楚楚人治其罪陳人誅二慶反光故言歸宋大夫山譖華元貶此不貶者殺二慶而光歸譖光可知

晉欒盈復入于晉入于曲沃

傳曲沃者何晉之邑也其言入于晉入于曲沃何据當舉重欒盈將入晉晉人不納由乎曲沃而入也欒盈本欲入晉篡大夫位晉人不納更入于曲沃得其士衆以入晉國曲沃大夫當坐故復言入篡大夫

位例時。

秋，齊侯伐衛，遂伐晉。八月，叔孫豹帥師救晉，次于雍渝。○渝，羊朱反。左氏作揄。

傳 曷爲先言救而後言次？據次于聶北救邢。先通君命也。惡其不遂君命而專止次，故先通君命言救。

己卯，仲孫遫卒。

冬十月乙亥，臧孫紇出奔邾婁。○紇，恨發反。

晉人殺欒盈。

傳 曷爲不言殺其大夫？據篡得大夫之位。非其大夫也。明非君所置，不得爲大夫，無大夫文而殺之。稱人者，從討賊辭，大其除亂也。

齊侯襲莒。

二十有四年春，叔孫豹如晉。

仲孫羯帥師侵齊。○仲孫羯，本又作褐，亦作偈，同居羯反。

夏，楚子伐吳。

秋七月甲子朔，日有食之，既。是後楚滅舒鳩，齊崔杼、衛甯喜弒其君。

齊崔杼帥師伐莒。

大水。前此叔孫豹救晉，仲孫羯侵齊，比興師衆，民怨之所生也。

八月癸巳朔，日有食之。與甲子同。

公會晉侯、宋公、衛侯、鄭伯、曹伯、莒子、邾婁子、滕子、薛伯、杞伯、小邾婁子于陳儀。○陳儀，二傳作夷儀。二十五年同。

冬，楚子、蔡侯、陳侯、許男伐鄭。

公至自會。

陳咸宜咎出奔楚。○咸，本又作鍼，其廉反。咎，其九反。

叔孫豹如京師。

大饑。有死傷曰大饑，無死傷曰饑。

春秋公羊傳卷二十

春秋公羊傳卷二十一

漢諫議大夫司空掾任城何　休學

明　後學　東吴葛　鼒訂

襄公

二十有五年春齊崔杼帥師伐我北鄙

夏五月乙亥齊崔杼弒其君光

公會晉侯宋公衛侯鄭伯曹伯莒子邾婁子滕子薛伯杞伯小邾婁子于陳儀

六月壬子鄭公孫舍之帥師入陳日者陳鄭俱楚之與國今鄭背楚入陳明中國當憂助鄭以離楚弱陳故爲中國憂録之

秋八月己巳諸侯同盟于重丘會盟再出不舉重者起諸侯欲誅崔杼故詳録之○重直龍反

公至自會

衛侯入于陳儀

傳陳儀者何衛之邑也曷爲不言入于衛据與鄭突入櫟同○櫟力狄反諼君以弒也以先言入後言弒也時衛侯爲剽所篡逐不能以義自復詐願居是邑爲剽臣然後侯間何便使甯喜弒之君子恥其所爲故就爲臣以諼君惡之末得國言入者起詐篡從此始○諼况元反

楚屈建帥師滅舒鳩○屈居勿反

冬鄭公孫囆帥師伐陳

十有二月吴子謁伐楚門于巢卒○謁左氏作遏

傳門于巢卒者何入門乎巢而卒也入門乎巢而卒者何入巢之門而卒也以先言門後言于巢吴子欲伐楚過巢不假塗卒暴入巢門門者以爲欲犯巢而射殺之君子不怨所不知故與巢得殺之使若吴爲自死文所以彊守禦也書伐者明持兵入門乃得殺之○卒暴七忽反射食亦反吴子謁何以名据諸侯伐人不名傷而反未至乎舍而卒也以名卒間無事知以傷辜死還就張本文伐名知傷而反卒繫巢知未還至舍巢不坐殺復見辜者辜內當以弒君論之辜外當以傷君論之

二十有六年春王二月辛卯衛甯喜弒其君剽甯喜爲衛侯衎弒剽不舉衎弒剽者諼成于喜○剽匹妙反

衛孫林父入于戚以叛衎盜國林父未君事衎言叛者林父本逐衎衎入故叛衎得誅之猶定公得誅季氏故正之云爾

甲午衛侯衎復歸于衛

傳此諼君以弒也其言復歸何据齊陽生至陳乞家時書入于齊不書復歸復歸者入無惡文惡剽也主惡剽衛侯入無惡則剽惡明矣○惡剽烏路反曷爲惡剽据齊陽生不書歸惡舍剽之立於是未有說也凡篡立皆緣親親也剽以公孫立於是位尤非其次故衛人未有說喜由此得成諼禍故惡以爲戒也篡重不書反惡此者因重不得書故得惡輕亦欲以見重○說音悅然則曷爲不言剽

之立。據衛人立晉。不言剽之立者，以惡衛侯也。欲起衛侯失衆出奔，故不書剽立。剽立無惡，則衛侯惡明矣。日者，起甯氏復納之，故出入同文也。甯喜弒君而衛侯歸，則甯氏納之明矣。以歸、出奔俱日，知出納之者同。衛侯歸而孫氏叛，孫氏本與甯氏共逐之，亦可知也。名者，起盜國。盜國明，則復歸為惡，剽出見矣。

夏，晉侯使荀吳來聘。

公會晉人、鄭良霄、宋人、曹人于澶淵。

秋，宋公殺其世子痤。痤有罪，故平公書葬。○痤，在禾反。

晉人執衛甯喜。

【傳】此執有罪，何以不得為伯討？據甯喜弒君者稱人而執，非伯討。不以其罪執之也。明不得以為功，當坐執人。

八月壬午，許男甯卒于楚。

冬，楚子、蔡侯、陳侯伐鄭。

葬許靈公。

二十有七年春，齊侯使慶封來聘。

夏，叔孫豹會晉趙武、楚屈建、蔡公孫歸生、衛石惡、陳孔瑗、鄭良霄、許人、曹人于宋。○孔瑗，二傳作孔奐。

衛殺其大夫甯喜。衛侯之弟鱄出奔晉。

【傳】衛殺其大夫甯喜，則衛侯之弟鱄曷為出奔晉？據與射姑同。為殺甯喜出奔也。曷為為殺甯喜出奔？據非同姓。衛甯殖與孫林父逐衛侯而立公孫剽。甯殖病將死，謂喜曰：「黜公者非吾意也，孫氏為之。黜猶出逐。我即死，女能固納公乎？」固猶必也。喜者，殖子。殖本與孫氏共立剽，而孫氏猶得其權，故有此言。○女音汝。喜曰：「諾。」甯殖死，喜立為大夫。使人謂獻公曰：「黜公者非甯氏也，孫氏為之。吾欲納公，何如？」獻公曰：「子苟欲納我，吾請與子盟。」盟者，欲堅固喜意。喜曰：「無所用盟。」時喜見獻公多詐，欲使公子鱄保之，故辭不肯盟，曰臣納君，義也，無用為盟矣。「請使公子鱄約之。」喜素信鱄，以為鱄能保獻公。獻公謂公子鱄曰：「甯氏將納我，吾欲與之盟，其言曰無所用盟，請使公子鱄約之。子固為我與之約矣。」公子鱄辭曰：「夫負羈縶，縶，馬絆也。○羈縶本又作羈，下陟立反。絆音半。執鈇鑕，從君東西南北，則是臣僕庶孽之事也。僕從者，庶孽衆賤子，猶樹之有孽生。若夫約言為信，則非臣僕庶孽之所敢與也。」鱄見獻公多詐，不敢保。○與音預。獻公怒曰：「黜我者非甯氏與孫氏，凡在爾。」欲以此語迫從令約之。○令，力呈反。公子鱄不得已而與之約。已約，歸至，殺甯喜。獻公歸至國，背約殺甯喜。公子鱄挈其妻子而去之。懟恚不能保獻公。○恚，一睡反。將濟于河，攜其妻子攜猶提也。而與之盟，恐乘舟有風波之害，己意不得展，故將濟豫與之盟。曰：「苟有履衛地、食衛粟者，昧雉彼視。」昧，割也。時割雉以為盟，猶曰視彼割雉，負此盟則如彼矣傳極道此者見獻公無信刺鱄兄爲衞臣所逐既不能救又移心事剽背爲姦約獻公雖復因喜得反誅之小負未爲大惡而深以自絕所謂守小信而忘大義拘小介而失大忠不爲君漏言者卽漏言當坐殺大夫不得以正葬正葬明喜有罪○昧舊音刎亡粉反一音末又音蔑

秋七月辛巳豹及諸侯之大夫盟于宋。

傳曷爲再言豹。据盟于首戴不再出公殆諸侯也。殆危也危諸侯故再出豹錄之惡曷爲殆諸侯。据首戴不殆爲衞石惡在是也。曰惡人之徒在是矣。衞侯衎不信而使惡臣石惡來故深爲諸侯危恐其將負約爲亂原先見此者衎負鱄殺喜得書葬嫌於義絕可欲起其小負會盟再出不舉重者方再出豹也石惡惡者下出犇是也

冬十有二月乙亥朔日有食之。是后閽殺吳子餘祭蔡世子般弒其君莒人弒其君之應○閽殺音昏祭下音弒二十九年同祭側界反

二十有八年春無冰。豹羯爲政之所致

夏衞石惡出犇晉。

邾婁子來朝。

秋八月大雩。公方久如楚先是豫賦于民之所致

仲孫羯如晉。

冬齊慶封來犇。

十有一月公如楚。如楚皆月者危公朝夷狄也

十有二月甲寅天王崩。靈王

乙未楚子昭卒。乙未與甲寅相去四十二日蓋閏月也葬以閏數卒不書閏者正取朞月明朞三年之喪始死得以閏數非死月不得數閏

二十有九年春王正月公在楚。

傳何言乎公在楚。据成十一年正月公在晉不書正月以存君也。正月歲終而復始臣子喜其君父與歲終而復始執贄存之故言在在晉不書在楚書者惡襄公久在夷狄爲臣子危錄之○復扶又反

夏五月公至自楚。

庚午衞侯衎卒。

閽弒吳子餘祭。

傳閽者何。門人也。守門人號刑人也。以刑爲閽古者肉刑墨劓臏宮與大辟而五孔子曰三皇設言民不違五帝畫象世順機三王肉刑揆漸加應世黠巧姦爲多○劓魚器反臏毗忍反辟婢亦反黠閑入反刑人則曷爲謂之閽。据非刑人名刑人非其人也。以刑人爲閽非其人故變盜言閽君子不近刑人。近刑人則輕死之道也。刑人不自賴而用作閽由之出入卒爲所殺故以爲戒不言其君者公家不畜士庶不友放之遠地欲去聽所之故不繫國不繫國故不言其君

仲孫羯會晉荀盈、齊高止、宋華定、衞世叔齊、鄭公孫段、曹人、莒人、邾婁人、滕人、薛人、小邾婁人城杞。書者杞時微善能成王者後。

晉侯使士鞅來聘。○鞅於文反。

杞子來盟。貶稱子者，微弱不能自城，危社稷宗廟，當坐，善諸侯城之，復貶者，諸侯自閔而城之，非杞能以善道致諸侯。

吳子使札來聘。○札側八反。

傳吳無君、無大夫，此何以有君、有大夫？据向之會稱國。賢季子也。何賢乎季子？据聘不足賢而使賢有君有大夫，荆人來聘是也。讓國也。其讓國奈何？謁也、餘祭也、夷昧也，與季子同母者四。與弁也，弁季子四人。季子弱而才，兄弟皆愛之，同欲立之以爲君。謁曰：今若是迮而與季子國，迮起也，倉卒意。季子猶不受也。請無與子而與弟，弟兄迭爲君，迭猶更也。而致國乎季子。皆曰：諾。故諸爲君者皆輕死爲勇，飲食必祝，祝因祭祝也。論語曰：雖疏食菜羹瓜祭是也。○疏食音嗣。曰：天苟有吳國，猶曰天誠欲有吳國，當與賢弟。尚速有悔於予身。尚猶努力速疾也。悔咎，予我也。欲急致國于季子意。故謁也死，餘祭也立；故迭爲君。餘祭也死，夷昧也立；夷昧也死，則國宜之季子者也。季子使而亡焉。僚者長庶也，即之。緣兄弟相繼而即位，所以下書僚篡。者緣季子之心，惡以己之是揚兄之非，故爲之諱，所以起至而君之。○使所吏反。長庶丁丈反。季子使而反，至而君之爾。不爲讓國者，僚已得國，無讓也。闔廬曰：先君之所以不與子國而與弟者，凡爲季子故也。將從先君之命與，則國宜之季子者也；如不從先君之命與，則我宜立者也。僚惡得爲君乎？於是使專諸刺僚，闔廬謁之長子光，專諸膳宰，僚耆炙魚，因進魚而刺之。○耆市志反。而致國乎季子。季子不受，曰：爾殺吾君，吾受爾國，是吾與爾爲篡也。爾殺吾兄，吾又殺爾，是父子兄弟相殺，終身無已也。兄弟相殺者，謂闔廬爲季子殺僚。○爾殺申志反。注殺僚同。去之延陵，延陵吳下邑，禮，公子無去國之義，故不越竟。終身不入吳國。不入吳朝。既不忍討闔廬，義不可留事。故君子以其不受爲義，以其不殺爲仁。故大其能去，以其不以貪賤苟止，故推二事與之。賢季子，則吳何以有君、有大夫？据其本不賢其君。以季子爲臣，則宜有君者也。方以季子賢許使有臣，有大夫，故宜有君。札者何？吳季子之名也。春秋賢者不名，此何以名？許夷狄者不壹而足也。故降字而名。季子者所賢也，曷爲不足乎季子？許人臣者必使臣，許人子者必使子也。緣臣子尊榮，莫不欲與君父共之，字季子則遠其君，夷狄常例離君父辭，故不足以隆父子之親、厚君臣之義，季子讓在殺僚後，豫於此賢之。

者移諱于闔廬不可以見讓故復因聘起其事。

秋九月葬衛獻公。

齊高止出奔北燕。○燕音烟

冬仲孫羯如晉。

三十年春王正月楚子使薳頗來聘。月者公數如晉希見答今見聘故喜錄之。

夏四月蔡世子般弑其君固。不日者深爲中國隱痛有子弑父之禍故不忍言其日○般音班

五月甲午宋災伯姬卒。伯姬守禮含悲極思之所生外災例時此日者爲伯姬卒日○思息吏反

天王殺其弟年夫。王者得專殺書者惡失親親也未三年不去王者方惡不得思慕而殺弟不與子行也不從直稱君者擧重也莒殺意恢以失子行錄設但殺弟不能書是也不爲諱者年夫有罪○年夫二傳作佞夫子行下孟反

王子瑕奔晉。稱王子者惡天子重失親親

秋七月叔弓如宋葬宋共姬。○共音恭

傳外夫人不書葬此何以書隱之也何隱爾宋災伯姬卒焉說在下也其稱謚何據葬紀伯姬不言謚賢也何賢爾宋災伯姬存焉有司復曰火至矣請出伯姬曰不可吾聞之也婦人夜出謂有宗廟事不見傅母不下堂禮后夫人必有傅母所以輔正其行衛其身也選老大夫爲傅選老大夫妻爲母傅至矣母未至也逮乎火而死故賢而錄其謚

鄭良霄出奔許自許入于鄭鄭人殺良霄。

冬十月葬蔡景公。

傳賊未討何以書葬君子辭也君子爲中國諱使若加弑月者弑父比髡原恥尤重故足諱辭

晉人齊人宋人衛人鄭人曹人莒人邾婁人滕人薛人杞人小邾婁人會于澶淵宋災故。

傳宋災故者何諸侯會于澶淵凡爲宋災故也會未有言其所爲者此言所爲何錄伯姬也重錄伯姬之賢諸侯相聚爲諸侯所閔憂聚斂也相聚斂財物而更宋之所喪更復也如今俗名解浣衣復之爲更衣○喪息浪反下注同浣戶管反曰死者不可復生爾財復矣復者如故時諸侯共償復其所喪○復生扶又反償常亮反此大事也曷爲使微者據詳錄所爲故卿也卿則其稱人何貶曷爲貶據善事也卿不得憂諸侯也時雖名諸侯使之恩實從卿發故貶起其事明大夫之義得憂內不得憂外所以抑臣道也宋憂內弁貶者非救危亡禁作福也

三十有一年春王正月。

夏六月辛巳，公薨于楚宮。公朝楚，好其宫，歸而作之，故名之云爾。作不書者，見者不復見。

秋九月癸巳，子野卒。

己亥，仲孫羯卒。

冬十月，滕子來會葬。此書者，與叔服同義。

癸酉，葬我君襄公。

十有一月，莒人弒其君密州。莒子納去疾，及展立，莒子廢之，展因國人攻莒子殺之，去疾奔齊。稱人以弒者，莒無大夫，密州為君惡，民所賤，故稱國以弒之。

春秋公羊傳卷二十一

春秋公羊傳卷二十二

漢諫議大夫司空掾任城何　休學

明後學　東吳金　蟠訂

昭公

元年春王正月公即位

叔孫豹會晉趙武楚公子圍齊國酌宋向戌衛石惡陳公子招蔡公孫歸生鄭軒虎許人曹人于漷（戌惡皆與君同名不正之者正之當貶貶之嫌觸大惡方議二名為諱義當正亦可知○國酌二傳作國弱招上遙反軒虎二傳作罕虎漷音郭又音虢左氏作虢穀梁作郭）

【傳】此陳侯之弟招也何以不稱弟（據八年稱弟）貶曷為貶（據八年殺偃師猶不貶）為殺世子偃師貶曰陳侯之弟招殺陳世子偃師大夫相殺稱人此其稱名氏以殺何（難八年事難乃旦反）○言將自是弒君也（明其欲弒君故令與弒君而立者同文孔瑗弒君本謀在招）今將爾詞曷為與親弒者同君親無將將而必誅焉然則曷為不於其弒焉貶（據未弒也）以親者弒然後其罪惡甚春秋不待貶絕而罪惡見者不貶絕以見罪惡也（招殺偃師是也見賢偏反下同）○貶絕然後罪惡見者貶絕以見罪惡也（招稱公子及楚人討夏徵舒貶皆是也）今招之罪已重矣曷為復貶乎此（據棄疾不豫貶○復扶又反）著招之有罪也何著乎招之有罪（據棄疾不著）言楚之託乎討招以滅陳也（起楚託討招以滅陳意也所以起之者八年先言滅後言執託討招不明故豫貶於此明楚先以正罪討招乃滅陳也）

三月取運

【傳】運者何內之邑也其言取之何（據自魯之有）不聽也（不聽者叛也不言叛者為內諱故書取以起之不先以文德來之而便以兵取之當與外取邑同罪故書取月者為內喜得之）

夏秦伯之弟鍼出奔晉（○鍼其廉反）

【傳】秦無大夫此何以書仕諸晉也（為仕之於晉書）曷為仕諸晉（據國地足以祿之）有千乘之國（十井為一乘公侯封方百里凡千乘伯四百九十乘子男二百五十乘時秦僭伐自廣大故曰千乘）而不能容其母弟故君子謂之出奔也（弟賢當任用之不肖當安處之乃仕之他國與逐之無異故云爾）

六月丁巳邾婁子華卒

晉荀吳帥師敗狄于大原（○大原音泰）

【傳】此大鹵也曷為謂之大原（據讀言大原也）地物從中國（以中國形名言之所以曉中國教殊俗也）邑人名從主人（邑人名自夷狄所名也不若地物有形名可得正故從夷狄辭言之）原者何上平曰原下平曰隰（分別之者地勢各有所生原宜粟隰宜麥當教民所宜因以制貢賦○隰音習）

秋，莒去疾自齊入于莒。○去疾起呂反

莒展出奔吴。主書去疾者，重篡也。莒無大夫，書展者，起與去疾爭篡，當國出奔。言自齊者，當坐有力也。皆不氏者，當國也。不從莒無大夫去氏者，莒殺意恢稱公子，篡重，不嫌本不當氏。

叔弓帥師疆運田。○疆居良反

傳 疆運田者何？與莒爲竟也。疆，竟也。與莒是正竟界，若言城中丘。與莒爲竟，則曷爲帥師而往？據非侵伐。畏莒也。長莒有賊臣亂子，而與帥與之正竟，刺魯微弱失操，煩擾百姓。

葬邾婁悼公。

冬，十有一月，己酉，楚子卷卒。○卷音權。左氏作麇。

楚公子比出奔晉。辟內難也。

二年，春，晉侯使韓起來聘。

夏，叔弓如晉。

秋，鄭殺其大夫公孫黑。

冬，公如晉，至河乃復。

傳 其言至河乃復何？據公如晉，次于乾侯而還，言至自乾侯，不言至乾侯乃復。不敢進也。乃難辭也。時聞晉欲執之，不敢往。君子榮見與，恥見距，故諱使若至河，河水有難而反。○難如旦反。

季孫宿如晉。

三年，春，王正月，丁未，滕子泉卒。

夏，叔弓如滕。

五月，葬滕成公。月者，襄公上葬，諸侯莫肯加禮，獨滕子來會葬，故恩錄之。明公當自行，不當遣大夫，失禮尤重，以責內。

秋，小邾婁子來朝。

八月，大雩。先是公、季孫宿比如晉。

冬，大雨雹。爲季氏。○雨于付反。雹步角反。爲于僞反。

北燕伯款出奔齊。名者，所見世著治大平，責小國詳，錄出奔當誅。○大音泰。

四年，春，王正月，大雨雪。爲季氏。○左氏作大雨雹。

夏，楚子、蔡侯、陳侯、鄭伯、許男、徐子、滕子、頓子、胡子、沈子、小邾婁子、宋世子佐、淮夷會于申。不殊淮夷者，楚子主會行義，故君子不殊其類，所以順楚而病中國。

楚人執徐子。

秋七月，楚子、蔡侯、陳侯、許男、頓子、胡子、沈子、淮夷伐吳，執齊慶封，殺之。

傳 此伐吳也，其言執齊慶封何？爲齊誅也。故繫之齊。其爲齊誅奈何？慶封走之吳，以襄公二十八年奔魯，自是走之吳。不書者，以絶于齊，在魯不復爲大夫賤，故不復錄之。○復，扶又反。吳封之於防。不書入防者，使防繫吳，嫌犯吳也；去吳，嫌齊邑也。○去，起呂反。然則曷爲不言伐防？據防已爲國。不與諸侯專封也。故奪言伐吳。慶封之罪何？脅齊君而亂齊國也。道爲齊誅意也。稱侯而執者，伯討也。月者，善義兵。

遂滅厲。

九月，取鄫。莊王滅蕭日，此不日者，靈王非賢，責之略。

傳 其言取之何？據國言滅。滅之也。滅之則其言取之何？內大惡諱也。因鄫上有滅文，故使若取內邑。

冬十有二月乙卯，叔孫豹卒。

五年春王正月，舍中軍。○舍，音捨。

傳 舍中軍者何？復古也。善復古也。然則曷爲不言三卿？據上言作三軍，等問不言軍云卿者，上卿解言三卿，因以爲難。五亦有中，三亦有中。此乃解上作三軍時意，作時益中軍，不可言中軍者，五亦有中，三軍亦有中，不知何中也。今此據上作三軍不言中，則益三之中、舍三之中皆可知也。弟子本據上言作三難下中，不言三也，如御解。言本益中，故下言舍中，爲其將復據下中難上，不言中，故解上以解下，如此則下不言三亦可知也。不言御者，欲同上下文以相起，傳不足以解之者，以上解下，文當同，亦可知。月者，善錄之。

楚殺其大夫屈申。

公如晉。

夏，莒牟夷以牟婁及防茲來奔。

傳 莒牟夷者何？莒大夫也。莒無大夫，此何以書？重地也。其言及防茲來奔何？據漆閭邱不言及，高張言及。不以私邑累公邑也。公邑，君邑也；私邑，臣邑也。累，次也。義不可使臣邑與君邑相次序，故言及。以絶之。

秋七月，公至自晉。

戊辰，叔弓帥師敗莒師于濆泉。○濆泉，扶粉反，左氏作蚡泉，穀梁作濆泉。

傳 濆泉者何？直泉也。直泉者何？涌泉也。蓋戰而涌，爲異也。不傳異者，外異不書。此象公在晉，臣下專受莒叛臣地，以與兵戰鬬，百姓悲怨歎息，氣逆之所致，故因以著戰處，欲明天之與人相報應之義。

秦伯卒。

傳 何以不名？據諸侯名。秦者夷也，匿嫡之名也。嫡子生，不以名令于四竟，擇勇猛者而立之。其名何？據秦伯嬰稻名。嫡得之也。獨嬰稻以嫡得立之。

冬楚子蔡侯陳侯許男頓子沈子徐人越人伐吳

吳未服慶封之罪故也越稱人者俱助義兵意進于淮夷故加人以進之義兵不月者進越爲義兵

明故省文

六年春王正月杞伯益姑卒

不日者行微弱故略之上城杞已貶復卒略之者入所見世責小國詳始錄內行也諸侯內行小失

不可勝書故於終略責之見其義

葬秦景公

夏季孫宿如晉

葬杞文公

宋華合比出奔衛

○比如字又毗志反

秋九月大雩

先是季孫宿如晉是後叔弓與公比如楚有豫賦之煩也

楚薳頗帥師伐吳

冬叔弓如楚

齊侯伐北燕

七年春王正月暨齊平

書者善錄內也不出主名者君相與平國中皆安故以舉國體言之月者刺內暨暨也時魯方結婚

于吳外慕强楚故不汲汲于齊○暨其器反

三月公如楚

叔孫舍如齊涖盟

○叔孫舍二傳作婼

夏四月甲辰朔日有食之

是後楚滅陳蔡楚弒其君虔于乾谿

秋八月戊辰衛侯惡卒

九月公至自楚

冬十有一月癸未季孫宿卒

十有二月癸亥葬衛襄公

當時而日者世子輒有惡疾不早廢之臨死乃命臣下廢之自下廢上鮮不爲亂故危錄之○當丁浪反又如字

八年春陳侯之弟招殺陳世子偃師

說在元年變其言陳者起招致楚滅陳自此始故重舉國

夏四月辛丑陳侯溺卒

○溺乃狄反

叔弓如晉

楚人執陳行人于徵師殺之

陳公子留出奔鄭

秋蒐于紅

【傳】蒐者何簡車徒也徒衆何以書蓋以罕書也說在桓六年

陳人殺其大夫公子過
○過音戈
大雩
先是公如楚半年乃歸費多賦重所致○費芳味反
冬十月壬午楚師滅陳執陳公子招放之于越殺陳孔瑗
葬陳哀公
日者疾詐諼滅人也不舉滅爲重書三事言執者疾諼託義故列見之託義不先書者本懷滅心重舉陳者上已言滅不復重舉無以明○諼况元反見賢徧反
九年春叔弓會楚子于陳
陳已滅復見者從地名錄猶宋郜以邑錄不舉小地者顧後當存
許遷于夷
夏四月陳火
○陳火左氏作災
傳 陳已滅矣其言陳火何 據災異爲有國者戒 存陳也 陳已滅復火者死灰復燃之象也此天意欲存之故從有國記災 曰存陳悕矣 書火存陳者若曰陳爲天所存悲之○悕音希 曷爲存陳 據災非一天意曷爲悲陳而存之 滅人之國執人之罪人 罪人招也 殺人之賊 孔瑗弒君賊也 葬人之君若是則陳存悕矣 楚爲無道託討賊行義陳臣子辟門虛心待之而滅其國若是則天存之者悲之也不書孔瑗弒君者本爲招弒當舉招爲重方不與楚討賊故沒招正賊文

以將與上貶起之月者閔之○辟婢亦反本爲于僞反
秋仲孫貜如齊
○貜具縛反又居碧反
冬築郎囿
十年春王正月
夏晉欒施來奔
○晉欒施左氏作齊欒施
秋七月季孫隱如叔弓仲孫貜帥師伐莒
○隱如左氏作意如
戊子晉侯彪卒
○彪彼虬反
九月叔孫舍如晉
葬晉平公
十有二月甲子宋公戌卒
去冬者蓋昭公取吳孟子之年故貶之○宋戌註左傳者音成何云向戌與君同名則宜音恤
十有一年春王正月叔弓如宋
葬宋平公
夏四月丁巳楚子虔誘蔡侯般殺之于申
傳 楚子虔何以名 據誘戎曼子不名 絶曷爲絶之 據俱誘之 爲其誘討也 使不自知而死故加誘 此討賊也 蔡侯般弒父而立 雖誘

之則曷爲絶之。據與莊王外討晉文譎尊。懷惡而討不義，君子不予也。內懷利國之心，而外託討賊，故不與其討賊，而責其誘詐也。地者，起以好會誘之。

楚公子棄疾帥師圍蔡。

五月甲申，夫人歸氏薨。

大蒐于比蒲。○比音毗。

【傳】大蒐者何？簡車徒也。何以書？蓋以罕書也。說在桓六年。

仲孫貜會邾婁子盟于侵羊。不日者，蓋諱喪盟，使若議結善事。○侵羊，二傳作祲祥。

秋，季孫隱如會晉韓起、齊國酌、宋華亥、衛北宮佗、鄭軒虎、曹人、杞人于屈銀。○佗，大河反。屈銀竝如字，二傳作厥慭。

九月己亥，葬我小君齊歸。

【傳】齊歸者何？昭公之母也。歸氏，胡女，襄公嫡夫人。○嫡，丁歷反。

冬，十有一月丁酉，楚師滅蔡，執蔡世子有以歸，用之。

【傳】此未踰年之君也，其稱世子何？據陳子也。不君靈公，不成其子也。靈公卽般也。不君，不與靈公坐弒父誅，不得爲君也。不成其子，不成有得稱子繼父也。上不與楚誘討，嫌有不當絶，故正之云耳。不君靈公，則曷爲不成其子？據惡惡止其身。誅君之子不立。雖不與楚誘討，其惡坐弒父誅，當以誅君論之，故云爾。言執者，時楚託義滅之。非怒也，無繼也。父誅，子當絶。惡乎用之？用之防也。其用之防奈何？蓋以築防也。持其足以頭築防。惡不以道。孔子曰：人而不仁，疾之已甚，亂也。日者，疾諱滅人。○惡音烏，惡不，烏路反。

十有二年，春，齊高偃帥師納北燕伯于陽。

【傳】伯于陽者何？卽納上伯款，非犯父命，不當言于陽，又微國出入不兩書，伯不當再出，故斷三字問之。○斷，丁管反，又丁亂反。公子陽生也。子曰：我乃知之矣。子謂孔子。乃是歲也，時孔子年二十三，具知其事。後作春秋，案史記，知公誤爲伯，子誤爲于，陽在，生刊滅闕。○刊，古干反。在側者曰：子苟知之，何以不革？曰：如爾所不知何？如，猶奈也。猶曰：奈女所不知何？寧可強更之乎？此夫子欲爲後人法，不欲令人妄億錯。子絶四：毋意，毋必，毋固，毋我。○女音汝。強，其丈反。令，力呈反。錯，七故反，或七各反。守，或作措。春秋之信史也。其序則齊桓、晉文，唯齊桓晉文會能以德優劣國大小相次序。其會則主會者爲之也。非齊桓晉文，則知主會者爲之。雖優劣大小相越，不改更，信史也。其詞則丘有罪焉爾。邱，孔子名。其貶絶譏刺之辭有所失者，是邱之罪。聖人德盛尚謙，故自名爾。主書者，惡納篡也。不書所篡出奔者，微國雖未踰年君，猶不錄。不足陽下言于北燕者，史文也。北燕本在上，從史文也。

三月壬申，鄭伯嘉卒。

夏，宋公使華定來聘。

公如晉，至河乃復。

五月，葬鄭簡公。

楚殺其大夫成然。

〇成然，左氏作成熊，穀梁作成虔字

秋七月。

冬十月，公子整出奔齊。〇整，之令反，或作憖，魚覲反

楚子伐徐。

晉伐鮮虞。謂之晉者，中國以無義故，爲夷狄所強，令楚行詐滅陳蔡，諸夏懼然去而與晉會于屈銀，不因以大綏諸侯，先之以博愛，而先伐同姓，從親親起，欲以立威行霸，故狄之。

春秋公羊傳卷二十二

春秋公羊傳卷二十三

漢諫議大夫司空掾任城何　休學

明　後　學　東吴金　蟠訂

昭公

十有三年春，叔弓帥師圍費。○費音祕

夏四月，楚公子比自晉歸于楚，弑其君虔于乾谿。

傳 此弑其君，其言歸何？据齊陽生入惡不言歸 歸無惡於弑立也。歸無惡於弑立者何？靈王爲無道，作乾谿之臺，三年不成。楚公子棄疾脅比而立之，然後令於乾谿之役曰："比已立矣，後歸者不得復其田里。"衆罷而去之，靈王經而死。時棄疾詐告比得晉力，可以歸至，而脅立之，比之義宜效死不立，而立，君因自經，故加弑也。言歸者，謂其本無弑君而立之意，加弑責之爾。不日者，惡靈王無道，封內地者，起禍所由，因以爲戒。○罷音皮

楚公子棄疾弑公子比。

傳 比已立矣，其稱公子何？据齊公子商人弑其君舍 其意不當也。据上傳知其脅 其意不當則曷爲加弑焉爾？据王子朝不貶。○朝如字 比之義宜乎效死不立。大夫相殺稱人，此其稱名氏以弑何？据經言弑公子比也 言將自是爲君也。故使與弑君而立者同文也。不言其者，比實已立，嫌觸實公子棄疾卽楚子居也

秋，公會劉子、晉侯、齊侯、宋公、衛侯、鄭伯、曹伯、莒子、邾婁子、滕子、薛伯、杞伯、小邾婁子于平丘。八月甲戌，同盟于平丘。不舉重者，起諸侯欲討棄疾，故詳錄之。不言劉子及諸侯者，閔無異事可知矣

公不與盟。○與音預

晉人執季孫隱如以歸。公至自會。

傳 公不與盟者何？公不見與盟也。時晉主會，疑公如楚，不肯與公盟，故諱，使若公自不肯與盟 公不見與盟，大夫執，何以致會？据得意乃致會 不恥也。曷爲不恥？据扈之會，公失序恥之 諸侯遂亂，反陳蔡，君子不恥不與焉。時諸侯將征棄疾，棄疾乃封陳蔡之君，使說諸侯，諸侯從陳蔡之君言，還反不復討楚，楚亂遂成，故云爾。公不與盟，不書成楚亂者，時不受賂也。諸侯實不與公盟，而言公不與盟者，遂亂，雖見與公，猶不宜與也，故因爲公張義

蔡侯廬歸于蔡。陳侯吴歸于陳。○廬力吴反

傳 此皆滅國也，其言歸何？据歸者有國辭 不與諸侯專封也。故使若有國自歸者也。名者，專受其封，當誅，書者，因以起楚封之，所以能起之者，上有存陳文，陳見滅，無君無所責，又蔡本以篡見殺，但不成其上，不絶其國，卽諸侯存之，當有文實也

冬十月，葬蔡靈公。書葬者，經不與楚討，嫌本可責復讎，故書葬，明當從誅君論之，不得責臣子

公如晉，至河乃復。

吳滅州來。不日者，略兩夷。

十有四年春，隱如至自晉。

三月，曹伯滕卒。

夏四月。

秋，葬曹武公。

八月，莒子去疾卒。入昭公，卒不日，不書葬者，本篡故，因不序。○去，起呂反。

冬，莒殺其公子意恢。莒無大夫，書殺公子者，未踰年而殺其君之子，不孝尤甚，故重而錄之。稱氏者，明君之子。

十有五年春王正月，吳子夷昧卒。○夷昧，音末，本亦作末。

二月癸酉，有事于武宮。籥入，叔弓卒，去樂，卒事。

傳 其言去樂卒事何？據入者言萬，去籥言名，不言卒事。○去樂，起呂反，注及下文同。禮也。以加錄卒事，非禮，但當言去樂而已，若去籥矣。總言樂者，明悉去也。君有事于廟，聞大夫之喪，去樂，恩痛不忍舉。卒事。畢竟祭事。大夫聞君之喪，攝主而往。主謂己主祭者。臣聞君之喪，義不可以不即行，故使兄弟若宗人攝行主事而往，不廢祭者，古禮也。古有分土無分民，大夫不世，己父未必爲今君臣也。孝經曰：資於事父以事君而敬同。大夫聞大夫之喪，尸事畢而往。賓尸事畢而往也。日者，爲卒日。○爲，于僞反。

夏，蔡昭吳奔鄭。不言出者，始封名言歸，嫌與天子歸有罪同，故奪其有國之辭，明專封。○昭吳，左氏作朝吳。

六月丁巳朔，日有食之。并十七年食，蓋與孛于大辰同占。

秋，晉荀吳帥師伐鮮虞。

冬，公如晉。

十有六年春，齊侯伐徐。

楚子誘戎曼子殺之。○曼音蠻，又音萬，二傳作戎蠻，哀四年同。

傳 楚子何以不名？據誘蔡侯名。夷狄相誘，君子不疾也。曷爲不疾？據俱誘也。若不疾，乃疾之也。以爲固當常然者，乃所以爲惡也。顧以無知薄責之。戎曼稱子者，入昭公見王道太平，百蠻貢職，夷狄皆進至其爵。不日者，本不卒；不地者，略也。

夏，公至自晉。

秋八月己亥，晉侯夷卒。

九月，大雩。先是公數如晉。○數，音朔。

季孫隱如如晉。

冬十月，葬晉昭公。

十有七年春小邾婁子來朝

夏六月甲戌朔日有食之

秋郯子來朝

八月晉荀吳帥師滅賁渾戎○賁渾音六下戶門反

冬有星孛于大辰○孛音佩

傳孛者何彗星也三孛皆發問者或言入或言于或言方嫌爲孛異猶問錄之○于彗息遂反又囚歲反其言于大辰何据北斗言入於大辰非常名在大辰也大辰者何大火也大火謂心大火爲大辰伐爲大辰伐謂參伐也大火與伐天所以示民時早晚天下所取正故謂之大辰辰時也○參所林反北辰亦爲大辰北辰北極天之中也常居其所迷惑不知東西者須視北辰以別心伐所在故加亦亦者兩相須之意○別彼列反何以書記異也心者天子明堂布政之宮亦爲孛彗者邪亂之氣掃故置新之象是後周分爲二天下兩主宋南里以亡

楚人及吳戰于長岸

傳詐戰不言戰此其言戰何据於越敗吳於醉李○醉李音檇本或作檇敵也俱無勝負不可言敗故言戰也不月者略兩夷

十有八年春王三月曹伯須卒

夏五月壬午宋衛陳鄭災

傳何以書記異也何異爾異其同日而俱災也外異不書此何以書爲天下記異也詩云其儀不忒正是四國四國天下象也是後王室亂諸侯莫肯救故天應以同日俱災若曰無天下云爾

六月邾婁人入鄅○鄅音禹又音矩

秋葬曹平公

冬許遷于白羽

十有九年春宋公伐邾婁

夏五月戊辰許世子止弒其君買蔡世子般弒父不忍日此日者加弒爾非實弒也

己卯地震季氏稍盛宋南里以叛王室大亂諸侯莫肯救晉人圍郊吳勝雞父尹氏立王子朝之應

秋齊高發帥師伐莒

冬葬許悼公

傳賊未討何以書葬不成于弒也曷爲不成于弒据將而誅之止進藥而藥殺也時悼公病止進藥悼公飲藥而死止進藥而藥殺則曷爲加弒焉爾据意善也譏子道之不盡也其譏子道之不盡柰何曰樂正子春之視疾也樂正子春曾子弟子以孝名聞復加一飯則脫然愈復損一飯則脫然愈復加一衣則脫然愈復損一衣則脫然愈脫然疾除貌也言消息得其節○飯扶晚反止進藥而藥殺是以君子

加弒焉爾。失其消息多少之宜。曰許世子止弒其君買，是君子之聽止也。聽治止罪。葬許悼公，是君子之赦止也。原止進藥本欲愈父之病，無害父之意，故赦之。赦止者，免止之罪辭也。明止但得免罪，不得繼父后，許男斯代立，無惡文是也。

二十年春王正月。

夏，曹公孫會自鄸出奔宋。〇鄸音蒙，又亡忠反，又亡貢反。

傳 奔未有言自者，此其言自何？據始出奔未有言自者，與宋華亥入宋南里復出奔異。畔也。時會盜鄸以奔宋。畔則曷為不言其畔？言叛者當言以畔，如邾婁庶其。為公子喜時之後諱也。春秋為賢者諱。諱使若從鄸出奔者，故與自南里同文。何賢乎公子喜時？據喜時不書。讓國也。其讓國奈何？曹伯廬卒于師，在成十三年。則未知公子喜時從與？喜時，曹伯廬弟。〇從，才用反。公子負芻從與？負芻，喜時庶兄。或為主於國，或為主於師。古者諸侯出，世子率與守國，次宜為君者持棺絮從，所以備不虞。或時疾病相代行，本史文不具，故傳疑之。公子喜時見公子負芻之當主也，逡巡而退。賢公子喜時，則曷為為會諱？君子之善善也長，惡惡也短。惡惡止其身，不還怒也。〇惡惡，並如字，一讀上烏路反，下同。善善及子孫。賢者子孫，故君子為之諱也。君子不使行善者有後患，故以喜時之讓除會之叛，不通鄸為國，如通濫者，喜時本正當立，有明王，與當還國。明叔術功惡相除，裁足通濫爾。

秋，盜殺衞侯之兄輒。〇輒，左氏作縶。

傳 母兄稱兄，兄何以不立？據立嫡以長。有疾也。何疾爾？惡疾也。惡疾，謂瘖、聾、盲、癘、禿、跛、傴，不逮人倫之屬也。書者，惡衞侯兄有疾，不憐傷厚遇營衞，不固至令見殺，失親親也。公子不言之，兄弟言之者，敵體辭，嫌於尊卑不明，故加之以絕之，所以正之名也。〇瘖，于今反。聾，路工反。癘，力世反，又力大反。禿，吐木反。跛，布可反。傴，於矩反。

冬十月，宋華亥、向甯、華定出奔陳。月者，危三大夫同時出奔，將為國家患，明當防之。〇向甯，二傳作向寗。

十有一月辛卯，蔡侯廬卒。

二十有一年春王二月，葬蔡平公。

夏，晉侯使士鞅來聘。

宋華亥、向甯、華定自陳入于宋南里以畔。

傳 宋南里者何？若曰因諸者然。因諸者，齊故刑人之地。公羊子齊人，故以齊喻也。宋樂大心自曹入于蕭，不言宋。南里者，略叛臣從刑人于國家尤危，故重舉國。

秋七月壬午朔，日有食之。是後周有簒禍。

八月乙亥，叔痤卒。〇叔痤，在禾反。左氏作叔輒。

冬，蔡侯朱出奔楚。出奔者，為東國所簒也。大國奔例月，此時者，惡背中國而與楚，故略之。

公如晉，至河乃復。

二十有二年，春，齊侯伐莒。

宋華亥、向甯、華定自宋南里出奔楚。（前出奔已絶，賤復録者，以故大夫專勢入南里，犯君而出，當誅也。言自者，别從國去。○别，彼列反。）

大蒐于昌姦。（○蒐，所求反，本亦作廋。昌姦，二傳作昌間。）

夏，四月，乙丑，天王崩。

六月，叔鞅如京師。

葬景王。

王室亂。（謂王猛之事。）

傳 何言乎王室亂？（据天子之居稱京師，天王入于成周，天王出居于鄭，不言亂。）言不及外也。（宫謂之室。刺周室之微，邪庶並篡，無一諸侯之助，匹夫之救，如一家之亂也。故變京師言王室，不言成周言王室者，正王以責諸侯也。傳不事事悉解者，言不及外，外當責之。故正王可知也。不爲天子諱者，方責天下不救之。○邪庶，似嗟反。）

劉子、單子以王猛居于皇。

傳 其稱王猛何？（据未踰年已葬，當稱子。）當國也。（時欲當王者位，故稱王猛。見當國也。録居者，事所見也。不舉猛爲重者，時猛尚幼，以二子爲計勢，故加以，以者行二子意辭也。二子不舉重者，尊同權等。）

秋，劉子、單子以王猛入于王城。

傳 王城者何？西周也。（時居王城邑，故號西周王。）其言入何？（据非成周。）篡辭也。（時雖不入成周，已得京師地半，稱王置官，自號西周，故從篡辭言入，起其事也。不言西周者，正之，無二京師也。不月者，本無此國，無可與别輕重也。）

冬，十月，王子猛卒。

傳 此未踰年之君也，其稱王子猛卒何？（据子卒不言名，外未踰年君不當卒。）不與當也。不與當者，不與當父死子繼兄死弟及之辭也。（春秋篡成者，皆與使當君之父死子繼兄死弟及者，篡所緣得位成爲君辭也。猛未悉得京師，未得成王，又外未踰年君，二者皆不當卒，卒又名者，非與使當成爲君也。嫌上入無成周文，非篡辭，故從得位卒，明其爲篡也。月者，方以得位明事，故從外未踰年君例。）

十有二月，癸酉，朔，日有食之。（是後晉人圍郊，犯天子邑。）

春秋公羊傳卷二十三

春秋公羊傳卷二十四

漢諫議大夫司空掾任城何休學

明後學東吳葛鼒訂

昭公

二十三年春王正月叔孫舍如晉

癸丑叔鞅卒

晉人執我行人叔孫舍

晉人圍郊

傳郊者何天子之邑也天子閒田有大夫主之○閒音閑曷爲不繫于周不與伐天子也與侵柳同義

夏六月蔡侯東國卒于楚不日者惡背中國而與楚故略之月者比肸附父仇責之淺也不書葬者篡也篡不書者以惡朱在三年之內不共悲哀舉錯無度失衆見篡○共音恭錯七故反

秋七月莒子庚輿來奔

戊辰吳敗頓胡沈蔡陳許之師于雞父胡子髡沈子楹滅獲陳夏齧○父音甫髡苦門反楹音盈左氏作逞穀梁作盈

傳此偏戰也曷爲以詐戰之辭言之据甲戌齊國書及吳戰于艾陵俱與夷狄戰今此從詐戰辭言敗不與夷狄之主中國也序上言戰別客主人直不直也今吳序上而言戰則主中國辭也○別彼列反然則曷爲不使中國主之据齊國書主吳中國亦新夷狄也中國所以異乎夷狄者以其能尊尊也王室亂莫肯救君臣上下壞敗亦新有夷狄之行故不使主之不稱國國出師者賤略之言之師者辟許獨稱師上五國稱國之嫌○行下孟反其言滅獲何据蔡公孫歸生滅沈以沈子嘉歸殺之國言滅君言殺又獲晉侯言獲此陳夏齧亦言獲君大夫無別別君臣也君死于位曰滅生得曰獲大夫生死皆曰獲大夫不世故不別死位不與夷狄之主中國則其言獲陳夏齧何据荊敗蔡師于莘以蔡侯獻舞歸不言獲吳少進也能結日偏戰行少進故從中國辭治之髡楹下云滅者死戰當加禮使若自卒相順也經先舉敗文嫌敗走及殺之故以自滅爲文明本死位乃敗之爾名者從赴辭也

天王居于狄泉

傳此未三年其稱天王何据毛伯來求金不稱天王著有天子也時庶孽並篡天王失位徙居微弱甚故急著正其號明天下當救其難而事之

尹氏立王子朝貶言尹氏者著世卿之權尹氏貶王子朝不貶者年未滿十歲未知欲富貴不當坐明罪在尹氏○朝如字

八月乙未地震是時猛朝更起與王爭入遂至數年晉陵周竟吳敗六國季氏逐昭公吳光弒僚滅徐故日至三食地爲再動○更音庚

冬公如晉至河公有疾乃復

傳何言乎公有疾乃復据上比乃復不言公不言有疾殺恥也因有

疾以殺畏晉之恥舉公者重疾也予之所慎齊戰疾

二十有四年春王二月丙戌仲孫貜卒

叔孫舍至自晉

夏五月乙未朔日有食之是後季氏逐昭公吳滅巢弑其君僚又滅徐

秋八月大雩先是公如晉仲孫貜卒民被其役明年叔倪出會故秋七月復大雩

丁酉杞伯鬱釐卒○鬱釐音來又力之反二傳作郁釐

冬吳滅巢

葬杞平公

二十有五年春叔孫舍如宋

夏叔倪會晉趙鞅宋樂世心衛北宮喜鄭游吉曹人邾婁人滕人薛人小邾婁人于黃父○倪音詣又五兮反左氏作詣世心左氏作大心父音甫

有鸛鵒來巢○鸛音權左氏作鸛音劬鵒音欲

傳何以書記異也何異爾非中國之禽也宜穴又巢也非中國之禽而來居此國國將危亡之象鸛鵒猶權欲宜穴又巢此權臣欲國自下居上之徵也其後卒爲季氏所逐○鸛音權左氏作鸜

秋七月上辛大雩季辛又雩

傳又雩者何又雩者非雩也聚衆以逐季氏也一月不當再舉雩言又雩者起非雩也昭公依托上雩生事聚衆欲以逐季氏不書逐季氏者諱不能逐反起下孫及爲所敗故因雩起其事也但舉日不舉辰者辰不同不可相爲上下又日爲君辰爲臣去辰則逐季氏意明矣上不當日言上辛者爲下辛張本不言下辛言季辛者起季氏不執下而逐君○孫音遜去起呂反

九月己亥公孫于齊次于楊州地者臣子痛君失位詳錄所舍止○楊州左氏作陽州

齊侯唁公于野井

傳唁公者何昭公將弑季氏傳言弑者從昭公之辭○唁音彥告子家駒曰季氏爲無道僭于公室久矣諸侯稱公室吾欲弑之何如昭公素畏季氏意者以爲如人君故言弑子家駒曰諸侯僭于天子大夫僭于諸侯久矣昭公曰吾何僭矣哉失禮成俗不自知也子家駒曰設兩觀禮天子諸侯臺門天子外闕兩觀諸侯內闕一觀○觀工亂反一注同乘大路禮天子大路諸侯路車大夫大車士飾車朱干干楯也以朱飾楯○楯食允反又音尹玉戚戚斧也以玉飾斧○戚于戚反以舞大夏大夏夏樂也周所以舞夏樂者王者始起未制作之時取先王之樂與己同者假以風化天下天下大同乃自作樂取夏樂者與周俱文也王者舞大樂于宗廟之中舞先王之樂明有法也舞己之樂明有則也舞四夷之樂大德廣及之也東夷之樂曰株離南夷之樂曰任西夷之樂曰禁北夷之樂曰昧○株音誅禁音金又居鴆反八佾以舞大武此皆天子之

禮也。且夫牛馬維婁。繫馬曰維，繫牛曰婁。○佾音逸，夫音扶，婁力主反。委
己者也。委食己者。○己音紀，食音嗣。而柔焉。柔，順。季氏得民衆久
矣。季氏專賞罰，得民衆之心久矣。民順從之，猶牛馬之於委食己者。君無多辱焉。
恐民必不從君命，因爲季氏用，反逐君，故云爾。子家駒上說正法，下引時事以諫者，欲使昭公先自
正，乃正季氏。昭公不從其言，終弑之而敗焉。果反爲季氏所逐。
走之齊。齊侯唁公于野井。弔亡國曰唁，弔死國曰弔，弔喪主曰傷，弔所執
紼曰綍。○紼音弗，綍音問。曰：奈何君去魯國之社稷？昭公曰：喪
人。自謂士人。喪息浪反。○不佞，不佞。失守魯國之社稷，執事以
羞。謙自比齊下執事，以羞及君。再拜顙。顙者，猶今叩頭矣。謝見唁也。慶子家
駒。慶賀。曰：慶子免君於大難矣。子家駒曰：臣不佞陷
君于大難，君不忍加之以鈇鑕，賜之以死。鈇鑕，要斬之罪。
即所錫之以死。○難乃旦反，鑕之實反，要一遙反。再拜顙。謝爲齊侯所慶。高子執
簞食。簞，葦器也。圓曰簞，方曰笥。食，即下所致糗也。○簞音丹，食音嗣，笥思嗣反，糗邱九反，又昌
招反。與四脡脯。屈曰朐，伸曰脡。○脡他頂反，又大頂反，朐其俱反。國子執壺
漿。壺，禮器。腹方口圓曰壺，反之曰方壺，有爵飾。曰：吾寡君聞君在外，餕
饔未就。餕，熟食。饔，熟肉。未就，未成也。解所以致糗意。○餕音俊。敢致糗于從
者。糗，精也。謙不敢斥魯侯，故言從者。○從才用反。昭公曰：君不忘吾先君，
延及喪人，錫之以大禮。再拜稽首，以衽受。衽，衣下裳當前
者，言器。謙不敢求索。衽而甚反，又而鴆反。○高子曰：有夫不祥。猶曰人皆有夫。
不善。君無所辱大禮。禮，臣受君錫，答拜謂之拜命，謂之辱。高子見昭公拜辱大卑，故謂

曰君無所辱大禮。○大卑音泰，下大學同。昭公蓋祭而不嘗。食必祭者，謙不敢便。
嘗，示有所先。不嘗者，待禮讓也。景公曰：寡人有不腆先君之服，未
之敢服。腆，厚也。服謂齊侯所著衣服也。言未敢服者，見魯侯乃敢服之，謙辭也。禮：天子朝皮
弁，夕玄端；朝服以聽朝，玄端以燕；皮弁以征不義，取禽獸，行射。諸侯朝朝服，夕深衣；玄端以燕，裨冕
以朝天子，以祭其祖禰。卿大夫冕服而助君祭，朝服祭其祖禰。士爵弁緇衣裳以助公祭，玄端以祭
其祖禰。○腆他典反，著丁略反。有不腆先君之器。器謂上所執簞壺。未之
敢用。敢以請。請行禮。昭公曰：喪人不佞，失守魯國之
社稷，執事以羞，敢辱大禮？敢辭。不敢當大禮，故敢辭。景公曰：
寡人有不腆先君之服，未之敢服；有不腆先君之
器，未之敢用。敢固以請。昭公曰：以吾宗廟之在魯
也，以我守宗廟在魯時。有先君之服，未之能以服；有先君之
器，未之能以出。敢固辭。己有時未能以事人，今已無有，義不可以受人之禮。
景公曰：寡人有不腆先君之服，未之敢服；有不腆
先君之器，未之敢用。請以饗乎從者。欲令受之，故益謙言從者。
○令力呈反。昭公曰：喪人其何稱？行禮賓主當各有所稱，時齊侯以諸侯遇
禮接昭公，昭公自嫌失國，不敢以故稱自稱，故執謙問之。○故稱尺證反。景公曰：孰君
而無稱？猶曰誰爲君者而言無所稱乎？昭公非君乎？昭公於是噭然而
哭。噭然，哭聲貌。感景公言而自傷。○噭古弔反，一音古狄反。諸大夫皆哭。魯諸大夫
從昭公者。既哭，以人爲菑，菑，周垺垣也。所以分別內外，衛威儀。今大學辟雍作側字。
○菑側其反，又側吏反。垺垣力悅反，下音袁，別彼列反，辟音璧。以幦爲席。幦，車覆笭。以

鞍爲几以遇禮相見（以諸侯出相遇之禮相見○鞍音安）孔子曰其禮與其辭足觀矣（言昭公素能若此禍不至是主書者喜爲大國所唁地者痛錄公明臣子當憂納公也）

冬十月戊辰叔孫舍卒

十有一月己亥宋公佐卒于曲棘

傳 曲棘者何宋之邑也諸侯卒其封內不地此何以地憂內也（時宋公聞昭公見逐欲憂納之至曲棘而卒故恩錄之）

十有二月齊侯取運

傳 外取邑不書此何以書爲公取之也（爲公取運以居公善其憂內故書不舉伐者以言語從季氏取之月者善錄齊侯）

二十有六年春王正月葬宋元公

三月公至自齊居于運（月者閔公失國居運致者明臣子當憂納公不當使居運後不復月者始錄可知）

夏公圍成（書者惡公失國幸而得運不修文德以來之復擾其民圍成不從叛書者本與國俱叛故不得復以叛爲重不從定公又以親圍下邑爲譏者昭無臣子又卽如定公當致也）

秋公會齊侯莒子邾婁子杞伯盟于剸陵（不月者時諸侯相與約欲納公故內喜爲大信辭○剸音專本亦作專）

公至自會居于運（致會者責臣子明公已得意于諸侯不憂助納之而使居于運）

九月庚申楚子居卒

冬十月天王入于成周

傳 成周者何東周也（是時王猛自號爲西周天下因謂成周爲東周）其言入何（據入者篡辭）不嫌也（上言天王著有天子已明不嫌爲篡主言入者起其難也不言京師者起王居在成周實外之月者爲天下喜錄王者反正位）

尹氏召伯毛伯以王子朝奔楚（立王子朝獨舉尹氏出奔幷舉召伯毛伯者明本在尹氏當先誅渠率後治其黨猶楚嬰齊○率所類反或作帥）

二十有七年春公如齊公至自齊居于運

夏四月吳弒其君僚（不書闔廬弒其君者爲季子諱明季子不忍父子兄弟自相殺讓國闔廬欲其享之故爲沒其罪也不舉專諸弒者起闔廬當國賤者不得貶無所明文方見爲季子諱本不出賊以除闔廬罪雖可貶猶不舉月者非失衆見弒故不略之）

楚殺其大夫郤宛（○郤阮去逆反下紆宛反）

秋晉士鞅宋樂祁犂衛北宮喜曹人邾婁人滕人會于扈（○犂力兮反又力私反）

冬十月曹伯午卒

邾婁快來奔

傳邾婁快者何？邾婁之大夫也。邾婁無大夫，此何以書？以近書也。說與寡我同義。○快本又作噲。

公如齊。公至自齊，居于運。

二十有八年，春，王三月，葬曹悼公。月者，為下出也。○為于偽反。

公如晉，次于乾侯。乾侯，晉地名。月者，閔公內為強臣所逐，外如晉不見荅，次於乾侯，不諱者，憂危不暇殺恥。後不月者，錄始可知。

夏，四月，丙戌，鄭伯甯卒。○甯乃定反，下同。左氏作寧，下滕子名並作寧。

六月，葬鄭定公。

秋，七月，癸巳，滕子甯卒。冬，葬滕悼公。

二十有九年，春，公至自乾侯，居于運。不致以晉者，不見容于晉，未至晉。

齊侯使高張來唁公。言來者，居運從國內辭。書者，如晉不見荅，喜見唁也。不月者，例時也。

公如晉，次于乾侯。

夏，四月，庚子，叔倪卒。

秋，七月。

冬，十月，運潰。

傳邑不言潰，此其言潰何？據國曰潰，邑曰叛。郛之也。郛，郭。曷為郛之？據成三年棘叛不言潰也。君存焉爾。昭公居之，故從國言潰，明罪在公也。不言國之言郛之者，公失國也。不諱者，責臣子當憂而納之，殺恥不如救危也。孔子曰：「不患寡而患不均，不患貧而患不安。」其本乃由于國成，失大得小，而不能節用。

三十年，春，王正月，公在乾侯。月者，閔公運潰，無尺土之居，遠在乾侯，故以存君，書明臣子當憂納之。

夏，六月，庚辰，晉侯去疾卒。○去起呂反。

秋，八月，葬晉頃公。

冬，十有二月，吳滅徐，徐子章禹奔楚。至此乃月者，所見世始錄夷狄滅小國也。不從上州來、巢見義者，固有出奔可責。

三十有一年，春，王正月，公在乾侯。

季孫隱如會晉荀櫟于適歷。時晉侯使荀櫟責季氏不納昭公，為此會也。季氏負檛謝過，欲納昭公，昭公創惡季氏，不敢入，公出奔在外，無君命，所以書會，以殊外言來者，從王魯錄諱亟取邑、卒大夫者，盈孫文。○櫟本又作轢，又作櫟。適，丁歷反，一音狄。檛，章瓜反，本又作箠。亟，去冀反。孫音遜。

夏，四月，丁巳，薛伯穀卒。始卒便名日書葬者，薛比滕最小，迫後定、寅，皆當略。

晉侯使荀櫟唁公于乾侯。

秋，葬薛獻公。

冬，黑弓以濫來奔。

○黑弓二傳作黑肱

【傳】文何以無邾婁。據讀言邾婁通濫也。通濫爲國故使無所繫曷爲通濫。據庶其不通也賢者子孫宜有地也。賢者孰謂。謂叔術也。叔術者邾婁顏公之弟也或曰羣公子何賢乎叔術。據叔術不書讓國也。其讓國奈何。當邾婁顏之時。顏公時也邾婁女有爲魯夫人者。則未知其爲武公與。懿公與。孝公幼。不知孝公者邾婁外孫邪將妾子邪顏淫九公子于宮中。所與淫公子凡九人因以納賊。則未知其爲魯公子與。邾婁公子與。臧氏之母養公者也。君幼則宜有養者。大夫之妾。士之妻。禮也則未知臧氏之母者曷爲者也。養公者必以其子入養。不離人母子因以娛公也臧氏之母聞有賊。以其子易公。抱公以逃。以身死公則可以其子易公非事夫之義然而於王法當賞以活公爲重也賊至湊公寢而弒之。弒臧氏子也不知欲弒孝公者納篡邪將利其國也臣有鮑廣父與梁買子者聞有賊。趨而至。臧氏之母曰。公不死也。在是。吾以吾子易公矣。於是負孝公之周愬天子。天子爲之誅顏而立叔術。反孝公于魯。顏夫人者。嫗盈女也。國色也。其言曰。有能爲我殺殺顏者。吾爲其妻。殺顏者鮑廣父梁買子也婦人以貞一爲行云爾非德也叔術爲之殺殺顏者。而以爲妻。利其色也有子焉。謂之盱。夏父者。其所爲有於顏者也。爲顏公夫人時所爲顏公生也○盱許于反又許孤反本或作䀢一音夸盱幼而皆愛之。叔術嫗盈女皆愛盱食必坐二子於其側而食之。有珍怪之食。珍怪猶奇異也盱必先取足焉。夏父曰。以來。猶曰以彼物來置我前人未足。人夏父自謂也而盱有餘。言盱所得常多叔術覺焉。覺悟也知少爭食長必爭國易曰君子見幾而作知幾其神乎幾者動之微者事之先見曰。嘻。此誠爾國也夫。起而致國于夏父。夏父受而中分之。叔術曰。不可。三分之。叔術曰。不可。四分之。叔術曰。不可。五分之。然後受之。五分受其一公扈子者。邾婁之父兄也。當夫子作春秋時於邾婁君爲父兄之行公扈者氏也○行戶郎反習乎邾婁之故。故事也道所以言也其言曰。惡有言人之國賢若此者乎。惡有猶何有寍有此之類也言賢者寧有反妻嫂殺殺顏者之行乎誅顏之時天子死。叔術起而致國于夏父。言叔術本欲讓迫有誅顏天子在爾故天子死則讓無妻嫂惑兄爭食之事當此之時。邾婁人常被兵於周。曰。何故死吾天子。猶曰何故死畜吾天子違生時命而立夏父乎此天子死則讓之效也夫子本所以知上傳賢者惡少功大也猶律一人有數罪以重者論之春秋滅不言入是也按叔術妻嫂雖有過惡當絕身無死刑當以殺殺顏者爲重宋繆公以反國與與夷除馮弒君之罪死乃反國不如生讓之大也馮殺與夷亦不輕於殺殺顏者比其罪不足而功有餘故得爲賢傳復記公扈子言者欲明夫子本以上傳通之故公扈子有是言通濫則文何以無邾婁。據國未有口繫於人天下未有濫也。欲見天下實未有濫國春秋新通之爾故口繫于邾婁天下未有濫。則其言以濫來奔何。據上說天下實

未有濫者言春秋新通之也春秋新通之君文成矣不言濫黑弓來奔而反與大夫竊邑來奔同文

叔術者賢大夫也絕之則爲叔術不欲絕不絕則世大夫也

此解不言濫黑弓意叔術者賢大夫也如不口繫邾婁文言濫黑弓來奔則爲叔術賢心不欲自絕於國又觸天下實有濫無以起叔術新通之文不可設也如口不絕邾婁文言濫黑弓來奔則嫌氏邑起本邾婁世大夫春秋口繫通之文亦不可施

大夫之義不得世故於是推而通之也

推猶因也因就大夫竊邑奔文通之則大夫不世叔術賢心不欲自絕兩明矣主書者在春秋前見王者起當追有功顯有德興滅國繼絕世

十有二月辛亥朔日有食之

是後昭公死外晉大夫專執楚犯中國圍蔡也

三十有二年春王正月公在乾侯

取闞

○闞口暫反

傳 闞者何邾婁之邑也曷爲不繫乎邾婁諱亟也

與取濫爲亟○亟去冀反

夏吳伐越

秋七月

冬仲孫何忌會晉韓不信齊高張宋仲幾衛世叔申鄭國參曹人莒人邾婁人薛人杞人小邾婁人城成周

書者起時善其修廢職有尊尊之意也孔子曰謹權量審法度脩廢官四方之政行焉言成周者起正居實外之

十有二月己未公薨于乾侯

春秋公羊傳卷二十四

春秋公羊傳卷二十五

漢諫議大夫司空掾任城何　休學

明　後學　東吴金　蟠訂

定公

元年，春，王。

【傳】定何以無正月？據莊公雖不書即位，猶書正月。正月者，正即位也。本有正月者，正諸侯之即位。定無正月者，即位後也。雖書即位於六月，實當如莊公有正月，今無正月者，昭公出奔，國當絶，定公不得繼體奉正，故諱爲微辭，使若即位在正月後，故不書正月。即位何以後？據正月正即位。昭公在外。昭公喪在外。得入不得入，未可知也。曷爲未可知？據已稱元年。在季氏也。今季氏迎昭公喪而事之，定公得即位；不迎而事之，則不得即位。定、哀多微辭。微辭，即下傳所言者是也。定公有王無正月，不務公室，喪失國寶；哀公有黄池之會，獲麟。故總言多。主人習其讀而問其傳，讀謂經，傳謂訓詁。主人謂定公。言主人者，能爲主人，皆當爲微辭，非獨定公。則未知己之有罪焉爾。此假說而言之，主人謂定公也。設使定公習其經而讀之，問其傳解詁，則不知己之有罪於是。此孔子畏時君，上以諱尊隆恩，下以辟害容身，慎之至也。

三月，晉人執宋仲幾于京師。○幾，本或作機。

【傳】仲幾之罪何？據言於京師成伯討辭，知有罪。不蓑城也。若今以草衣城是也。禮，諸侯爲天子治城，各有分丈尺。宋仲幾不治所主。○蓑，素戈反。一或作蓑，一或音初危反，衣于既反。其言于京師何？據城言成周執不地。伯討也。大夫不得專執，執無稱名氏見伯討例，故地以京師，明以天子事執之，得伯討之義。伯討，則其稱人何？據城稱名氏，諸侯伯執不稱人也。復發此難者，弟子未解，嫌大夫稱人相執，與諸侯同例。○復，扶又反。難，乃旦反。解，音蟹。貶。故稱人爾，不以非伯討故。曷爲貶？據晉侯伯執稱人以他罪舉。不與大夫專執也。曷爲不與？據伯討。實與，言于京師是也。而文不與。文不與者，貶稱人是也。文曷爲不與？大夫之義不得專執也。大夫不得專相執，辟諸侯也。不言歸者，諸侯當決於天子，犯之惡甚，故録所歸。大夫當決主獄爾，犯之罪從外小惡，不復別也。無例不在常書。又月者，善爲天子執之。○別，彼列反。

夏，六月，癸亥，公之喪至自乾侯。至自乾侯者，非公事齊不專中去之晉，竟不見容，死於乾侯。

戊辰，公即位。

【傳】癸亥，公之喪至自乾侯，則曷爲以戊辰之日然後即位？據癸亥得入，已可知。正棺於兩楹之間，然後即位。正棺者，象既小斂夷于堂。昭公死於外，不得以君臣禮治其喪，故示盡始死之禮。禮，始死于北牖下，浴於中霤，飯含於牖下，小斂於戶内，夷於兩楹之間，大斂於阼階，殯於西階之上，祖於庭，葬於墓，奪孝子之恩，動以遠也。禮，天子五日小斂，七日大斂；諸侯三日小斂，五日大斂；卿大夫二日小斂，三日大斂；夷而經，殯而成服，故戊辰然後即位。凡喪，三日授子杖，五日授大夫杖，七日授士杖，童子、婦人不杖。不能病故也。○墉，音容，本又作牖。飯，扶晚反。含，戶暗反。阼，才故反。子沈子曰：定君乎國，定昭公之喪禮於國。然後即位。即位不日，此何以日？據即位皆不日。録乎内也。内事詳録，善得五日變禮。或說危不得以踰年正月即位，故日。主書

者重五始也

秋七月癸己葬我君昭公

九月大雩 定公得立尤喜而不恤民之應

立煬宮 ○煬餘亮反

傳 煬宮者何 据十二公無煬公 煬公之宮也 春秋前煬公也 立者何 立者不宜立也 立煬宮非禮也 不日嫌得禮故復問立也不日者所見之世諱深使若比武宮惡愈故不日

冬十月霣霜殺菽 ○霣于敏反

傳 何以書 記異也 菽大豆時獨殺菽不殺他物故爲異 此災菽也 曷爲以異書 据無麥苗以災書 異大乎災也 異者所以爲人戒也重異不重災君子所以貴教化而賤刑罰也周十月夏八月微霜用事未可殺菽菽者少類爲稼強季氏象也是時定公喜於得位而不念父黜逐之恥反爲淫祀立煬宮故天示以當早誅季氏

二年春王正月

夏五月壬辰雉門及兩觀災 ○觀工喚反

傳 其言雉門及兩觀災何 据桓宮僖宮災不言及不但問及者方於下及聞其文問之故先俱張本於上 兩觀微也 雉門兩觀皆天子之制門爲其主觀爲其飾故微也 然則曷爲不言雉門災及兩觀 据下新作雉門及兩觀先言作者 主災者兩觀也 時災從兩觀起 時災者兩觀 則曷爲後言之 据欲使言兩觀災及雉門若言宋督弑其君與夷及其大夫孔父 不以微及大也 何以書 不復言雉門及兩觀災何以書者上已問雉門及兩觀災故但言何以書 記災也 此本子家駒諫昭公所當先去以自正者昭公不從其言卒爲季氏所逐定公繼其後宜去其所以失之者故災亦云爾立雉門兩觀不書者僭天子不可言雖在春秋中猶不書○先去起呂反下同

秋楚人伐吳

冬十月新作雉門及兩觀

傳 其言新作之何 据俱一門兩觀如故常 脩大也 天災之當減損如諸侯制而復脩大僭天子之禮故言新作以見脩大也 脩舊不書 此何以書 据西宮災復脩不書 譏 何譏爾 不務乎公室也 務勉也不務公室亦可施于久不脩亦可施于不務始公室之禮微辭也月者久也當即脩之如諸侯禮

三年春王正月公如晉至河乃復 月者內有彊臣之讎外不見答於晉故危之

三月辛卯邾婁子穿卒

夏四月

秋葬邾婁莊公

冬仲孫何忌及邾婁子盟于枝 後相犯時者諱公使大夫盟又未踰年君薨父子之恩故爲易辭使若義結善事○枝二傳作拔易

以豉反

四年，春，王二月，癸巳，陳侯吳卒。

三月，公會劉子、晉侯、宋公、蔡侯、衛侯、陳子、鄭伯、許男、曹伯、莒子、邾婁子、頓子、胡子、滕子、薛伯、杞伯、小邾婁子、齊國夏于召陵，侵楚。月而不舉重者，楚以一裘之故拘蔡昭公數年，然後歸之，諸侯雖然侵之，會同最盛，故善錄其行義兵也。拘不書者，惡蔡侯吝一裘而見拘執，故匹夫之執歸不書者，從執例。

夏，四月，庚辰，蔡公孫歸姓帥師滅沈，以沈子嘉歸，殺之。爲不會召陵故也。不舉滅爲重，書以歸殺之者，責不死位也。日者，定、哀滅例日。定公承黜君之後，有彊臣之讎，故有滅則危懼之，爲定公戒也。○公孫歸姓，二傳無歸字。姓音生，又音性。

五月，公及諸侯盟于浩油。再言公者，昭公數如晉，不見答，卒爲季氏所逐，不定公初即位，得與諸侯盟，故喜錄之。後楚復圍蔡，救不日者，善諸侯能翕然俱有疾楚之心，會同最盛，故褒與信辭。○浩油，二傳作皐鼬。

杞伯戊卒于會。不日，與盟同日。○戊音茂，又音恤。二傳作戊。

六月，葬陳惠公。

許遷于容城。

秋，七月，公至自會。月者，爲下劉卷卒月者重錄恩。○卷音權。

劉卷卒。

傳 劉卷者何？天子之大夫也。外大夫不卒，此何以卒？我主之也。劉卷卽上會劉子。我主之者，因上王魯故主之，張義也。卒者，明主會者當有恩禮也。言劉卷者，主起以大夫卒之，屈於天子也。不日者，比尹氏以天子喪爲主重也。此卷主會輕，故不日。

葬杞悼公。

楚人圍蔡。囊瓦稱人者，楚爲無道，拘蔡昭公數年，而復怒蔡歸有言伐之，故貶，明罪重於圍。

晉士鞅、衛孔圄帥師伐鮮虞。○圄，魚呂反。左氏作圉。虞本或作吳，音虞。

葬劉文公。

傳 外大夫不書葬，此何以書？錄我主也。其實以主我恩錄之，故云爾。舉采者，禮，諸侯入爲天子大夫，更受采地於京師，天子使大夫爲治其國，有功而卒者，當益封其子。時劉卷以功益封，故不以故國而以采地書葬，起其事，因恩以廣義也。稱公者，明本諸侯也。

冬，十有一月，庚午，蔡侯以吳子及楚人戰于伯莒，楚師敗績。○伯莒，左氏作柏舉。

傳 吳何以稱子？据滅徐稱國。夷狄也，而憂中國。言子起憂中國。言以明爲蔡故也，與桓十四年同。其憂中國奈何？伍子胥父誅乎楚，挾弓而去楚。挾弓者，懷格意也。禮，天子雕弓，諸侯彤弓，大夫嬰弓，士盧弓。○彤大冬反以干闔廬。不待禮見曰干。欲因闔廬以復讎。闔廬曰。士之甚。言其以賢士之甚。勇之甚。將爲之興師而復讎于楚。伍子胥復曰。諸侯不爲匹夫興師。必須因事者其義可得因公託私而以匹夫興師討諸侯則不免爲亂。且臣聞之。事君猶事父也。虧君之義。復父之讎。臣不爲也。於是止。蔡昭公朝乎楚。有美裘焉。囊瓦求之。昭公不與。爲是拘昭公於南郢數年。然後歸之。於其歸焉。用事乎河。時北如晉請伐楚因祭河○囊乃郎反郢以共反又以政反曰。天下諸侯苟有能伐楚者。寡人請爲之前列。楚人聞之怒。見侵後聞蔡有此言而怒。爲是興師。使囊瓦將而伐蔡。蔡請救于吳。伍子胥復曰。蔡非有罪也。楚人爲無道。君如有憂中國之心。則若時可矣。猶曰若是時可興師矣激發初欲興師意○將子匠反於是興師而救蔡。不書與子胥俱者舉君爲重子胥不見于經得爲善者以吳義文得成之也雖不舉子胥爲非懷惡而討不義君子不得不與也曰。事君猶事父也。此其爲可以復讎奈何。曰。父不受誅。不受誅罪不當誅也子復讎可也。孝經曰資於事父以事君而敬同本取事父之敬以事君而父以無罪爲君所殺諸侯之君與王者異於義得去君臣已絕故可也孝經云資於事父以事母莊公不得報讎文姜者母所生雖輕於父重於君也易曰天地之大德曰生故得絕不得殺父受誅。子復讎。推刃之道也。子復囚非當復討其子一往一來曰推刃○當丁浪反復讎不除害。取讎身而已不得兼讎子復將恐害己而殺之時子胥因吳之衆墮平王之墓燒其宗廟而已昭王雖可得殺不除云○墮許規反去起呂反朋友相衛。同門曰朋同志曰友相衛不使爲讎所勝時子胥因仕於吳爲大夫君臣言朋友者闔廬本以朋友之道爲子胥復讎孔子曰益者三友損者三友友直友諒友多聞益矣友便辟友善柔友便佞損矣○辟婢亦反而不相迿。迿出表辭猶先也不當先相擊刺所以伸孝子之恩○迿音峻又音巡又玄徧反刺七亦反古之道也。

楚囊瓦出奔鄭。

庚辰。吳入楚。

【傳】吳何以不稱子。據狄人盟于邢有進行稱人○行下孟反反夷狄也。其反夷狄奈何。君舍于君室。大夫舍于大夫室。蓋妻楚王之母也。舍其室因其婦人爲妻日者惡其無義

五年。春。王正月。辛亥。朔。日有食之

是後臣忿日甚魯失國寶宋大夫叛

夏。歸粟于蔡。

【傳】孰歸之。諸侯歸之。曷爲不言諸侯歸之。據齊人來歸衛寶離至不可得而序。故言我也。時爲蔡新被强楚之兵故歸之粟與戍陳同義○爲于僞反

於越入吳。

【傳】於越者何。越者何。不言或者嫌兩國於越者。未能以其名通也。越者。能以其名通也。越人自名于越君子名之曰越治國有狀能與中國通者以中國之辭言之曰越治國無狀不能與中國通者以其俗辭言之因其俗可以見狀

魯惡。故云爾。赤狄以赤進者。狄於北方總名。赤者其別與越異也。吳新憂中國士卒罷敝而入之。疾罪重。故謂之於越。

六月。丙申。季孫隱如卒。

仲遂以貶起弒。是不貶著其逐君者。舉君出為重。故從季辛起之。猶衛孫甯。

秋。七月。壬子。叔孫不敢卒。

冬。晉士鞅帥師圍鮮虞。

春秋公羊傳卷二十五

春秋公羊傳卷二十六

漢諫議大夫司空掾任城何　休學

明　後　學　東吳葛　鼒訂

定公

六年春王正月癸亥鄭游遬帥師滅許以許男斯歸

二月公侵鄭月者內有彊臣之讎不能討而外結怨故危之

公至自侵鄭

夏季孫斯仲孫何忌如晉

秋晉人執宋行人樂祈犂

冬城中城

季孫斯仲孫忌帥師圍運

傳此仲孫何忌也曷爲謂之仲孫忌譏二名二名非禮也爲其難諱也一字爲名令難言而易諱所以長臣子之敬不逼下也春秋定哀之間文致大平欲見王者治定無所復爲譏唯有二名故譏之此春秋之制也○爲其于僞反令力呈反易以豉反長丁丈反大音泰

七年春王正月

夏四月

秋齊侯鄭伯盟于鹹○鹹音咸

齊人執衛行人北宮結以侵衛

齊侯衛侯盟于沙澤

大雩先是公侵鄭城中城季孫斯仲孫忌如晉圍運費重不恤民之應○費重芳味反

齊國夏帥師伐我西鄙

九月大雩承前費重不恤民又重之以齊衛伐我我自救之役

冬十月

八年春王正月公侵齊公至自侵齊

二月公侵齊三月公至自侵齊出入月者內有彊臣之讎外犯彊齊再出尤危於侵鄭故知入亦當蒙上月

曹伯露卒

夏齊國夏帥師伐我西鄙

公會晉師于瓦公至自瓦此晉趙鞅之師也但言晉師者君不會大夫之辭也公會大夫不別得意雖得意不致此致者諱公爲大夫所會故使若得意者○別彼列反

秋七月戊辰陳侯柳卒

晉趙鞅帥師侵鄭遂侵衛

葬曹竫公○竫才井反本亦作靖

九月，葬陳懷公。
季孫斯、仲孫何忌帥師侵衛。
冬，衛侯、鄭伯盟于曲濮。
○濮音卜
從祀先公。
【傳】從祀者何？順祀也。復文公之逆祀。文公逆祀，去者三人，
諫不從而去之。定公順祀，叛者五人。諫不以禮而去曰叛。去與叛皆不書者，微
也。不書禘者，後禘亦順，非獨禘也。言祀者，無已長久之辭。不言僖公者，閔公亦得其順。
盜竊寶玉、大弓。
【傳】盜者孰謂？微而竊大，可怪，故問之。謂陽虎也。陽虎者曷爲
者也？季氏之宰也。季氏之陪臣爲政者。季氏之宰則微者也，
惡乎得國寶而竊之？陽虎專季氏，季氏專魯國，陽
虎拘季孫，季氏逐昭公之後，取其寶玉藏於其家。陽虎拘季孫，奪其寶玉。季孫取玉不書
者，舉逐君爲重。孟氏與叔孫氏迭而食之。睋而鍥其板，以爪
刻其饋板。○食之音嗣。睋，五多反。鍥，本又作鐵，七廉反，又且審反。曰：「某月某日將
殺我于蒲圃，力能救我則於是。」於是時。至乎日若時
而出，臨南者，陽虎之出也，御之。爲季孫御。於其乘焉，季
孫謂臨南曰：「以季氏之世世有子，言我季氏累世有女以爲臣。○
女音汝。子可以不免我死乎？」以義責之。臨南曰：「有力不足，
臣何敢不勉？」陽越者，陽虎之從弟也，爲右。爲季孫車右，實

衛之。○從，才用反。諸陽之從者車數十乘，至于孟衢。孟氏衢。四
達，可以横去。臨南投策而墜之，策，馬捶也。見二家迭食之，欲將季孫由孟氏免
之，恐陽越不聽，故詐投策，欲使下車。○墜，直類反。捶，章蘂反。陽越下取策，臨南
駷馬，捶馬銜走。○駷，本又作擞，字書無此字，相承用之，素動反。而由乎孟氏。陽
虎從而射之，矢著于莊門。莊門，孟氏所入門名。言幾中季孫，賴門閉，故著。
門。○射，食亦反。著，直略反。中，丁仲反。然而甲起於琴如。甲，公斂處父所帥也。琴如，
地名。二家知出期，故於是時起兵。弑不成，却反舍于郊，皆說然息。
說，解舍。然，猶如。或曰：「弑千乘之主，時季氏邑至於千乘。而不克，舍此
可乎？」嫌其近而無所依。陽虎曰：「夫孺子得國而已，得免專國家而
已。如丈夫何？」如，猶奈也。丈夫，大人稱也。睋而曰：「彼哉！彼哉！」望見公斂
處父帥而曰彼哉彼哉，再言之者，切遽意。趣駕。使疾駕。○趣，七欲反，一音七住反。既駕，
公斂處父帥師而至。公斂處父，孟氏叔孫氏將兵之將。懂然後得
免，自是走之晉。寶者何？璋判白。判，半也。半圭曰璋，白藏天子，青藏諸
侯。魯得郊天，故錫以白。不言璋言玉者，起珪璧琮璜璋五玉盡亡之也。傳獨言璋者，所以郊事天尤
重。詩云：「奉璋峨峨，髦士攸宜。」是也。禮，珪以朝，璧以聘，琮以發兵，璜以發衆，璋以徵召。○懂，其靳反。峨，
髦多反，五音毛。弓繡質，質，拊也。言大者力千斤。龜青純。純，緣也。謂緣甲頫也。千歲
之龜青髯，明于吉凶。易曰：「定天下之吉凶，成天下之亹亹者，莫善乎蓍龜。」經不言龜者，以先知從實
省文。謂之寶者，世世寶用之辭。此皆魯始封之錫，不言取而言竊者，正名也。定公祕季孫假馬，孔子
曰：「君之於臣，有取無假，而君臣之義立。」主書者，定公失政，權移陪臣，拘其尊御，喪其寶玉，無以合信
天子，交質諸侯，當絶之。不書拘季孫者，舉五玉爲重。書大弓者，使若都以國寶書，微辭也。○純，之閏

反綠悅絹反顴而占反喪失浪反

九年春王正月

夏四月戊申鄭伯囆卒○蠆勑邁反左氏作蠆

得寶玉大弓

傳何以書國寶也喪之書得之書微辭也使若都以重國寶故書不以罪定公者其寶失之當坐得之當除以竊寶不月知得則不蒙上○喪息浪反

六月葬鄭獻公

秋齊侯衛侯次于五氏欲伐魯也善魯能却難早故書次而去

秦伯卒

冬葬秦哀公

十年春王三月及齊平月者頰谷之會齊侯欲執定公故不易○易以豉反

夏公會齊侯于頰谷公至自頰谷上平為頰谷之會不易故月致地者頰谷之會齊侯作侏儒之樂欲以執定公孔子曰匹夫而熒惑於諸侯者誅於是誅侏儒首足異處齊侯大懼曲節從教得意故致也○頰谷古協反左氏作夾谷

晉趙鞅帥師圍衛

齊人來歸運讙龜陰田

傳齊人曷為來歸運讙龜陰田据齊嘗取魯邑孔子行乎季孫三月不違孔子仕魯政事行乎季孫三月之中不見違過是違之也不言政行乎定公者政在季氏之家齊人為是來歸之齊侯自頰谷會歸謂晏子曰寡人或過於魯侯如之何晏子曰君子謝過以質小人謝過以文齊嘗侵魯四邑請皆還之歸濟西田不言來此其言來者已絕魯不應復得故從外來常文與齊人來歸衛寶同夫子雖欲不受定公貪而受之此違之驗○為于僞反

叔孫州仇仲孫何忌帥師圍郈○郈音后

秋叔孫州仇仲孫何忌帥師圍費

宋樂世心出奔曹

宋公子池出奔陳○池左氏作地

冬齊侯衛侯鄭遊遬會于鞍○于鞍左氏作安甫

叔孫州仇如齊

宋公之弟辰暨宋仲佗石彄出奔陳復出宋者惡仲佗悉欲帥國人去故舉國言之公子池樂世心石彄從之皆是也辰言暨者明仲佗彊與俱出也三大夫出不月者舉國危亦見矣○暨其器反佗大多反彄古侯反惡烏路反強其丈反見賢偏反

十有一年春宋公之弟辰及仲佗石彄公子池自陳入于蕭以叛

不復言宋仲佗者，本舉國已明矣。辰言及者，後汲汲當坐重。○復，扶又反。

夏四月。

秋，宋樂世心自曹入于蕭。

不言叛者，從叛臣叛可知。

冬，及鄭平。

叔還如鄭莅盟。

十有二年，春，薛伯定卒。

不日月者，子無道，當廢之，而以為後，未至三年，失衆見弒，危社稷宗廟，禍端在定，故略之。

夏，葬薛襄公。

叔孫州仇帥師墮郈。

○墮，許規反，下同。

衛公孟彄帥師伐曹。

季孫斯、仲孫何忌帥師墮費。

傳曷為帥師墮郈？帥師墮費？

据城費。

孔子行乎季孫，三月不違，曰：家不藏甲，邑無百雉之城。於是帥師墮郈，帥師墮費。

郈，叔孫氏所食邑；費，季氏所食邑。二大夫宰吏數叛，患之，以問孔子。孔子曰：陪臣執國命，采長數叛者，坐邑有城池之固，家有甲兵之藏故也。季氏說其言而墮之。故君子時然後言，人不厭其言。書者，善定公任大聖，復古制，弱臣勢也。不書去甲者，舉墮城為重。○大數，所角反。采長，七代反，下丁丈反。說音悅。厭，於豔反。去，起呂反。

雉者何？五板而堵，

八尺曰板，堵凡四十尺。○堵，丁古反。

五堵而雉，

二百尺。

百雉而城。

二萬尺，凡周十一里三十三步二尺，公侯之制也。禮，天子千雉，蓋受百雉之城十；伯七十雉；子男五十雉。天子周城，諸侯軒城。軒城者，缺南面以受過也。

秋，大雩。

不能事事，信用孔子聖澤，廢。

冬十月癸亥，公會晉侯盟于黄。

十有一月丙寅，朔，日有食之。

是後薛弒其君比，晉荀寅、士吉射入于朝歌以叛。○射，食亦反，又食夜反。朝，如字。

公至自黄。

十有二月，公圍成。公至自圍成。

成，仲孫氏邑。圍成月又致者，天子不親征下土，諸侯不親征叛邑，公親圍成，不能服，不能以一國為家，甚危，若從他國來，故危錄之。

十有三年，春，齊侯、衛侯次于垂瑕。

○垂瑕，如字，又音加。二傳作垂葭。

夏，築蛇淵囿。

大蒐于比蒲。

○比音毗。

衛公孟彄帥師伐曹。

秋，晉趙鞅入于晉陽以叛。

冬，晉荀寅及士吉射入于朝歌以叛。

晉趙鞅歸于晉。

【傳】此叛也。其言歸何。据叛與出入惡同。以地正國也。軍以井田立數，故言以地。其以地正國奈何。晉趙鞅取晉陽之甲，以逐荀寅與士吉射。荀寅與士吉射者曷爲者也。君側之惡人也。此逐君側之惡人，曷爲以叛言之。無君命也。無君命者，操兵鄉國，故初謂之叛，後知其意欲逐君側之惡人，故錄其釋兵，書歸赦之。君子誅意不誅事。晉陽之甲者，趙簡子之邑，以邑中甲逐之。○操，七曹反。鄉，許亮反。

薛弑其君比。

十有四年，春，衛公叔戍來奔。

晉趙陽出奔宋。○晉趙陽，左氏作衛趙陽。

三月，辛巳，楚公子結、陳公子佗人帥師滅頓，以頓子牄歸。不別以歸何國者，明楚陳以滅人爲重，頓子以不死位爲重。○佗，大河反，左傳作公孫佗人。牄，七良反，二傳作牂。別，彼列反。

夏，衛北宮結來奔。

五月，於越敗吳于醉李。月者，爲下卒出。○醉李，本又作雋，音同。爲，于僞反。

吳子光卒。

公會齊侯、衛侯于堅。○堅，如字，本又作掔，音牽，左氏作牽。

公至自會。

秋，齊侯、宋公會于洮。○洮，他刀反。

天王使石尚來歸脤。○脤，市軫反。

【傳】石尚者何。天子之士也。天子上士以名氏通。脤者何。俎實也。實俎肉也。腥曰脤，熟曰燔。禮，諸侯朝天子，助祭於宗廟，然後受俎實。時魯不助祭而歸之，故書以譏之。○燔，本亦作膰，又作繙，音煩。

衛世子蒯聵出奔宋。主書者，子雖見逐，無去父之義。○蒯，苦怪反，下五怪反。

衛公孟彄出奔鄭。

宋公之弟辰自蕭來奔。

大蒐于比蒲。譏亟也。○亟，去冀反。

邾婁子來會公。書者，非邾婁子會人於都也。如入人都，當修朝禮。古者諸侯將朝天子，必先會閒隙之地，考德行，一刑法，講禮義，正文章，習事天子之儀，尊京師，重法度，恐過誤。言公者，不受于廟。○閒，音閑。

城莒父及霄。去冬者，是歲蓋孔子由大司寇攝相事，政化大行，粥羔豚者不飾，男女異路，道無拾遺，齊懼，北面事魯，饋女樂以閒之，定公聽季桓子受之，三日不朝，當坐淫，故貶之。歸女樂不書者，本以淫受之，故深諱其本文，三日不朝，孔子行，魯人皆知孔子所以去。附嫌近害，雖可書，猶不書。或說無冬者，坐受女樂，今聖人去。冬，陰臣之象也。○父音甫。去，起呂反。相，息亮反。粥羔，羊六反。閔閔，廁之閔。

十有五年，春，王正月，邾婁子來朝。

鼷鼠食郊牛，牛死，改卜牛。○鼷音兮。

傳 曷為不言其所食？據食角。漫也。漫者，徧食其身，災不敬也。不舉牛死，為重，復舉食者，內災甚矣。錄內，不言火是也。

二月，辛丑，楚子滅胡，以胡子豹歸。

夏，五月，辛亥，郊。

傳 曷為以夏五月郊？據魯郊正當卜春三正也。又養牲不過三月。三卜之運也。運，轉也。已卜春三正不吉，復轉卜夏三月。周五月，得二吉，故五月郊也。易曰：「再三瀆，瀆則不告。」不得其事，雖吉猶不當為也。不舉卜者，從可知。

壬申，公薨于高寢。

鄭軒達帥師伐宋。○軒達，左氏作罕達。

齊侯、衛侯次于蘧篨。○蘧，其居反。下篨，直居反。

邾婁子來奔喪。

傳 其言來奔喪何？據會葬以禮書。歸含且賵，不言來。○含，戶暗反。賵，芳鳳反。奔喪非禮也。但解奔喪者，明言來者常文，不為早晚施也。禮，天子崩，諸侯奔喪會葬；諸侯薨，有服者奔喪，無服者會葬。邾婁與魯無服，故以非禮書。禮，有不弔者三：兵死、壓死、溺死。○為，于僞反。壓，於甲反。

秋，七月，壬申，姒氏卒。

傳 姒氏者何？哀公之母也。姒氏，杞女，哀公者，即定公之妾子。何以不稱夫人？據母以子貴。哀未君也。未踰年，不稱公。

八月，庚辰朔，日有食之。是後衛蒯聵犯父命，盜殺蔡侯申，齊陳乞弒其君舍。

九月，滕子來會葬。

丁巳，葬我君定公，雨，不克葬。戊午，日下昃，乃克葬。昃，日西也。易曰：「日中則昃」是也。下昃，蓋晡時。○昃音側。時，布吳反。

辛巳，葬定姒。

傳 定姒何以書葬？據不稱小君，子般不書葬。未踰年之君也。哀未踰年也，母以子貴，故以子正之。有子則廟，廟則書葬。如未踰年君之禮稱謚者，方當踰年稱夫人。曾子問曰：「並有喪，如之何？何先何後？」孔子曰：「葬，先輕而後重；其奠也，其虞也，先重而後輕，禮也。」

冬，城漆。

春秋公羊傳卷二十六

春秋公羊傳卷二十七

漢諫議大夫司空掾任城何　休學

明　後　學　東吳金　蟠訂

哀公

元年春王正月公即位

楚子陳侯隨侯許男圍蔡 隨微國稱侯者本爵俱侯土地見侵削故微爾許男者戍也前許男斯見滅以歸今戍復見者自復斯不死位自復無惡文者滅以歸可知

鼷鼠食郊牛 災不敬故

改卜牛

夏四月辛巳郊

秋齊侯衛侯伐晉

冬仲孫何忌帥師伐邾婁 邾婁子新來奔喪伐之不諱者期外恩殺惡輕明當與根牟有差○殺所戒反

二年春王二月季孫斯叔孫州仇仲孫何忌帥師伐邾婁取漷東田及沂西田 漷沂皆水名邾婁子來奔喪取其地不諱者義與上同○漷火虢反徐音郭沂魚依反

癸巳叔孫州仇仲孫何忌及邾婁子盟于句繹 所以再出大夫名氏者季孫斯不與盟○句古侯反與音預

夏四月丙子衛侯元卒

滕子來朝

晉趙鞅帥師納衛世子蒯聵于戚

傳 戚者何衛之邑也曷為不言入于衛 据弗克納未入國文 言納于邾婁納者入辭故傳言曷為不言入于衛 父有子子不得有父也 明父得有子而廢之子不得有父之所有故奪其國文正其義也不貶蒯聵者下曼姑圍戚無惡文嫌曼姑可為輒誅其父故明不得也不去國見挈者不言入于衛不可醇無國文輒出奔不書者責拒父也主書者與頓子同

秋八月甲戌晉趙鞅帥師及鄭軒達帥師戰于栗鄭師敗績 ○栗一本作秩二傳作鐵

冬十月葬衛靈公

十有一月蔡遷于州來 長楚也州來吳所滅

蔡殺其大夫公子駟 稱國以殺者君殺大夫之辭稱公子者惡失親也

三年春齊國夏衛石曼姑帥師圍戚

傳 齊國夏曷為與衛石曼姑帥師圍戚 据晉趙鞅以地正國 加叛文今此無加文故問之 伯討也 方伯所當討故使國夏首兵 此其為伯討奈何曼姑受命乎靈公而立輒 靈公者蒯聵之父 以曼

姑之義爲固可以距之也。曼姑無惡文者，起曼故得拒之。曼姑臣也，拒之者，上爲靈公命，下爲輒，故義不可以子誅父，故但得拒之而已。傳所以曼姑解伯討者，推曼姑得拒之，則國夏得討之明矣。不言圍衛者，順上文辟圍輒。○爲，于僞反。輒者曷爲者也。蒯聵之子也。然則曷爲不立蒯聵而立輒。據春秋有父死子繼。蒯聵爲無道。行不中善道。○中，丁仲反。靈公逐蒯聵而立輒。然則輒之義可以立乎。輒之義不可以拒父，故但問可立與不。曰可。其可奈何。不以父命辭王父命。不以蒯聵命辭靈公命。以王父命辭父命。辭猶不從。是父之行乎子也。是靈公命行乎蒯聵，重本尊統之義。不以家事辭王事。以父見廢，故辭讓不立，是家私事。以王事辭家事。聽靈公命立者，是王事公法也。是上之行乎下也。是王法行於諸侯，雖得正，非義之高者也。故冉有曰：夫子爲衛君乎？子貢曰：諾，吾將問之。入曰：伯夷、叔齊何人也？曰：古之賢人也。曰：怨乎？曰：求仁而得仁，又何怨。出曰：夫子不爲也。主書者，善伯討。

夏四月甲午，地震。此象季氏專政，蒯聵犯父命，是後蔡大夫專相放，盜殺蔡侯申，辟伯晉而京師楚，黃池之會吳大爲主。

五月辛卯，桓宮、僖宮災。

【傳】此皆毁廟也，其言災何。據禮，親過高祖則毁其廟。復立也。曷爲不言其復立。據立武宮言立。○復，扶又反，下及注同。春秋見者不復見也。謂內所改作也。哀自立之，善惡獨在哀，故得省文。○見者，賢遍反，下同。何以不言及。據雉門及兩觀。○觀，工喚反。敞也。親過高祖，親疏適等。何以書。已上問此皆毁廟，其言災何，故不復連桓宮、僖宮。記災也。災不宜立。

季孫斯、叔孫州仇帥師城開陽。○開陽，左氏作啓陽。

宋樂髡帥師伐曹。○髡，苦昆反。

秋七月丙子，季孫斯卒。

蔡人放其大夫公孫獵于吳。稱人者，惡大夫驕蹇作威，相放當誅，故貶。

冬十月癸卯，秦伯卒。哀公著治大平之終，小國卒葬極於哀公者，皆卒日葬月。○大音泰。

叔孫州仇、仲孫何忌帥師圍邾婁。

四年春王三月庚戌，盜殺蔡侯申。

【傳】弑君賤者窮諸人，此其稱盜以弑何。據宋人弑其君處臼。賤乎賤者也。賤者於稱人。賤乎賤者孰謂。據無主名。謂罪人也。罪人者，未加刑也。蔡侯近罪人，卒逢其禍，故以爲人君深戒。不言其君者，方當刑放之，與刑人義同。

蔡公孫辰出奔吳。

葬秦惠公。

宋人執小邾婁子。

夏，蔡殺其大夫公孫歸姓、公孫霍。

晉人執戎曼子赤歸于楚。

傳赤者何。欲以為戎曼子名，則晉人執曹伯言畀宋人，不言名；欲言微者，則不當書，故以不知問也。戎曼子之名也。其言歸于楚何。據執曹伯畀宋人，不言歸于宋。子北宮子曰：辟伯晉而京師楚也。此解名而言歸意也。前此楚比滅頓胡，諸侯由是長其威，從而圍蔡，蔡還于州來，遂張中國，京師自置。晉人執戎曼子，不歸天子而歸于楚，而不名而言歸于楚，則與伯執歸京師同文，故辟其文而名之，使若晉非伯執，而赤微者自歸于楚。言歸于楚者，起伯晉京師楚，主書者惡晉背叛，當誅之。

城西郛。○郛，芳夫反。

六月辛丑，蒲社災。

傳蒲社者何。據鼓用牲于社不言蒲。○左氏作亳社。亡國之社也。蒲社者，先世之亡國在魯竟。社者封也。封土為社。其言災何。據封土非火所能燒。亡國之社蓋揜之。揜其上而柴其下。故火得燒之。揜柴之者，絕不得使通天地四方，以為有國者戒。蒲社災何以書。記災也。戒社者，先王所以威示教戒諸侯，使事上也。災者，象諸侯背天子。是後宋事彊吳，齊晉前驅，滕薛俠轂，魯衛驂乘，故天去戒社，若曰王教滅絕云爾。

秋，八月，甲寅，滕子結卒。

冬，十有二月，葬蔡昭公。賊已討，故書葬也。不書討賊者，明諸侯得專討士以下也。

葬滕頃公。

五年，春，城比。○比，本又作芘，亦作庇，同，音毗。左氏作毗。

夏，齊侯伐宋。

晉趙鞅帥師伐衛。

秋，九月，癸酉，齊侯處臼卒。

冬，叔還如齊。

閏月，葬齊景公。

傳閏不書，此何以書。據楚子昭卒不書閏。喪以閏數也。謂喪服大功以下諸喪，當以閏月為數。○數，所主反，下同。喪曷為以閏數。據卒以書閏。喪數略也。略，猶殺也。以月數恩殺，故并閏數。

六年，春，城邾婁葭。城者取之也。不言取者，魯數圍取邾婁邑，邾婁未曾加非於魯，而侮奪之不知足，有夷狄之行，故諱之，明惡甚。○葭，音加，又音遐。左氏作邾瑕。曾，才能反。行，下孟反。

晉趙鞅帥師伐鮮虞。

吳伐陳。

夏，齊國夏及高張來奔。

叔還會吳于柤。○柤，莊加反。

秋，七月，庚寅，楚子軫卒。

齊陽生入于齊。

齊陳乞弒其君舍。○君舍二傳作荼音舒

傳弒而立者。不以當國之辭言之。此其以當國之辭言之何。據齊公子商人弒其君舍而立氏公子爲諼也。此其爲諼奈何。問其義景公謂陳乞曰。吾欲立舍。何如。陳乞曰。所樂乎爲君者。欲立之則立之。不欲立則不立。自貴專也君如欲立之。則臣請立之。陳乞欲拒言不可恐景公殺陽生陽生謂陳乞曰。吾聞子蓋將不欲立我也。陳乞曰。夫千乘之主。將廢正而立不正。必殺正者。晉世子申生是也吾不立子者。所以生子者也。走矣。教陽生走與之玉節而走之。節信也析玉與陽生留其半爲後當迎之合以爲信防稱矯也奔不書者未命爲嗣景公死而舍立。陳乞使人迎陽生于諸其家。于諸實也齊人語也除景公之喪。期而小祥服期者除○小期音基諸大夫皆在朝。陳乞曰。常之母。常陳乞子重難言其妻故云爾○難乃旦反有魚菽之祭。齊俗婦人首祭事言魚豆者示薄陋無所有願諸大夫之化我也。言欲以薄陋餘福共宴飲諸大夫皆曰諾。於是皆之陳乞之家坐。陳乞曰。吾有所爲甲。甲鎧○鎧苦代反請以示焉。諸大夫皆曰諾。於是使力士舉巨囊而至于中霤。巨囊大囊中央日中霤○囊乃郎反又音託霤方又反諸大夫見之皆色然而駭。色然驚駭貌○色本又作垝居委反又或作危開之則闖然。闖出頭貌○闖丑鴆反又丑甚反一音丑社反公子陽生也。陳乞曰。此君也已。諸大夫不得已。皆逡巡北面再拜稽首而君之爾。時舍未能得衆而陽生今正當立諸大夫又見力士知陳乞有備故不得已遂君之自是往弒舍。陽生先詐致諸大夫立於陳乞家然後往弒舍故先書當國起其事也乞爲陽生弒舍不舉陽生弒者諼成于乞也不日者與卓子同

冬。仲孫何忌帥師伐邾婁。

宋向巢帥師伐曹。

七年。春。宋皇瑗帥師侵鄭。○瑗于眷反

晉魏曼多帥師侵衛。

夏。公會吳于鄫。○鄫似陵反

秋。公伐邾婁。八月。己酉。入邾婁。以邾婁子益來。

傳入不言伐。此其言伐何。據當舉入爲重內辭也。若使他人然。諱獲諸侯故不舉重而兩書使若魯公伐邾而去他人入之以來皆醇順他人來文邾婁子益何以名。據以隗子歸不名○隗五罪反絕。曷爲絕之。據俱以歸獲也。曷爲不言其獲。據獲晉侯言獲內大惡諱也。故名以起之也日者惡魯侮奪邾婁無已復入獲之入不致者得意可知例

宋人圍曹。

冬。鄭駟弘帥師救曹。

八年春王正月宋公入曹以曹伯陽歸

傳曹伯陽何以名据以隗子歸不名絶曷爲絶之据俱以歸滅也曷爲不言其滅据滅隗也諱同姓之滅也故名以起之何諱乎同姓之滅据衛侯燬滅邢不諱○燬况委反力能救之而不救也以屬上力能獲邾婁而不救曹故責之不日者深諱之定哀滅例日此不日者諱使若不滅故不日

吴伐我不言鄙者起圍魯也不言圍者諱使若伐而去

夏齊人取讙及僤○僤昌善反一音昌然反左氏作闡

傳外取邑不書此何以書所以賂齊也曷爲賂齊据上無戰伐之文爲以邾婁子益來也邾婁齊與國畏爲齊所怒而賂之恥甚故諱使若齊自取

歸邾婁子益于邾婁獲歸不書此書者善魯能悔過歸之嫌解邾婁子益無罪書故復名之○復扶又反

秋七月

冬十有二月癸亥杞伯過卒○過古禾反

齊人歸讙及僤書者善魯能悔過歸邾婁子益所喪之邑不求自得故不言來使若不從齊來與歸我濟西田同文

○喪息浪反

九年春王二月葬杞僖公

宋皇瑗帥師取鄭師于雍丘○雍於用反

傳其言取之何据詐戰言敗也易也其易奈何詐之也詐謂陷阱奇伏之類兵者爲征不義不爲苟勝而已十三年詐反不月知此不蒙上月疾略之爾○易以豉反爲征于僞反

夏楚人伐陳

秋宋公伐鄭

冬十月

十年春王二月邾婁子益來奔月者魯前獲而歸之今來奔明當尤加禮厚遇之

公會吴伐齊

三月戊戌齊侯陽生卒

夏宋公伐鄭

晉趙鞅帥師侵齊

五月公至自伐齊

葬齊悼公

衛公孟彄自齊歸于衛

薛伯寅卒

卒葬略者，與杞伯益姑同。○伯寅，二傳作伯夷，同音，以尼反。

秋，葬薛惠公。

冬，楚公子結帥師伐陳。吴救陳。

救中國不進者，陳吴與國，救陳欲以備中國，故不進。

春秋公羊傳卷二十七

春秋公羊傳卷二十八

漢諫議大夫司空掾任城何　休學
明　後　學　東吳葛　鼒訂

哀公

十有一年春齊國書帥師伐我

夏陳袁頗出奔鄭

五月公會吳伐齊甲戌齊國書帥師及吳戰于艾陵○艾五蓋反

齊師敗績獲齊國書戰不言伐舉伐者魯與伐而不與戰不從內與伐使吳爲主者吳主會故不與夷狄主中國也言獲者能結日偏戰少進也○與伐音預

秋七月辛酉滕子虞毋卒

冬十有一月葬滕隱公

衞世叔齊出奔宋

十有二年春用田賦

傳何以書据當賦稅爲何書○爲于僞反譏何譏爾譏始用田賦也田謂一井之田賦者斂取其財物也言用田賦者若今漢家斂民錢以田爲率矣不言井者城郭里若亦有井嫌悉賦之禮稅民公田不過什一軍賦十井不過一乘哀公外慕彊吳空盡國諸故復用田賦過什一○率音律又音類

夏五月甲辰孟子卒

傳孟子者何据魯大夫無孟子昭公之夫人也其稱孟子何据不稱夫人某氏諱娶同姓蓋吳女也禮不娶同姓買妾不知其姓則卜之爲同宗共祖亂人倫與禽獸無別昭公既娶諱而謂之吳孟子春秋不繫吳者禮婦人繫姓不繫國雖不諱猶不繫國也不稱夫人不言薨不書葬者深諱之

公會吳于橐皋○橐章夜反一音託

秋公會衞侯宋皇瑗于運○運左氏作鄖

宋向巢帥師伐鄭

冬十有二月螽○蠓音終本亦作螽

傳何以書記異也何異爾不時也螽者與陰殺俱藏周十二月夏之十月不當見故爲異比年再螽者天不能殺地不能理自是之后天下大亂莫能相禁宋國以亡齊并於陳氏晉分爲六卿

十有三年春鄭軒達帥師取宋師于嵒○嵒五咸反一音魚及反

傳其言取之何易也其易奈何詐反也前宋行詐取鄭師今鄭復行詐取之苟相報償不以君子正道故傳言詐反反猶報也

夏許男戍卒比陳蔡不當復卒故卒葬略○男戍本亦作成

公會晉侯及吳子于黃池。

傳吳何以稱子。据救陳稱國。吳主會也。以言及也。時吳彊而無道，敗齊臨菑，乘勝大會中國，齊、晉前驅，魯、衛驂乘，滕、薛俠轂而趨。以諸夏之衆，冠帶之國，反背天子而事夷狄，恥甚不可忍言，故深爲諱辭，使若吳大以禮義會天下諸侯，以尊事天子，故進稱子。吳主會，則曷爲先言晉侯。据申之會楚子主會序上。不與夷狄之主中國也。明其實自以夷狄之彊會諸侯爾，不行禮義，故序晉於上。其言及吳子何。据鍾離之會殊會吳，不言及。僖五年，公及齊侯，齊侯主會益明矣。會兩伯之辭也。晉序上者，主會文也。吳言及者，亦人往爲主之文也。方不與夷狄主中國，而又事實當見，不可醇奪，故張兩伯辭，先晉言及吳子，使若晉主會爲伯，吳亦主會爲伯，半抑半起，以奪見其事也。語在下。不與夷狄之主中國，則曷爲以會兩伯之辭言之。据伯主人。重吳也。其實重在吳，故言及；舉晉者，諱而不盈。曷爲重吳。据嘗殊吳。吳在是，則天下諸侯莫敢不至也。以晉大國尚猶汲汲於吳，則知諸侯莫敢不至也。不書諸侯者，爲微辭，使若天下盡會之，而魯侯蒙俗會之者，惡愈，齊桓兼舉遠明近，此但舉大者。非尊天子，故不得褒也。主書者，惡諸侯君事夷狄。

楚公子申帥師伐陳。

於越入吳。

秋，公至自會。有恥，致者，順諱文也。

晉魏多帥師侵衛。○魏多，左氏作魏曼多。

傳此晉魏曼多也，曷爲謂之晉魏多。据上七年言曼多。譏二名。二名非禮也。復就晉見者，明先自正而后正人，正人當先正大，以帥小。

葬許元公。

九月，螽。先是用田賦，又有會吳之費。○費，芳味反。

冬，十有一月，有星孛于東方。○孛，音佩。

傳孛者何。彗星也。其言于東方何。据北斗言星名。見于旦也。旦者，日方出時，宿不復見，故言東方，知爲旦。何以書。記異也。周十一月，夏九月，日在房心。房心，天子明堂布政之庭，於此旦見，與日爭明者，諸侯代主治，典法滅絕之象。是後周室遂微，諸侯相兼，爲秦所滅，燔書道絕。

盜殺陳夏彄夫。○一本作廉彄夫，苦侯反，又古侯反。一本作嫗，音同。二傳作夏區夫。

十有二月，螽。黃池之會，費重煩之所致。

十有四年，春，西狩獲麟。

傳何以書。記異也。何異爾。非中國之獸也。然則孰狩之。稱西言狩，尊卑未分，据無主名。薪采者也。西者，据狩言方地，類賤人象也。金主芟艾而正以春，盡木火當燃之際，舉此爲文，知庶人採樵薪者。○芟，所銜反。艾，魚廢反。薪采者，則微者也，曷爲以狩言之。据天子諸侯乃言狩，天王狩于河陽，公狩于郎是也河陽冬言狩獲麟春言狩者蓋據魯變周之春以爲冬去周之正而行夏之時○去起呂反大之也使若天子諸侯曷爲大之據略微爲獲麟大之也

曷爲爲獲麟大之據鸜鵒俱非中國之禽無加文○爲獲于僞反下皆同鸜音權鵒音欲麟者仁獸也狀如麕一角而戴肉設武備而不爲害所以爲仁也詩云麟之角振振公族是也○振振之人反有王者則至上有聖帝明王天下大平然后乃至尚書曰簫韶九成鳳皇來儀擊石拊石百獸率舞援神契曰德至鳥獸則鳳皇翔麒麟臻○大音泰下大平皆同援音袁無王者則不至辟害遠也當春秋時天下散亂不當至而至故爲異

有以告者曰有麕而角者孔子曰孰爲來哉孰爲來哉見時無聖帝明王怪爲誰來○麕本又作麇亦作麕皆九倫反反袂拭面涕沾袍袍衣前襟也夫子素案圖錄知庶姓劉季當代周見薪采者獲麟知爲其出何者麟者木精薪采者庶人燃火之意此赤帝將代周居其位故麟爲薪采者所執西狩獲之者從東方王於西也東卯西金象也言獲者兵戈文也言漢姓卯金刀以兵得天下不地者天下異也又先是蝝蟲冬踊彗金精掃旦置新之象夫子知其將有六國爭彊從橫相滅之敗秦項驅除積骨流血之虞然后劉氏乃帝深閔民之離害甚久故豫泣也○袂彌世反王於于況反下火王而王之王同從子容反

顏淵死子曰噫噫咄嗟貌天喪予予我○喪息浪反子路死子曰噫天祝予祝斷也天生顏淵子路爲夫子輔佐皆死者天將亡夫子之證○斷丁管反

西狩獲麟孔子曰吾道窮矣加姓者重終也麟者大平之符聖人之類時得麟而死此亦天告夫子將沒之徵故云爾

春秋何以始乎隱據得麟乃作祖之所逮聞也託記高祖以來事可及問聞知者猶曰我但記先人所聞辟制作之害所見異辭所聞異辭所傳聞異辭所以復發傳者益師以臣見恩此以君見恩嫌義異於所見之世臣子恩其君父尤厚故多微辭也所聞之世恩王父少殺故立煬宮不日武宮日是也所傳聞之世恩高祖曾祖又殺故子赤卒不日子般卒日是也○傳直專反注同復扶又反殺所戒反般音班

何以終乎哀十四年據哀公未終也曰備矣人道浹王道備必止於麟者欲見撥亂功成於麟猶堯舜之隆鳳皇來儀故麟於周爲異春秋記以爲瑞明大平以瑞應爲效也絕筆於春不書下三時者起木絕火王制作道備當授漢也又春者歲之始能常法其始則無不終竟○浹子協反一本作币撥卜末反

君子曷爲爲春秋據以定作五經撥亂世撥猶治也反諸正莫近諸春秋得麟之后天下血書魯端門曰趨作法孔聖沒周姬亡彗東出秦政起胡破術書記散孔不絕子夏明日往視之血書飛爲赤鳥化爲白書署曰演孔圖中有作圖制法之狀孔子仰推天命俯察時變卻觀未來豫解無窮知漢當繼大亂之后故作撥亂之法以授之則未知其爲是與其諸君子樂道堯舜之道與作傳者謙不敢斥夫子所爲作意也堯舜當古歷象日月星辰百獸率舞鳳皇來儀春秋亦以王次春上法天文四時具然后爲年以敬授民時崇德致麟乃得稱大平道同者相稱德合者相友故曰樂道堯舜之道○其爲于僞反注所爲同

末不亦樂乎堯舜之知君子也末不亦樂后有聖漢受命而王德如堯舜之知孔子爲制作制春秋之義以俟後聖待聖漢之王以爲法以君子之爲亦有樂乎此也樂其貫於百王而不滅名與日月並行而不息

春秋公羊傳卷二十八